JN057991

基礎知識と実務がマスターできる いまさらシリーズ
Q&A
2024年6月
改訂
いまさら人に聞けない
「月次決算」
の実務
福田尚之［著］

セルバ出版

Q70　月次決算で必要な非経理情報は……………………………149

❽月次決算検討会議の進め方・説明の仕方は

Q71　月次決算検討会議を実施するメリットは……………………151
Q72　月次決算検討会議に必要な資料は……………………………153
Q73　月次決算検討会議の実施内容・参加者は ……………………155
Q74　月次決算で説明すべきポイントは……………………………157
Q75　月次決算の説明方法は……………………………………………159
Q76　月次貸借対照表の説明ポイントは……………………………161
Q77　月次損益計算書の説明ポイントは……………………………163
Q78　キャッシュフロー計算書の説明ポイントは…………………165
Q79　検討会議を今後の経営に活かすには…………………………167

❾月次決算書の戦略的活用ポイントは

Q80　損益分岐点売上高の算出とその留意点は……………………169
Q81　収支分岐点売上高の算出とその留意点は……………………172
Q82　値引・割引・割戻販売をする場合の留意点は………………174
Q83　固定費が増減した場合の留意点は……………………………176
Q84　回収サイト・支払サイト変更時の留意点は…………………178
Q85　借入返済に必要な月次売上高を求めるには…………………181
Q86　月次決算の数字を経営計画に活かすには……………………182
Q87　月次決算を営業戦略に活かすには……………………………184
Q88　月次決算を商品戦略に活かすには……………………………186
Q89　月次決算を財務戦略に活かすには……………………………188
Q90　月次決算を節税に活かすには…………………………………190
Q91　月次決算のさらなる活用のための週報の導入は……………192

❿製造業の月次決算の実務ポイントは

Q92　製造業の月次決算の特徴は………………………………………194

Q93　製造業の月次決算の目的は……196
Q94　製造業の月次決算と年度決算の違いは……199
Q95　製造業の月次決算体制構築の方法は……202
Q96　製造業の月次決算の一般的な留意点は……205
Q97　月次決算での棚卸の手順は……208
Q98　製造業の月次決算早期化の方法は……211
Q99　月次決算での原価計算の方法は……214
Q100　製造業の月次決算に最適な原価計算は……217
Q101　月次決算での固定費・変動費の取扱い・管理は……219
Q102　製造業の月次決算で注目すべき経営指標は……221
Q103　製造業の月次決算を戦略的に活用するポイントは……224
Q104　製造業の月次決算業務のフローとその改善方法は……226

⓫卸小売業の月次決算の実務ポイントは
Q105　卸小売業の月次決算の目的・特徴は……228
Q106　卸小売業の月次決算と年度決算の違いは……231
Q107　卸小売業の月次決算体制構築の方法は……233
Q108　卸小売業の月次決算の一般的な留意点は……235
Q109　月次決算での棚卸の手順は……237
Q110　卸小売業の月次決算早期化の方法は……240
Q111　月次決算での固定費・変動費の取扱い・管理は……242
Q112　卸小売業の月次決算で注目すべき経営指標は……244
Q113　卸小売業の月次決算を戦略的に活用するポイントは……247
Q114　卸小売業の月次決算業務のフローとその改善方法は……249

⓬月次決算で留意すべきインボイス・電子帳簿保存法のポイントは
Q115　手書きの請求書や領収書を使い続けることの可否は……251
Q116　請求書や領収書のメール添付を使い続けることの可否は……254
Q117　受け取った請求書が誤っていたときの処理は……258
Q118　発行した請求書や領収書を修正したときの処理は……260

Q119　自動販売機の利用などインボイスを入手できないときの処理は…263
Q120　免税事業者などインボイス発行事業者以外の取引先との処理は…267
Q121　経過措置による仕入税額控除を受けるときの処理は……………269
Q122　インボイスや帳簿の保存の正しいやり方は……………………271

⓭クラウド会計の実務ポイントは

Q123　月次決算に最適なクラウド会計ソフトは…………………………275
Q124　クラウド会計のメリット・デメリットは…………………………277
Q125　クラウド会計を月次決算に活かすには……………………………279
Q126　クラウド会計の比較は……………………………………………282
Q127　クラウド会計とフィンテックの関係は……………………………284
Q128　クラウド会計の現状の評判は………………………………………288

⓮中小企業経営で注目すべき財務指標は

Q129　中小企業経営で注目すべき収益性指標は…………………………292
Q130　中小企業経営で注目すべき資金繰り関連指標は…………………295
Q131　財務指標から予想損益計算書、予想資金繰り表、
予想貸借対照表を作成するには………………………………298
Q132　中小企業経営で注目すべき安全性分析と活動性分析は…………300
Q133　中小企業経営で注目すべき生産性分析と成長性分析は…………303
Q134　月次決算で進める経営意思決定は………………………………305
Q135　月次決算で考える利益感度分析は………………………………307
Q136　月次決算における戦略会計で重要なことは……………………310

⓯ AIの進展と月次決算の関係は

Q137　RPAと中小企業の月次決算の関係は………………………………312
Q138　DXと中小企業の月次決算の関係は………………………………317
Q139　AIの進展と中小企業の月次決算や財務分析の関係は……………322
Q140　AIと税務実務の関係は……………………………………………324
Q141　AIの進歩と今後の税務担当者のあり方は…………………………326

Q1 月次決算ってなに・その目的は

Answer Point

♤月次決算とは、年次決算と対比する概念で、会社が毎月実施する決算をいいます。

♤月次決算の目的は、主に月中の業績評価にあります。

♠月次決算というのは

月次決算とは、会社が経営状況を把握し、経営管理に生かすために基本的に簿記会計の技術を用いて毎月実施する決算のことをいいます。

♠月次決算の目的は

月次決算は、年次決算だけでは環境激変の中で業績の把握が不十分になるため、毎月タイムリーに業績を把握して対応することに目的があります。

その他、月次決算の副次的目的としては、次の点があります。

(1)　月次損益と累積損益を集計し月次決算書を作成することで、会社の現状が計数的に把握され、年間利益計画の達成度・進捗度が測れる。

(2)　月次決算と予算との比較（予算実績差異分析）を通じ、改善策を経営活動にフィードバックする。

(3)　月次決算の精度を上げることにより年度最終利益を早期に予測し、決算対策（節税対策、納税資金準備等）がたてられる。

♠会社に自然治癒力はない

会社が期の途中で業績不良に陥ってしまった場合（人間でいう病気にかかる）は、責任者、特に経営者がその状況に気づいて業績改善（人間でいう治療を受ける）に取り組まない限りは、自然に業績が回復するということはまずありえません。そのため、人間の健康診断以上にこまめに状況をチェックし今後の対策を考えていく必要があります。

Q2 月次決算の仕組みは

Answer Point

♤基本的な仕組みは年次決算のそれと大きな相違はありません。

♤年次決算と比較して会計ルールの自由度が高いのが特徴です。

♠月次決算と年次決算の仕組みは

月次決算の基本的な仕組みは年次決算のそれと大きな違いはありません。

通常の簿記会計のルールにのっとり、当月までに発生した収益、費用、資産および負債を入出金の事実や請求書や領収証といった証憑の裏づけをもとに記帳すれば基本的な作業は完了いたします。

それぞれ図表１のような仕組みになっています。

【図表１　月次決算と年次決算の仕組み】

	月次決算の仕組み	年次決算の仕組み
①	仮試算表の作成	修正前試算表の作成
②	月次決算整理仕訳	年次決算整理仕訳
③	試算表の作成	修正後残高試算表の作成
④	貸借対照表・損益計算書の作成	貸借対照表・損益計算書の作成
⑤	予算と実績の比較分析	勘定内訳明細書等の作成
⑥	月次決算検討会の実施	株主総会の承認
⑦	対応策の実施	税務申告
⑧	内部経営管理目的	外部公表目的

♠月次決算は外部公表されない

月次決算は、年次決算の場合のようにその決算書を税務署に提出したり、また上場企業の場合のように事業報告書や有価証券報告書といった形で会社以外の外部に公表するということはありません。

Q3 月次決算が必要なのはなぜ

Answer Point

♤タイムリーな経営管理のために必要です。

♤年次目標の達成度をチェックするところに月次決算の必要性があります。

♤月次決算は、会社の改善個所に関する情報を事前に提供します。

♠月次決算の必要性は

月次決算の必要性とは、要するに会社の月次の損益状況や財政状態をチェックすることにより会社の早期の体質改善に役立てるということです。

【図表２　月次決算の必要性】

月次決算 ⇒ 比較検討 ⇒ 問題点発見 ⇒ 改善策検討 ⇒ 対応策実施

♠月次決算と予算の月次レベルの検討

月次決算にはもう１つ重要な役割があります。

それは年間経営目標を立て、それを実現する年度予算を策定し、さらに年度予算を前提とする月次予算を策定し、月次決算と年度予算を比較検討することにより目標の達成度をチェックするというものです。

経営トップが年初に今期はこれぐらいの売上にしたい、もしくはこれくらいの利益を上げたいという目標を持っていたとしても、その状況が最終的な年度決算の結果を待たなければわからないということでは思い通りの業績を上げることは難しくなります。

年度予算を組み、それを月次レベルまで落とし込み、月次決算と比較検討することで足りない部分を見つけ、それを補うための対策をたて実施することによってはじめて年度目標の達成が可能になります。

♠月次決算による気づきの具体例

月次決算の実施で、次のような対応ができるようになります。

⑴　売上が足りない場合には、期末に向けて販売戦略の見直しを図ることができます。

⑵　利益が予想よりも多額に出そうな場合には、事前に節税対策を行う余裕ができます。

⑶　在庫が膨らんでくる兆候をつかんだら、仕入を事前に抑えたり、早いタイミングで適切な在庫処分を行い予期せぬ損失を抑えることができます。

⑷　月次決算において納付すべき税金を概算にて計算し、その税金に対応する資金を試算表上の預金勘定において、例えば「納税対応預金」という勘定科目を設定して区分管理することにより、納税資金を確保することができます。また、納税資金等が足りず借入しなければならない場合においても、納税資金は運営資金とは異なり将来的な収益と対応させて考えることができないので金利負担も含め可能な限り借入は少なくしたいのが一般的ですが、そのような場合でも税金を概算で計上することにより保有資金と比較し必要最小限の借入額を見極めることができます。

⑸　コストの対収益効果を知ることにより、効率的なコスト削減を図ることができます。月次決算で部門別会計、補助コードを活用することによって、そのコストがいかなる機能・目的に使われたのかを把握することにより、人件費、消耗品費、地代家賃、通信費、支払手数料といった経費が、それぞれ、管理業務、総務業務、営業活動、製造活動、業務処理、広告、物流、情報処理、市場調査、市場開拓、アフターサービス等のいかなる目的のために消費されたのか明確にできます。

　当然収益に貢献していないか、もしくは貢献度が低いと考えられる経費については縮小か削減の対象にあげることができます。

⑹　事前に経理を含めた業務フローを見直すことによって、不要な業務や二度手間になっている業務等をあぶりだすインセンティブになります。

このように、適切な月次決算を実施し会社の実態を確認するとともにさらに予算と比較することによって目標達成度を把握し場合によっては次の戦略の見直しを図ることが可能になるのです。

Q4 月次決算の効果は

Answer Point

♤月次決算の効果は、事前に会社の情報をつかみ対策を打てるところにあります。

♤その他会社外部の持つ会社の印象がいい意味で違ってきます。

♠月次決算の効果は

月次決算の５つの効果は、図表３のとおりです。

【図表３　月次決算の５つの効果】

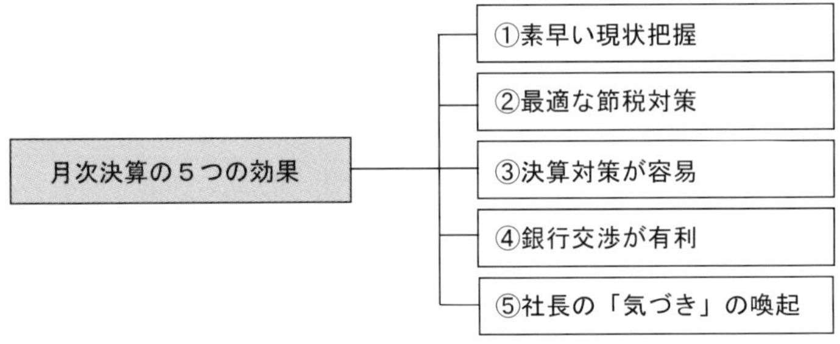

♠効果①／経営者が数字から会社の現状把握ができる

会社の現状を把握するには、迅速かつ正確な月次決算が必要です。

毎月月次決算を実施することにより、年度決算ではつかめないタイムリーな情報をつかむことができます。

これまで経験と勘を頼りにやってきた経営者にも、経営の判断材料となる生きた数字を月次決算書の中からつかみ、「どのように手を打つか」がわかるようになります。

♠効果②／最適な節税対策が見つかる

実は会社の決算は正確な月次決算を 12 回行った結果です。

そのため、毎月正確な月次決算を積み重ねることで、決算の数か月前から、かなりの精度で決算の着地点を予想することができます。

したがって、多くの選択肢の中から、会社の現状に適合する最適な節税策を事前に見出すことができるようになります。

しかも、申告期限間近になって初めて納税金額がわかるようなことはなくなり、余裕をもって納税資金の準備ができるようになります。

♠効果③／決算対策が容易になる

効果②で述べたように、毎月正確な月次決算を積み重ねることで、決算の数か月前から、決算の着地点が予想できます。

したがって、赤字が出ていた場合は決算を黒字にするためにどこに焦点をあてて経営を見直していくべきかという決算対策もたてられます。

♠効果④／銀行と有利に交渉できるようになる

銀行・政府系金融機関に融資を申し込みますと、必ず過去３期分程度の決算書と直近の月次決算書の提出を求められます。

ある程度の精度を持った月次決算書の提出は、融資交渉を有利に進めるための必須の条件です。

また、逆に月次決算書を提出できなかった場合、当然に信用が低下することになります。

本来２％程度の金利で借りられたはずのものが、それをはるかに上回る金利になってしまうこともあります。

♠効果⑤／社長のビジョンを明確化し、社長に「気づき」を喚起できる

月次決算の活用により、社長のビジョンを明確にした経営計画を作成し、その数値ベースである年度予算、さらにそれを月次ベースにした月次予算と月次決算書をつきあわせることで、会社の目標を達成できているか、あるいはズレがあるかなどが分析できます。

ズレがあるとしたら何が原因で、明日以降打つべき手は何かを読み解くことになり、社長に改善の「気づき」を喚起できます。

Q5 月次決算と年次決算の関係は

Answer Point

♤年次決算が会社の１年間の通信簿であるとすると、
月次決算は学期末ごとの評価表に近いイメージです。
♤月次決算は、すべての会社に必要なものです。

♠年次決算というのは

年次決算とは、会計的な言葉で説明するならば、「会社の１年間の経営成績および決算日の財政状態をまとめ、利害関係者に対して有益な情報を提供するために行うもの」ということになります。

⑴　会社の１年間の経営の結果、どの位の儲けになったか（損益計算書）

⑵　決算日にどの位の資産と負債があるか（貸借対照表）

これらをまとめたいわゆる「会社の成績表」をつくり、会社に関係のあるいろいろな人のための情報提供ツールをつくるということになります。

つまり、通常は年に１回行う会社の成績表づくり（＝年次決算）が、一般的にいわれる「決算（年次決算）」になります。

年次決算に対して、１か月間の実績をもとに決算作業を行うことを月次決算です。

♠月次決算と年次決算の違いは

年次決算が１年間の成績表であるとすると、月次決算は学期末ごとの評価表ということができます。年次決算が１年間の総まとめであるのに対し、月次決算は毎月の経営の進捗状況を確認し、翌月以降の経営に活かすために行うものになります。

年次決算は会社に関係のある人たち、例えば融資を受けている銀行や取引先等への情報提供ツールとなります。

したがって、一般に公正妥当と認められた会計基準に基づく財務諸表をつくることとなるため、基本的に数字には誤りがあってはいけないことになります。

勘定科目を１つひとつ丁寧に精査し、確認を取りながら慎重に作業を行い、１つの財務諸表をつくる必要があります。年次決算は、会社の経理としては１年間で最も大きな仕事となります。

では、月次決算はどうなるでしょうか。月次決算を年次決算と同じクオリティで行おうとすれば作業終了時にはもう翌月の月次決算となってしまいますから、そのクオリティ以上にスピードと、経営判断の参考値となる損益計算書に重点を置いて作業を行うこととなります。

月次決算は、規模の大小を問わず必要なものです。

月次決算と年次決算の主な違いは、図表４のとおりです。

【図表４　月次決算と年次決算の違い】

	月次決算	年次決算
①目　的	経営管理	外部報告
②対　象	経営トップ、部門責任者	株主、債権者
③根拠法	なし	会社法
④時　期	翌月10日以内	決算日後２か月以内 （会社法上は３か月以内）
⑤税務申告	不要	必要
⑥必要性	任意 タイムリーな経営管理のため必要	強制（会社法、税法）

♠月次決算への取組みのすすめ

月次決算は、企業環境の変化が自社に与えている影響を、できるだけ早く察知することができます。

年単位では、その変化に気づいても、既に対応するには手遅れになります。

会社の規模や、経理の体制によっては、精度の高い月次決算を行うことは困難だと思いますが、会社の主要な業務に対応する勘定科目、一般的には受取手形、売掛金、商製品、買掛金、支払手形、売上、売上原価、販売費・一般管理費だけでも毎月チェックすれば立派に月次決算の目的を果たすことができます。無理をせずにできる範囲で月次決算に取り組むべきです。

Q6 月次決算で作成する資料は

Answer Point

♤月次決算の報告資料の基本は、月次損益計算書と月次貸借対照表です。

♤会社の経営管理に役立つ業績管理資料の作成は、自由に決められます。

♠月次決算で必要な報告資料は

月次決算を通じてタイムリーに経営状況や問題点を把握して、対策を検討し、実際の経営改善につなげる資料という観点から、報告資料を作成します。

月次決算の報告資料の基本となるのは、通常は会計ソフトから出力される月次損益計算書と月次貸借対照表です。

可能であれば、月次資金繰り表も作成することが望ましいでしょう。

会計ソフトのデータをエクセルやワードに貼り付けて、独自の月次決算用の報告書様式をつくることもできます。

♠月次決算における比較資料は

報告資料は、予算・前月・前年同月実績等を比較し、主要な変動要因について説明した資料を作成するとよいでしょう。

損益計算書については、期首からの月次推移報告書があるとトレンドを把握することができて便利です。

♠報告書の一例

月次決算の報告書は、①月次貸借対照表、②月次損益計算書、③月次資金繰り表のほか、④月次製造原価報告、⑤予算実績集計表、⑥滞留債権一覧表などを作成し、経営トップが内容を確認することが必要です。

報告資料について詳しくは、83頁を参照してください。

Q7 月次決算の管理ポイントは

Answer Point

♤月次決算の重要ポイントは、正確な試算表、消費税の税抜処理、減価償却費の計上、発生主義、月次棚卸、年次経費の月次引当です。

♤計数重視をする結果、数字にあらわれない成果を軽視してしまうなどの月次決算の限界を認識しておく必要があります。

♠正確な月次試算表を作成する

会計ソフトを導入して自社で試算表を作成する場合、または税理士事務所に依頼して試算表を作成する場合のどちらにおいても、「目標達成に有効な程度の正確な試算表」を作成することが必要です。

決算３か月前になると決算対策を検討すべき時期になりますが、そのためにはこの時点で過去９か月の試算表が正確に完成していることが条件となります。

例えば、事業年度が 10 月１日～９月 30 日の会社であれば、少なくとも７月頃には、10 月１日～６月 30 日までの過去９か月累計の試算表が出来上がっていて、その儲けである利益が実績としてほぼ確定していなければなりません。

しかし、筆者の経験上、ほぼ正確な月次試算表を作成できている会社は意外と少ないです。つまりは、決算３か月前の段階で、正しい業績判断をできる月次決算ができていないのです。

「うちの会社は月次決算を適切にやっている、もしくは毎月税理士から試算表が送られてきているから問題ない」とコメントされる経営者もいます。

しかしその会社の試算表をチェックすると、あまり正確な月次試算表が完成しているとはいえないといったケースがよくあります。

もちろん細部についての多少の差異は別ですが、年次決算で行われる処理を月次決算のレベルで加味していなかったため赤字が黒字になるといった大きな部分の間違いが発見されることがあります。

せっかく手間暇をかけて毎月月次決算を実施していても、それが決算処理などによって大きく数字が変わってしまうということであれば、月次決算をしている意味がありません。月次試算表に基づいて毎月経営判断を行っていたのが、すべて間違いということにもなりかねません。

♠減価償却費は概算計上する

例えば、減価償却費は、月次決算において毎月概算計上を実施していく必要があります。

具体的には、今期発生するであろう１年分の減価償却費を12か月で除し、その金額を、（借方）減価償却費／（貸方）減価償却累計額　××円と会計処理します。

期中に大きな設備投資などが行われた場合は、その都度減価償却費の金額も変更します。もし、決算のときに年度分の減価償却費が一括計上されるのであれば、毎月の月次試算表上の利益は本来の利益ではなくなります。

製造業や不動産業、一部の飲食業など大量に資産を抱えて事業を行う会社では、償却費未計上の月次試算表ですと会社が儲かっているのかどうかよくわからないということになります。

減価償却費の概算計上は月次決算に不可欠な作業です。

♠消費税は税抜経理とする

免税会社や簡易課税制度を選択している会社を除き、月次決算では消費税は税抜経理を選択します。消費税込での利益は、過剰な利益表示です。

消費税は会社にとって預かり金でしかありませんから、税抜経理が会計では原則です。税込経理の会社は税抜経理への変更を検討しましょう。

会計ソフトを導入している会社であれば、税抜経理への変更は比較的簡単にできます。現在の会計ソフトでは、入力は今までどおり「税込」で処理して、出てくるアウトプットにつきボタンの切り替え１つで「税抜」、「税込」と変換できるものが大半となっています。

♠発生主義会計、月次棚卸の実施、年払経費の月次引当

次は、売上や仕入の会計基準です。

月次決算でも「発生主義会計」が正しい経理処理です。

つまり、売上も仕入もその月に発生した分を売掛金や買掛金などの勘定科目を使って把握する必要があります。

ちなみに、小売業や卸売業などで、毎月の棚卸額が大きく変動する場合には、発生主義会計と合わせて「月末棚卸額の把握」も必要です。

他にも、年払いの保険や経費などの場合、それを12か月に按分したものを毎月の試算表において、期中計上しておく必要があります。

つまりは、「毎月の試算表を12か月合計して（若干の調整をすれば）年次決算書となる」というのが、正しい月次試算表のあり方です。

このように月次試算表がきちんと作成されていると、決算予測が容易になります。決算３か月前という前提であると、「過去９か月の実績利益」に「未来３か月の予測利益」を足せば、決算の予測利益となります。

月次試算表において、減価償却費の概算計上、税抜経理、発生主義会計、月次棚卸の実施、年払経費の月次引当などを適切に実施しましょう。

♠月次決算の限界

月次決算にも、次のような限界を認識してかかることが必要です。

⑴　読み手にある程度の会計や財務の知識が要求されるので、知識の有無により月次決算の効果にも差が出てしまいます。不振が数か月続き、読み手が月次決算よりその原因を適切に把握できない場合は「月次決算不要論」にも発展しかねません。

⑵　月次決算の手順をマニュアル化しておかないと、担当者が何らかの理由でいなくなった場合、後任のレベルによっては月次決算の精度が落ちる可能性があります。

⑶　会社規模が複雑になるほど貸借対照表、損益計算書表等の基本的な資料だけでは足りず、部門別損益計算書等の業績管理用帳票が必要になります。よって経理システムにもそれなりの工夫が求められます。

Q8 月次決算を成功させる社内体制は

Answer Point

♤経理以外の部門が管理対象を適切に管理し情報提供できることがポイントです。

♤経理では月次決算のルールが確立されていることが必要です。

♠月次決算の作業内容の把握

月次決算は、１か月間の財務・経営結果を月末に数値で集め、次の月初にかけての短期間で、その全社的情報の集計および意思決定に役立つ分析を実施することです。

したがって、社内の各部署はいつまでに何をすべきかを明確に把握していなければなりません。

♠月次決算データの集約

月次決算の期間は約 10 日間ですから、関連する部署はスピーディーに数値を集計し、経理部にそのデータを集約化する必要があります（図表５）。

相当規模の会社になれば、手作業では時間がかかり過ぎるうえ、間違いも発生することから、各部署のコンピュータ・システムを整え、素早く月次決算情報が収集できるよう体制づくりをしなければなりません。

♠各部門の役割は

営業部門で売上計上額を、メーカーであれば製造部門において正しい原価計算をし原価の額を、そして経理部門で、各部門で報告されたデータのうえに、本社での営業外損益や経費などを合算させることで、全社的月次決算を実施します。

月次決算においては、年次決算の場合と異なり、月次決算の目的に支障を

【図表５　中会社の例（卸売業）】

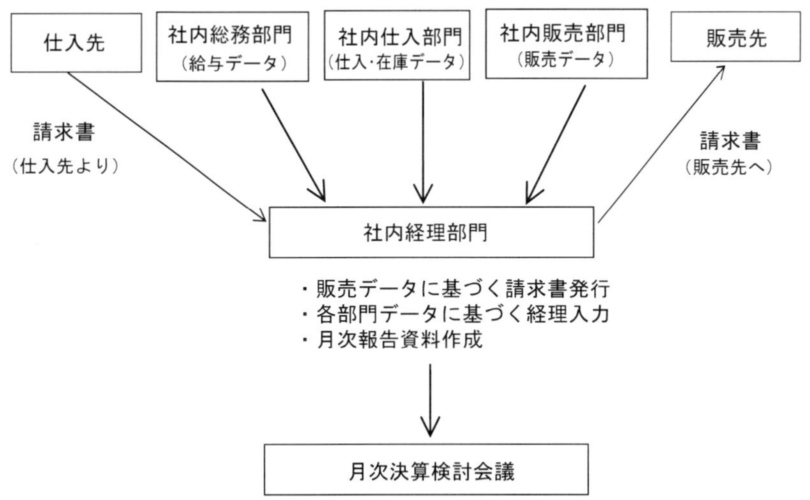

きたさない程度で会社独自のルールを定めることができます。

ですから、何らかの理由で翌月10日の間に決算を締めるための真正なデータが集まらなくても代替ルールを決め、それを継続することで目的を達成することができます。

♠課題解決の具体例

例えば、ある会社で売上と原価の正確な数字の把握が1か月以上の時間を要するため翌月10日以内の月次決算は無理な状態だったとします。

そういう場合でも、月次決算を締める時点で、社内にある取引先からの証憑により一旦仮に売上や売上原価の計上をして、大勢で影響がない程度の精度で月次決算を締めておき、翌月以降に正確な数値を把握した時点で、月次決算を訂正するという方法で問題を解決することができます。

これは年次決算では許されない方法です。

このように、全社レベルの体制を確立するとともに、月次決算だからこそ可能である会社独自のルールづくりをすることによって、月次決算を成功させる社内体制づくりが可能になります。

月次決算が必要な会社は

Answer Point

♤月次決算は、規模のいかんにかかわらず、タイムリーな対応をして利益をあげたい、会社を伸ばしたいと望む限りはどんな会社にも必要です。

♤会計システムの適切な利用がポイントです。

♠月次決算はすべての会社が必要

月次決算は、経営者が会社の業績を伸ばしたい、会社の基盤を安定させたいと望む限りは、規模を問わず会社にとって必要なものです。

迅速かつ正確に月次ベースでの損益状況や財務状況を把握することは経営管理上不可欠です。

♠月次決算はなぜ重要か

年次決算が締まってみないと損益状況が判明せず、翌期にならないと有効な経営対策が打てないのでは、適切な経営管理を行っているとはいえません。

また、年次決算に伴う税務申告のみ外部の会計事務所に委託している場合でも、月次決算が正しく締まっているのかどうかも判別できないようでは、タイムリーな経営ができませんから、月次決算のやり方を工夫して行うべきです。

♠規模の小さい会社はどうする

規模の小さい会社において、特に予算実績に取り組んでいない場合でも年次決算が終わってみないとその期の利益がわからない、ということではなかなか思い描く目標を達成することができません。

そういう場合でも少なくとも半期に一度、できれば四半期（３か月）ごとに決算を締めて業績を確認すべきです。

Q10 月次決算で求められる担当者の対応は

Answer Point

♤月次決算での経理担当者の対応は、①現状の問題点のチェック、②業務の分散、③将来の予測の精度の向上、④会計の知識の習得です。

♤担当者が月次決算の目的を理解することが必要です。

♤月次決算により会計の理解が高まるという副次的効果もあります。

♠現状の問題点をチェックする

月次決算を行うと、思ったより利益が出ていない、経費を使い過ぎていたといったことが判明することがあります。前月の数字を分析し、会社の経営に問題点がないかをチェックするのが月次決算の目的の１つです。

その結果、経費をもっと減らす必要がある、売上をもっと上げる必要があるなどの意思決定につなげることができます。

まだ入金されていないもののチェックを行い、適当な処置を行うことも重要です。

♠業務の分散を図る

月次決算を全くやらずに、決算（年１回）のときにまとめて行う選択肢もありますが，業務が一時期に集中し過ぎてしまいます。

その業務の分散の目的も月次決算にはあります。精度の高い月次決算ができている場合ほど、決算時に楽をすることができます。

♠将来の予測の精度を高める

例えば、12 月決算の会社があるとします。

この会社が７月までの月次決算を完了させると、残りの８月～ 12 月が予測値となります。８月まで完了すると、残り９月～ 12 月が予測値です。

このように1か月ずつ月次決算を行うことにより、将来の予測の精度が高まってきます。

将来の予測は、節税対策や資金計画その他の意思決定に有効活用できます。

♠会計の知識を身につける

これは経理を担当されている方に特にあてはまることです。

経理＝会計ソフトの入力を行っている方の意見を聞くと、「会計や決算書のことが理解できてきました」といわれます。

毎月、自社の会計を入力することで、徐々に会計の知識も身についてくるという効果があるのです。

小規模の会社で、月次決算を経理会社や税理士事務所に依頼する場合でも、ある程度の期間は月次決算の一部でもやってみることを推奨します。

♠コンサルティング意識を身につける

経理担当者にコンサルティング意識を身に着けてもらうことも重要です。

部門別等複雑な経理が要求されている場合には、可能な限り処理を簡略化するために経理以外の各部門の協力を仰ぎ、月次決算の内容チェックのみならずそこから把握できる問題点を事前に抽出するような（場合によっては解決策まで月次決算会議で提示できる）コンサルティングができれば、経理は立派な戦略部門となります。

経理入力は社長が兼ねているか、あるいは会計事務所に記帳代行を委託しているケースの場合は、コンサルティングを会計事務所に求めることも1法です。

会計事務所には会計のプロという立場から社長が気づかなかった改善点を指摘してもらえる可能性があります。

記帳代行分の顧問料しか払えていない場合でも、例えば3か月に1回、せめて6か月に1回は別途料金を支払ってでも月次決算の説明をじっくり聞くことが必要です。そうしないと期の途中で業績の達成過程を把握することができず、次の一手を打つチャンスを完全に逃してしまいます。記帳代行のために毎月顧問料を支払っているのですから、有効活用を図りましょう。

Q11 月次決算の検討は

Answer Point

♤月次決算をもとに名称はともかくとして、検討会を開催することが必要です。

♤月次決算の手続の中で、検討と対応策の決定・実施が最も重要です。

♠月次決算の検討は

月次決算検討会、業績検討会、経営会議などの名称で、月１回月次決算の報告資料をもとにした検討が不可欠です。

月次決算の検討ポイントについてまとめると、図表６のとおりです。

【図表６　月次決算の検討ポイント】

月次決算の検討ポイント
①　各部門責任者は、事前に分析・検討した自部門の状況について経営トップに報告をする。
②　営業・購買・生産等の各部門責任者は、業界情報や他社の動向なども含めて第一線の情報を経営トップに伝える。
③　経営上の問題を検討した後、その具体的な対応について決定する。
④　対応策は、部門責任者が提示し、経営トップの承認を得る形が望ましい。
⑤　経営者の承認を得た対応策を実施するが、そのフォローを専担を置くなりして次回検討会で報告するようにする。
⑥　対応策の効果は、次回か次次回の月次決算で把握する。
⑦　対応策の変更や撤回などの決定は、検討会で行うようにする。

Q12 月次決算の手続は

Answer Point

♤基本的には年次決算の手続と大きな相違はありません。

♤年次決算と目的が異なるため経理ルールを簡素化できます。

♠月次決算の手続は

月次決算の手続は、最も厳密なレベルを年次決算と同様のレベルととらえ、経営者が月次決算に求める目的に応じ、一部の手続を簡素化したり、場合によっては、年次決算とは異なる手続を取り入れたりすることによって作業を進めていきます（図表７）。

また、部門別決算もしくは店舗別決算などを月次決算において実施する場合、年次決算にはない手続ですので会社に応じて独自の手続を決めていく必要があります。

【図表７　月次決算の手続】

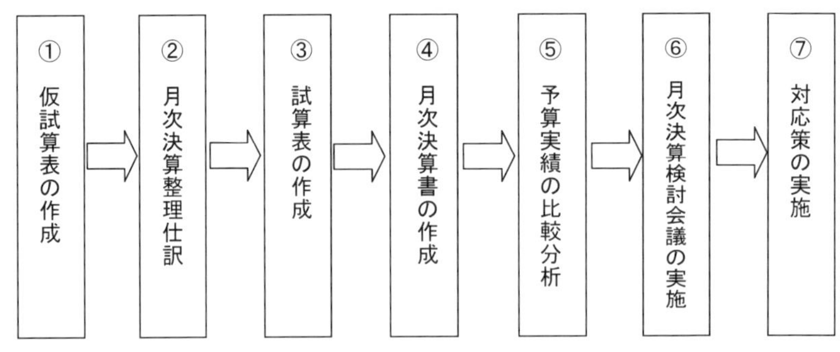

♠月次決算における一般的な留意事項は

月次決算における一般的な留意事項をあげると、図表８のとおりです。

【図表８　月次決算での一般的な留意事項】

項　目	説　明
①現金	実際有高と、預金は通帳残高と照合することにより帳簿残高と実際残高を合わせておくことが必要です。
②売掛金、買掛金	売掛金、買掛金を毎月計上することが必要です。 ただし、年次決算と異なり月次決算の締日までに正確な数値が判明しない場合には概算の数値を計上することも認められます（例：千円未満切り捨てにする、買掛金であれば先方に確認し概算値を教えてもらう、見積書の数字を仮計上する等）。
③仮払金、仮受金	仮払金、仮受金については内容確認のうえ正しい勘定科目に振り替えることが必要です。 ただし、営業マンへの仮払金等、場合によっては締日までの精算が困難なものがありますから、仮払未精算という特殊な勘定を設定してそのまま経費（（借）仮払未精算/（貸）仮払金）処理するというやり方もあります。 また、仮受金については保守的な観点より内容がわかるまで仮受金のままでおいておくのが望ましいといえます。 あやふやなままとりあえず収益にあげてしまいますと、のちに収益でないことが判明した場合に月次決算の数字が狂ってきます。
④賞与・減価償却費	賞与の年間支給予定額の月割額や減価償却などの実際発生額を計上する必要があります。 ただし、減価償却費の実際発生額の計上が煩雑な場合には、特に大きな固定資産の購入がなければ年間予算か前期の数値の12分の１を計上することも認められます。
⑤製商品、仕掛品、原材料	製商品、仕掛品、原材料はできるだけ正確に棚卸をする必要があります。ただし、月次決算の場合は若干簡便な棚卸をしてもよいでしょう。 例えば、商製品の出納帳をつけている場合はその帳簿上の金額を使用する、主要なものだけを棚卸して細かいものは期首と同額と見なすなどの方法です。 毎期目標を定めて棚卸実施可能なレベルで棚卸を行い、月末有高のうち棚卸を行った分だけ実際有高に置き換えていくというやり方も有効です。
⑥部門別計算・店舗別計算	部門別計算もしくは店舗別計算を実施する場合は、部門別に正確に算出できる費用（例；仕入、広告費、人件費）は問題ありませんが、複数の部門にまたがって発生する費用（例：総務経理等の人件費、本社の地代家賃）をどうするかが重要になります。 会社の特徴に応じ売上比率や従業員比率で按分したり、場合によっては無理に按分したりせず本社費として一本化するのも一法です。部門別の業績を正確に算出するのは重要な手続です。経営者が儲かっていると思っていた部門が意外に単なる思い込みで、実際は赤字だったりすることがよくあります。売上高を造ることが先行して、黙殺していた部分が月次決算で見えてくるのです。

Q13 月次決算の事前計画・準備の仕方は

Answer Point

♤まず経営者が月次決算の重要性を理解することが必要です。

♤経理以外の部門の協力体制も重要です。

♠年度業績目標の策定が前提

年度の初めに最終的な年度業績目標をたてていれば、月次決算を行うことにより目標に向けて月次の業績をチェックすることができます。

したがって、月次決算を意味あるものにするためには、年次の利益計画や予算を策定したうえで、月次の予算を策定することが前提となります。

♠事前計画の内容は

また、月次決算は、その数値のチェックをもとにアクションを起こすという観点より迅速性が要求されます。

当月の月次決算資料が翌月 20 日頃に提出されてもあまり役には立ちませんので、月次決算を行う以前に経理業務の早期化・効率化が要求され、そのための体制づくりや経理ルールづくり、といった事前計画が重要になります。

事前計画の具体的な内容は、図表９のものがあげられます。

【図表９　事前計画の内容】

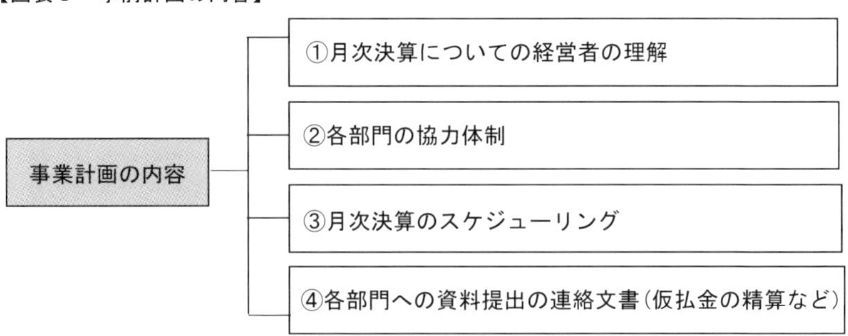

◆月次決算についての経営者の理解が必要

月次決算はスピードが命ですので、ある程度お金と時間をかけてしっかりとした経理体制を構築する必要があります。さらに経理以外の全社レベルでの協力が必要になります。

経理という間接業務にお金と時間をかけることは普通の経営者ですとなかなか積極的になれませんので、経営者自らが社員の向けて月次決算の重要性を発信できるようにまでなることが必要です。

◆各部門の協力体制をつくる

前述したとおり月次決算を意味あるものにするためには経理以外の各部門の協力体制が必要になります。

関係資料の提出がスピーディーに経理に回ってこない限り月次決算の迅速化が図れないからです。

各部門の協力体制を早めに構築するには経営者自ら号令をかけるのが一番効果的です。

◆月次決算のスケジュールを組む

翌月 10 日までに月次決算書を提出できるようなスケジュールを組む必要があります（詳細は Q14 参照）。

◆各部門への資料提出の事前連絡（仮払金の精算など）をする

各部門より提出してもらう資料について事前に文書で連絡しておくことが必要です。

特に仮払金の精算は月次決算を遅らせる主な要因の 1 つですので、何日までに精算を行っておくか明確にしなければなりません。

◆月次決算のための事前準備は

また、実際に作業を進めるうえでの準備として必要なことは、図表 10 のとおりです。

【図表10　月次決算のための事前準備】

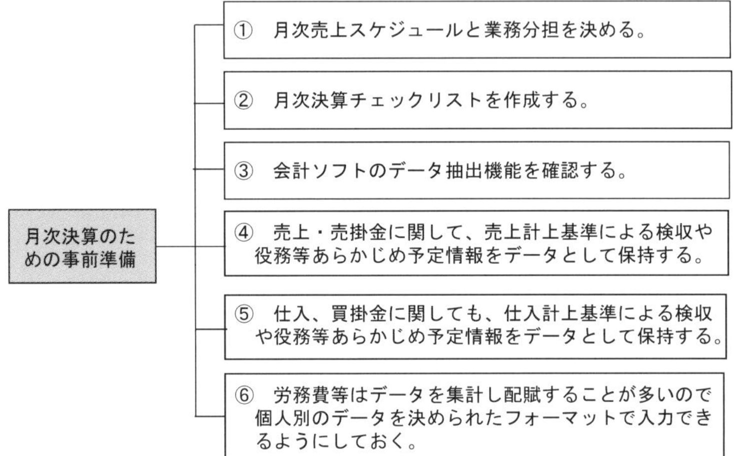

♠業務フローを作成する

また、業務ごとに部門が分かれ、複数の担当者を配置している会社の場合には、月次決算の事前計画の前に予め業務フローを作成しておく必要があります。

日頃それぞれの担当者がイメージしている業務内容と実際にそれを視覚化した場合とではズレが出てくる可能性がありますので、いざ月次決算が始まった場合に事前計画段階では想定していなかったような、月次決算の迅速な進行を妨げるトラブルが発生してしまう可能性があります。

また、業務フローを作成しておけば、今まで気がつかなかった過剰業務の見直しや、コスト削減につながる業務の統合を行うきっかけを得ることもできます。

図表11は、売掛債権管理についての経理・財務機能の業務フローの例です。

【図表11　売掛債権管理についての経理・財務の業務フローの例】

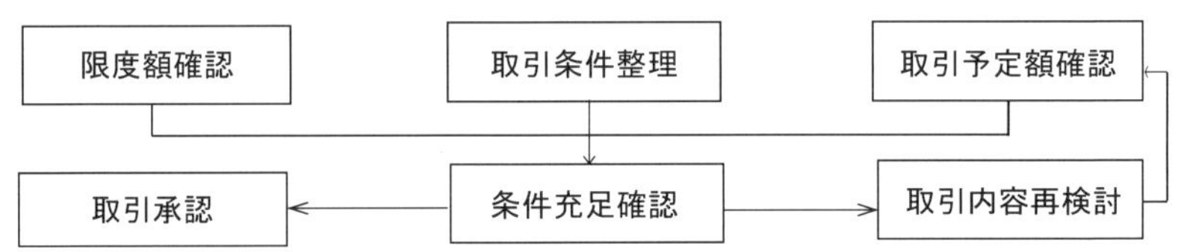

Q14 月次決算のスケジュール例は

Answer Point

♤翌月 10 日までに資料が作成できることがポイントです。

♤全社レベルでの協力が必要です。

♠月次決算のスケジュールの概要は

月次決算のスケジュールの概要は、図表 12 のようになります。

【図表 12　月次決算のスケジュールの概要】

手　順	説　明
①実施日を決定する	月次決算は、遅くとも翌月10日までには完了します。 早いところでは、５日までに完了している会社もありますから、体制の整備に重点をおいて検討しましょう。
②月末までに決定できることは済ませておく	月割経費は年間を通して決めます。前払費用や未収収益などの未経過勘定は科目ごとに数か月分が計算できます。 仮払金や仮受金などの仮勘定はその都度、処理します。
③棚卸をする場合は効率よく行う	棚卸資産の確定は忙しい中で実施することになりますが、毎月１日に早出するなどして実地棚卸を実行します。 これは、会社の実情に応じ効率よく行います。
④売上高と仕入高は翌日にはつかむ	売上高や仕入高は日次で把握しているので、翌日早々には把握できるような体制にします。
⑤未払費用額は基準を決めて計算する	未払費用の把握は、本決算とは違い概算でよい場合もありますから基準を決めて計算します。
⑥工場･支店は責任をもって実施し本社に報告する	工場や支店の場合、月次決算は基本的にその場所の実行責任によって実施し、予定に従って本社に報告するようなシステムにします。
⑦経理部門が集計･分析する	最後に、経理部門が数字を集計して分析し、月次決算検討会議用の報告書にまとめます。

♠月次決算のスケジュール例は

月次決算のスケジュール例は、図表13のとおりです。

【図表13　月次決算のスケジュール例】

手続項目	期　限
①仮試算表の作成	翌月５日
②月次決算整理仕訳 仮勘定の処理 経過勘定項目の処理 月割軽費の計上 法人税・消費税などの計上 本社軽費の配布（部門別）	翌月５日
③試算表の作成	翌月６日
④月次決算書の作成	翌月７日
⑤予算実績の比較分析	翌月９日
⑥月次検討会の実施	翌月10日
⑦対応策の実施	翌月11日以降

♠スケジュールの作成にあたっての留意点は

図表13のようなタイトなスケジュールを合理的に達成させるには、事前に業務フローを作成し、経理データ（伝票・領収書・売上データ等）の流れは適切かどうか、締日にムリはないかなどの検討を行うとともに、二重作業や無駄な作業がないか徹底的に見直すことが必要です。

また、新しい部門ができたり、逆に統合等で廃止されたり、会社を買収したり等の特殊な事情が生じた場合にもその都度業務フローを見直し、月次決算のスケジュールに滞りがないようにすることが重要です。

さらに、会社の必要に応じて手続を簡略化したり、スケジュールも期限を緩くしたりすることもできますが、いずれにせよ経営の意思決定に資するという観点から考えて、間に合うよう月次決算をまとめなければいけません。

Q15 月次決算書の作成手順は

Answer Point

♤月次決算処理チェックリストの利用が効果的です。

♤顧問会計事務所に業務委託する場合は、月次決算のルールについての相互理解が必要です。

♠月次決算書の作成手順は

一般的な月次決算書の作成手順は、図表14のとおりです。

【図表14 月次決算書の作成手順】

月次決算書の作成手順
① 月次決算日程・スケジュールを作成し、業務分担や期限を明確にする。
② 経営者に報告する月次決算の報告様式や重点項目を決定する。
③ 月次決算処理チェックリストを用意する。
④ 社内に専任経理担当者がいない場合、顧問会計事務所に月次決算を代行してもらう。
⑤ 顧問会計事務所に月次決算業務を委託する場合、税務にしか配慮しない会計ではなく、発生主義を前提とした企業会計を意識した月次決算にしてもらう。
⑥ 顧問会計事務所には、タイムリーな月次決算と月次試算表提出を遵守してもらう。
⑦ 税務署・都道府県税事務所等への各種届出資料控は整理して保管する。

♠月次決算処理チェックリスト(現金預金・売掛金)の例を示すと

月次決算処理チェックリストとして現金預金・売掛金の例を示すと、図表15のとおりです。

【図表15　現金預金・売掛金の例】

（現金預金）

- □　月次決算で帳簿残高・現金出納帳残高と金庫の現金有高（金種表）との一致を確認する。
- □　現金や預金通帳は鍵のかかる金庫やロッカーに保管されているか確認。
- □　預金通帳残高と帳簿の預金残高の一致を確認する。
- □　口座振替による支払いの記帳漏れはないかを確認する。
- □　利息計算書を銀行別に整理・保管し、受取利息の帳簿残高と突合する。
- □　受取利息の未収計上漏れはないかを確認する。
- □　受取利息について正しい源泉税の仕訳を行っているかを確認する。
- □　月次決算で外貨預金があれば換算しているかを確認する。
- □　月次決算で資金繰りを検討しているかを確認する。
- □　銀行残高証明書がある場合、預金の帳簿残高と残高証明書を突合する。
- □　当座預金について帳簿残高と当座勘定照合表との間に差がある場合、当座勘定残高の残高に合わせた修正仕訳を行う。

（売掛金）

- □　締め後の売掛金の計上漏れがないか確認する。
- □　当期首の売上取引の中に、前期に計上すべき売上取引がないか確認する。
- □　売掛金にマイナス残高の得意先はないか確認する。
- □　売上計上・売掛金入金消込みの妥当性を検討する。
- □　入金予定日を経過した滞留売掛金の有無確認と回収可能性・貸倒引当金の検討をする。
- □　月次決算で外貨建売掛金があれば換算しているか検討する。
- □　外貨売掛金については、振替伝票の摘要欄に外貨金額を記入しておく。
- □　関係会社売掛金について、補助科目を設定する。
- □　月末前後の売上・返品について正しい月で計上されているか検討する。
- □　破産債権、更生債権等の有無を確認する。

Q16 月次決算で処理が必要な決算整理事項は

Answer Point

♤月次決算の決算整理事項としては、①発生主義会計、②月次棚卸の実施、③年払経費の月次引当、④仮払金、仮受金の整理、⑤減価償却費の概算計上、⑥消費税は税抜経理、⑦法人税の概算計上があります。

♤自社の必要に応じ別途決算整理事項を追加してもかまいません。

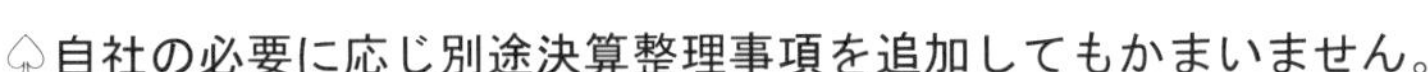

♠処理が必要な決算整理事項は

月次決算はあくまで「決算」ですので、単純に日常の取引を入力すればそれで完了というわけにはいきません。できる限り年度決算のレベルに近づけるための決算整理作業が必要です（Q7 参照）。

【図表 16　処理が必要な決算整理事項】

項　目	説　明
①発生主義会計、月次棚卸の実施	売上も仕入も月次発生分を売掛金や買掛金で処理する必要があります。棚卸資産が存在する会社は、発生主義会計と合わせて「月末棚卸額の把握」も必要になります。
②年払経費の月次引当	他にも、年払いの保険や経費などがあれば、それを12か月に按分したものを毎月の試算表において、期中概算計上しておく必要があります。
③仮払金、仮受金の整理	仮払金、仮受金は可能な限り月次ごとに整理し適切な勘定に振り替えておくことが必要です。
④減価償却費は概算計上する	年次決算しか減価償却費が計上されないと月次決算の利益は正確なものではなくなりますので、減価償却費の概算計上は月次決算に不可欠な作業です。
⑤消費税は税抜経理とする	免税会社や簡易課税制度を選択している会社を除き、月次決算では消費税は「税抜経理」を実施します。最終的な仮払消費税と仮受消費税を整理し毎月未払消費税を計上し、その分資金を別管理ことにより法人税と合わせ納税資金の確保に対応することができます。
⑥法人税の概算計上	月次で利益が発生している場合は実効税率（法人税のみならず住民税・事業税を含めたおおよその税率）を乗じ概算法人税額を計上しておく必要があります。

Q17 部門別月次決算の手順は

Answer Point

♤部門別月次決算は、とりあえず損益計算書のみで十分です。

♤部門別月次決算では、①請求書の部門別集計、②共通部門の経費は本社費、③売上総利益率の異なるものは部門を別にすることがポイントです。

♤配賦が困難な科目は、本社費で統一してしまうやり方があります。

♠部門別月次決算の手順は

部門別月次決算の手順について効率的なやり方をまとめると、図表17のようになります。

【図表17　部門別月次決算の手順】

部門別月次決算の手順

- ①　繁雑さを避けるため損益計算書のみの導入とする
- ②　売上総利益までの科目を部門分けする
- ③　人件費科目を部門分けする
- ④　広告宣伝費や地代家賃などその会社ごとの重要科目を部門分けする
- ⑤　不明なもので重要性の乏しい費用は本社部門などの共通部門とする
- ⑥　本社部門などの共通部門経費は、月末に一括で「本社費」などの科目で各部門に配賦する
- ⑦　部門の基準は原則自由ですが、売上総利益率の異なるものは部門を分けたほうがいい（部門の基準例：商品ごと、事業所ごと、人ごとなど）

♠貸借対照表の部門分けは必要ない

まず、中小企業の場合、資産や負債が計上されている貸借対照表を部門分けする必要はありません（減価償却資産は除く）。費用や収入が計上されている損益計算書のみ部門分けしてください。

そして、損益計算書の中でもまずは売上総利益までの科目、つまり、売上高や仕入高、外注費のみを部門分けしてください。

次に、人件費科目、更には、広告宣伝費や地代家賃などその会社で重要な科目を順次、部門分けしてください。

♠経費を分ける場合の工夫

また、部門別会計を導入するとき、売上科目は分けやすいでしょうが、経費科目を分けるのに悩まれることが多いと思います。 その解決方法の1つとして、請求先に連絡をして、今後請求書を部門別に集計してもらうように依頼してみる方法があります。場合によっては簡単に応じてくれます。

また、もう別の解決方法しては、金額が寡少で重要性が低い経費は本社部門などの共通部門に集計する、とルールを決めするのもいいでしょう。

そして、共通部門に集計された経費は、月末に一括で本社費などの科目で各部門に配賦するようにしてください。

配賦は、具体的な配賦基準として、①売上高、②人員数、③直接費（材料費）④直接工数、⑤設備稼働時間など費用の性質に応じ妥当な基準を決めて、この基準をに従い、月額費用を按分します。

配賦基準の計算式は図表18のとおりです。

【図表18　配賦基準の計算式】

①売上高基準	月額費用　÷　売上高　＝　単価
②人員数基準	月額費用　÷　人員　＝　単価
③直接費用基準	月額費用　÷　材料費　＝　単価
④直接工数基準	月額費用　÷　工数　＝　単価

どの配賦基準を採用するかは、費用の性質より考えます。例えば材料購入に伴う調達関連の費用、資材管理の費用は、材料費で配賦します。直接作業に連動する生産技術関係の間接費は、直接工数で配賦します。

Q18 事業部門・事業所の月次決算の手順は

Answer Point

♤基本的な手順は通常の月次決算のそれと大きな相違はありません。

♤決算整理事項において留意すべき部分があります。

♠基本的には相違はない

事業部門・事業所の月次決算の手順は、特に今まで述べてきた部分と大きな相違はありません。

ただし、決算整理事項において留意すべき部分があります。

♠決算整理事項を分けてみると

決算整理事項は、各事業部門・事業所での決算と全社制度決算とにレベルが分けられます。

決算の進め方も千差万別で、各部門で決算整理事項を計上するところもあれば、本社で集中的に行うケースもあります。

ケース１：部門別決算は月次管理で自己完結させてしまい、これを全社合計して本社分の決算整理事項を本社で一括して処理するケース 。

ケース２：部門別決算は月次管理で終了するが、全社決算の段階で各部門に影響する決算整理事項を本社が処理するケース。

ケース３：部門別決算においても各部門の決算整理事項を行い、これを全社合計してさらに全社分の決算整理を本社で処理するケース。

そもそもの決算整理事項をいかに減少させるか、決算整理事項をどこの組織で行うか、という２つの側面で考えれば、単に誰が作業負担をするのかという議論になってしまいますが、各方法論の裏にあるのは、月次決算がどこまで現実に近いものを表現できているかという点を確認すべきです。

♠ケース１・２・３の検討

ケース１では、部門別月次決算が既にある程度の合理的な精度を持っており、制度決算のために本社で必要な調整仕訳を入れればよいという程度にまで月次決算が発達していると考えられます。

しかしケース２ないし３では、部門別月次決算が制度決算と大きく乖離している可能性があり、決算において各部門での整理仕訳を入れないと部門別決算が把握できないという問題を抱えている、つまり月次管理そのものがきちんと機能していないという可能性があります。

特にケース３では、部門別決算が終了するまで本社では決算作業に入ることができないため、それ自体が決算早期化のボトルネックとなっていると考えられます。

また、月次決算できちんと業績把握ができるようにするために、日常業務から根本的な見直しが必要な場合もあります。

なおケース２では、積上げで数字ができるという経理作業の原則に逆行していますので、部門決算が本社によって変更されるため、月次における部門の分析がそのまま決算に活用されず作業効率を悪くしている可能性がありますが、逆に本社から来る決算整理仕訳を月次に織り込んで部門別月次決算の精度を向上させることでケース１に移行できる可能性を持っています。

♠基本は各部門の月次管理で自己完結

昨今の早期開示の流れを踏まえれば、各部門の月次管理で自己完結する方向に持っていくのが筋道といえます。その場合、月次管理の方法を各部門に任せたままではのちになって統一が取れない処理結果が提出される可能性が出てきますので、各部門で日常的に発生する性質が同一の取引については同一の勘定を用いるよう指導する必要があります。

また、原価計算をしている場合は、固定費の配賦基準についても工場ごとに、同じ性質の費目を持つ場合はその費目の配賦基準は基本的に統一します。

業務プロセスについても、各事業部門・事業所毎に独自のやり方をしないと先に進めないような場合を除き、他の部分については基本的にやり方を統一するようにします。

Q19 製品別の月次決算の手順は

Answer Point

♤直接原価計算の考え方が重要です。

♤場合によっては固定費・変動費の分解に工夫が必要です。

♠製品別の採算管理を行う

製造業で複数の製品を製造・販売する場合、月次決算では全体的な業績は理解できてもどの製品がどのくらい利益を出しているかが判明しません。

そこで、月次決算で製品別の採算管理を行います。簡単にいってしまえば、製品別の月次損益計算書を作成するのです。

♠月次では直接原価計算で

この場合、製品別売上を把握することはさほど困難ではありませんが、製品別原価の把握をするために別途製品別原価計算を行う必要があります。

この場合、直接原価計算により製品原価を計算することが重要です。

♠直接原価計算というのは

直接原価計算とは、原価を変動費と固定費に分解し、売上高からまず変動費を控除して貢献利益を計算し、さらに貢献利益から固定費を控除して営業利益を計算する方法です。

通常の製品別原価計算では固定費を製品別に配賦する手続があり、そのための様々な配賦方法があるわけですが、固定費を製品原価に含めてしまうと生産中止の意思決定において誤りを犯してしまう可能性があります。

要するに、固定費はどの製品の生産を中止しても事業を継続する限り発生してしまう費用であるため、売上－変動費がプラスかマイナスかで製品生産を中止するか継続するかを判断する必要があるのです。

♠固定費・変動費の区分は

しかし直接原価計算は制度会計としては採用されていません。理由としては、「固定費と変動費の分類が実務上、難しい点」があげられます。

例えば、正社員の給与のうち、残業代は変動費になるのか、それとも固定費になるのかを考えてみましょう。

残業時間での製造は、1台あたりに残業時間分の追加費用が発生するため、変動費といえます。しかし、定時間の作業は固定費です。つまり、正社員の給与は生産が大きくなり、定時間の作業を上回ってしまうと、その分は変動費となってしまうコストといえます。

このように、1つひとつの費目を詳細に見ていくと、「固定費か変動費か」を簡単に判別できないものがあることがわかります。費目の分類が煩雑なこと、恣意（しい）性の入る余地があることから、制度会計では固定費と変動費の扱いに差を設けない方法、すなわち「固定費は、生産量で割って生産在庫に均等に負担させる方法」を原則として採用しています。

上記の例のように残業をしてまで追加生産をするということは、その製品がもともと収益力が高く、生産中止の状況には全くないのかもしれませんが、このように変動費・固定費の分類が難しい科目については、その科目のみ他の費目とは別の固変分解法を適用してみるのも1つの方法です。

【図表19　固定費と変動費の区分法】

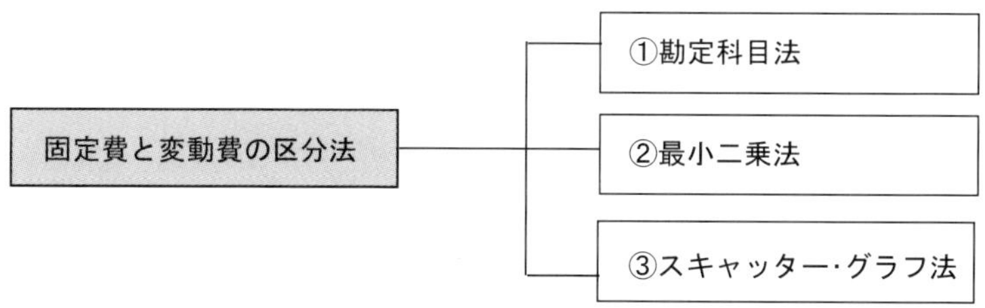

♠勘定科目法というのは

勘定科目法とは、各費目が変動費なのか固定費なのかを、勘定科目ごとに判断する方法で、費用の固変分解では最もポピュラーに用いられている方法です。

製造業の場合は、製造原価や販売管理費から変動費に該当する科目を抽出する必要があります。ただ実務的には製造原価のうち直接材料費のみが変動費で，それ以外の費用はすべて固定費としているケースが多いようです。

製造業（ソフトウェア開発業や建設業も含む）以外の業種では変動費のほぼ大部分が売上原価になります。商品発送に絡む荷造運賃やその他の費用についても変動費と考えられるものがあるとは思いますが、どちらの扱いでも結果に大差がない場合は固定費のままでも問題ありません。

♠最小二乗法というのは

最小二乗法は、の売上高をx、費用をyとしたとき、12か月分のデータ、すなわち(x1, y1)、(x2, y2)、(x3, y3)・・・・・(x12, y12)の点からある直線に対して垂線を引いていき、12個の点からその垂線への距離(の2乗)が最も小さくなるように、その直線の傾きと切片を計算するものです。

ここでは、傾きが変動費率、切片が月間の固定費として計算されることになります。ちなみに、変動費率をa、月間固定費額をbとし、12か月分のデータを使用してこれを求める式は次のようになります。

$$a = \frac{12\sum xy - \sum x \sum y}{12\sum x^2 - (\sum x)^2}$$

$$b = \frac{\sum x^2 \sum y - \sum x \sum xy}{12\sum x^2 - (\sum x)^2}$$

この最小二乗法のデメリットは、その月に発生した費用はその月の売上にしか貢献していないという前提を暗黙の裡においていることです。

実際は、その月に発生した費用が次月以降の売上にも貢献しているというケースはたくさんあります。

ですから、求められた数字が必ずしも実態を正確に表しているとは限らないので、異なる期間にわたって何度か計算を行い、妥当な数値はどうなのかチェックが必要です。

♣スキャッター・グラフ法というのは

スキャッター・グラフ法とは、過去の原価データをグラフにし、目分量で固変分解する方法です。目分量によるため正確性に欠けるという難点があり、実務ではあまり用いられていないようです。

実務では、とりあえず勘定科目法を中心に固定費と変動費の分解を行っていき、それでは実態を忠実に表現していないと考えられる場合において他の分解方法を補完的に使用するのがよいかと思います。

♠固定費型ビジネスと変動費型ビジネス

費用につき固定費と変動費の分解ができたら、損益分岐点売上高（収益－費用＝ゼロになる売上高）を求めるとともに、会社が固定費型ビジネスに該当するのか変動費型ビジネスに該当するのか検討してください。

固定費型ビジネスと変動費型ビジネスを図解すると、図表20のとおりです。

【図表20　固定費型と変動費型の損益分岐点】

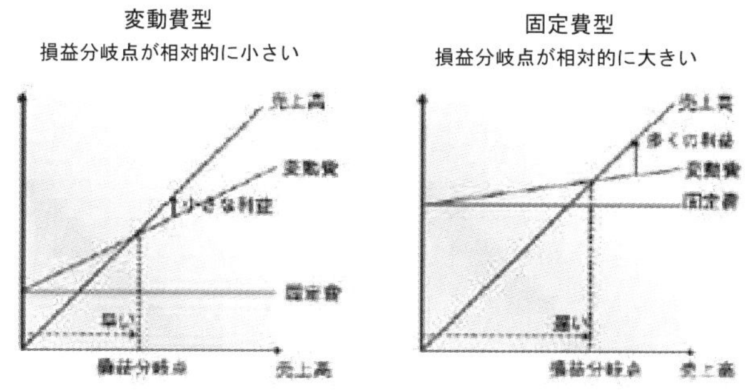

変動費中心型の場合は、損益分岐点が小さいため利益は出やすいです。ただし、損益分岐点を超えた後も変動費率が高いために、それほど大きな利益が得られるわけではありません。逆にいうと、損益分岐点を下回ったときでもそれほど大きな損失になることもありません。したがって、変動費中心型の企業はローリスク・ローリターンと考えることができます。

一方、固定費中心型の場合は損益分岐点が大きいので、利益が出るまでに相当の売上規模が必要になると考えられます。ただし、損益分岐点を超えれば変動費率が小さいために、大きな利益が出るようになります。しかし、逆に考えると、損益分岐点を下回った場合には、急激に利益がマイナスになっていきます。したがって、固定費中心型の企業はハイリスク・ハイリターンと考えることができます。

Q20 業種別の月次決算の実務ポイントは

Answer Point

♤原価計算の有無で実務ポイントが若干異なります。

♤大型でかつ金額未確定の取引をどう取り扱うかがポイントです。

♠卸売業の場合は

卸売業の場合は、仕入や売上等重要な取引において金額が確定しない場合にどうするか、在庫の取扱いがポイントになります。

金額未確定の売上や仕入がある場合、手持資料である程度の金額が把握できるのであるならその数字で概算計上するのが無難です。

月次決算はスピードが命ですから、千円未満の金額は切り捨てにする等のやり方でとにかく速報値を提供することに全力を注ぎます。

また、在庫は毎月の棚卸が理想ですが、困難な場合は部分棚卸、それでも難しい場合は棚卸をせずに原価率から逆算する等のやり方で対応します。

♠製造業の場合は

製造業（ソフトウェア開発業を含む）の場合は、まず、適正な製造原価を把握し、損益状況・財務状況を確定するための原価計算制度が確立されている必要があります。

原価計算制度のレベルには、単にトータルの製造原価を集計する簡便なものから、原価管理や予算統制などの経営管理のために、費目別･製造部門別･製品別に原価を把握するものまでありますが、会社の規模・製造形態などにあわせて選択すべきです。この場合でも、専門家に相談して、会社の業種や規模に見合った最適な原価計算制度を採用すべきです。

在庫については卸売業同様棚卸を行うか、物理的に難しい場合は原価計算で算出した理論在庫等により棚卸在庫とします。

♣小売業の月次決算は

小売業の月次決算は、現金仕入・現金売上・現金残高の厳密な管理、および卸売業と同様在庫の管理がポイントになります。売上・仕入等が日々発生する業種ですので、別途販売管理ソフトを導入して、日々の売上・仕入の動きをミスのないよう管理し、現金残高は毎日チェックする必要があります。

間隔を置いた現金残高のチェックですと、いざ残高が不一致なことが判明した場合にそれがいつの日のミスが原因で発生したものかがわからなくなるからです。在庫については卸売業と同様、毎月全品棚卸するか、部分棚卸にするか、もしくはそれ以外の方法にするかを状況に応じて決定します。

♣建設業の月次決算は

建設業の月次決算は、仕掛中の工事の計上をどうするかがポイントです。

⑴　推定原価率で仕掛中の工事を概算計上する方法

見積書等や過去の類似工事により推定原価率を算定し、売上に原価を掛け、それ以上の原価が発生していれば、未成工事支出金として在庫計上する方法です。売上がゼロである場合はその工事費用のすべてが在庫になります。

⑵　大きな工事だけを正確に追う方法

金額や重要度の高い工事、プロジェクトにつき重要性の基準を事前に決め、その工事だけはきちんと管理するようにします。

例えば、金額1,000万円以上や500万円以上の工事については、見積りに基づく予算を作成し、実際の原価を請求書、賃金台帳、および作業日報で集計し、完成の有無を月次決算で確認し、未完成工事については、実際の支出金を在庫・仕掛品として在庫計上します。

♣サービス業の月次決算は

この業種も売上と売上原価の正しい対応のため完了途上のサービスについて在庫計上をどうするかが問題となるケースが多いと考えられます。

その場合は、建設業同様に推定原価率を活用したり、重要なものについては別途台帳を用意し管理することにより完了途上のものについては在庫計上するという処理を採用することになります。

 Q21 月次決算を効果的に行うためのポイントは

Answer Point

♤月次決算を効果的に行うためのポイントは８つあります。

♤正しい月次決算の積み重ねが年次決算のスピード化につながります。

♠月次決算を効果的に行うためのポイントは

月次決算を効果的に行うためのポイントは、一般的には図表 21 の８つです。

【図表 21　月次決算を効果的に行うためのポイント】

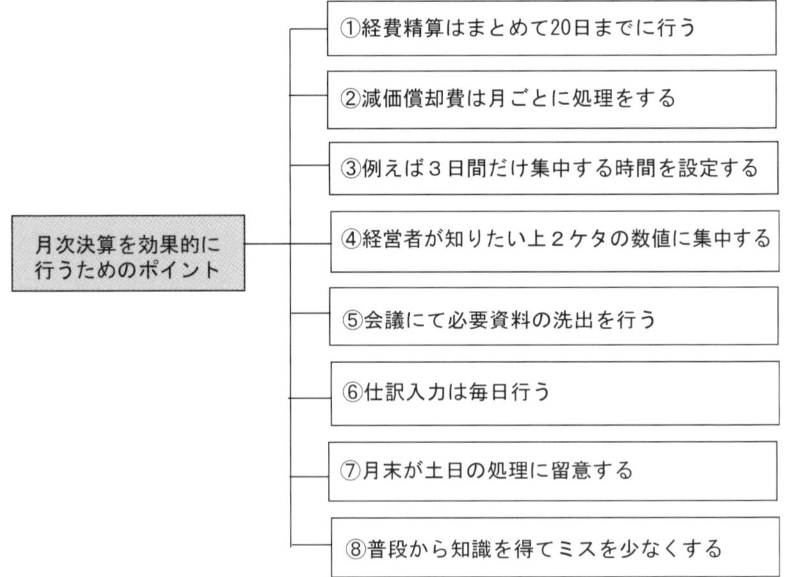

♠経費精算はまとめて 20 日までに行う

経理にとって一番面倒なのは、現金の取扱いです。１円単位まで間違える

ことができない経費精算を毎日のように行っていたら、それだけで社員が1人必要です。経費精算は1か月分まとめて20日締めで精算するようにします。月末締めでは月初めがあわただしく、とても翌月10日までに月次決算終了というわけにはいきません。

比較的多額な出張旅費なども仮払い分を20日までに精算してもらえれば、処理は一度で済みます。

また経費精算は全社でフォーマットを決めて、メール添付で提出か、ＬＡＮ上のフォルダを決めて、そこに保存しておく方法に切り替えます。

♠減価償却費は月ごとに処理をする

減価償却費は月次決算に欠かせない作業です。まず当期の減価償却費の見込額を12等分した金額を、毎月必ず計上しましょう。これは千円未満を切り捨てた程度の、大体の金額で問題ありません。

期中で購入がわかったらすぐに固定資産台帳に入力して、金額が大きい場合は毎月の償却費も増額させます。購入があった場合には、金額、名称、耐用年数の判断がつく資料が即日、経理に届くよう社内情報の流れを整備します。

最近は、リース取引も売買取引とする経理処理が求められていますので、リース契約がなされた場合にも、資料が集まるようにしておきます。

♠３日間だけ集中する時間を設定する

給与計算などの締切がある仕事については、普通業務に集中して仕事を完了させると思います。給料日に間に合わないと大変だという実感があるからです。

月次決算も同じ考えで臨みましょう。例えば、月初めの１日から３日の期間は月次決算の集中日と決めて、それ以外の仕事が入らないようにしておくというやり方もあります。

♠経営者が知りたい上２ケタの数値にする

経営者が速報値として知りたいのは、「今月の売上高は4,500万円程度、経常利益は100万円ちょっと」という具合に、千円未満を切り捨てた上2ケタの数字です。単月で、黒字か赤字かだけをまずは知りたいという経営者もいます。おおまかな数値だけで、経営者にとっては十分な情報なのです。

後になって実は売上が30万円増えましたという報告があってもかまいません。月次決算でのケタの小さい金額は、多少修正があっても問題になることはないからです。1円単位まで合わせた試算表を作成する必要はありません。

荒削りの数値でも、経営判断のうえでは役に立つ情報です。正確性よりも「スピードを重視」します。訂正があれば、後で訂正すればいいのです。

♠会議で必要資料の洗出を行う

会社によって、長年作成されているさまざまな2次的資料があります。その中には、本当に活用されているのか疑わしいものも多々あります。

一度経理課全員の業務を洗い出して、みなで作成している資料の必要性を検討する会議を行います。二重に作成していたり、わざわざ作成する必要がないものであったりすることはよくあります。

作成業務が減るということは、仕事量が減るということなので、全員にとってよいことです。「ゼロベース」から見直す気持ちで真剣に検討します。

♠仕訳入力は毎日行う

月次決算の一番の要(かなめ)は、日々の仕訳入力です。仕訳入力は毎日行う必要があります。毎日25分行うと、20日間で8時間以上の時間となります。

丸1日の勤務時間を、仕訳だけに専念できる日などありません。毎日の積重ねは重要です。

♠月末が土日の処理に留意する

月の末日が土日の場合、月末に銀行から引き落とされるべき金額が、翌月初めの引落しになってしまうということがあります。社会保険料の引落しや予定納税、地代家賃の引落しなどが銀行翌営業日になってしまい、翌月の仕訳になってしまう場合です。

これらの金額はまとまると大きなもので、月次決算書上で正しい損益が表示されません。今月は費用計上が少なくなり黒字だけれども、翌月はこれらの支払いが２か月分計上されて赤字になってしまうということも起こります。こうした取引は、未払金勘定に新たに補助科目を作成して仕訳をしましょう。

そして翌月初めに取引があったときに、未払金勘定を消去する仕訳をします。月末が銀行営業日であるかどうかは事前にわかるわけですから、あらかじめ仕訳を入力してしまうことです。

社会保険料などの法定福利費は、支払総額を未払金として計上するのではなく、給与天引した預り金部分も相殺消去して、正しい金額が費用処理されるようにします。

♠正しい月次決算書作成に務める

税抜経理を行っていて消費税の予定納税支払いを租税公課で処理すると、月次損益は誤って表示されてしまいます。正しくは、仮払消費税勘定で処理します。

このケースは「租税公課」勘定のチェックを行わないとなかなか判明しないミスで、決算時に利益が変わってしまうため、注意が必要です。

月次決算は単月の試算表のほか、時系列で並べて報告することが大事です。

会社の業績は業種・業態ごとに、季節によって一定の変化をします。これを「季節変動」と呼びますが、前年と比べてどうなのかという数字は、経営者にとって重要な情報です。また前年データを利用して販売計画や利益計画もたてやすくなり、管理会計への橋渡しもできることになります。

また、月次決算がなく、おおよその損益分岐点売上高（損益トントンになる売上高）も把握できていない場合、思うように売上があげられないとつい値引販売等に走りがちです。それで売上を達成できても、当初想定していた利益を達成することはできません。その理由は、月次決算と変動損益計算書の利用により初めて解明することができるのです。

正しい月次決算作成は、決算時のスピードを速めることにもつながり、大変意味のあることなのです。

Q22 月次決算を行うために決めるべきことは

Answer Point

♤決めるべきことは、①月次決算の完了日、②年次決算レベルに近づける決算処理、③許容範囲で概算値利用、④経営指標の導入、⑤報告書様式の5つあります。

♤会社の迅速な経営判断に資するためという原理原則を忘れないことです。

♠月次決算の完了日を決める

会社の業績の迅速な確認と意思決定に資するためという目的から考えれば、実質的には遅くとも翌月の10日以内には終了させ、15日までに月次決算検討会議等において報告することが求められます。

ここで注意しなければならないのが、上記の日数で予算と実績の差異分析まで終了する必要があることです。月次決算の早期化は経理部員の育成、財務システムの見直し、他部門との連携、取引先の協力など様々な要素が絡むため早期に着手する必要があります。

♠月次決算で行う決算処理の範囲は

月次決算では、少なくとも図表22の決算処理を行う必要があります。

♠月次決算に求められるのは

月次決算で求められるのは、納税のための数値ではなく、経営判断に役立つ数値です。

決算処理を大きく逸脱することがなければ、のちに多少修正が入るようなことがあっても構いません。

重要なのは経営者が月次決算に何を求めているかを全社的に理解しておくことです。

【図表22　月次決算で行う決算処理の範囲】

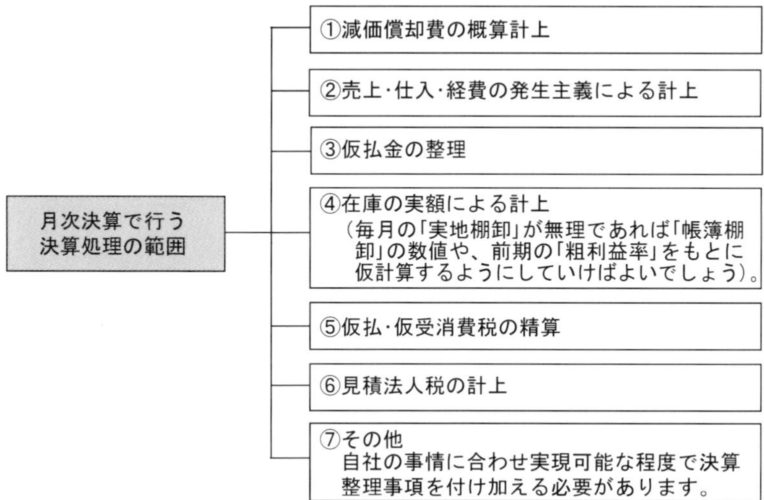

♠月次決算の結果算出する経営分析指標

売上利益率（全社・製品別）、各種債権債務回転日数、損益分岐点等ありますが、最初は月次決算の内容をより深く理解するため補完的に用いるのが効果的です。

♠月次決算をまとめる報告書様式は

基本は貸借対照表、損益計算書の２つということになりますが、その他会社の状況に応じ適宜どういう報告書を出していくか決める必要があります（例：滞留債権一覧表、売上値引・売上割引明細等）。

報告書の性質は２とおりあり、１つは、基本の２表でおおよその傾向はわかるものの、改善策を立てるには細かい内容が不足しており、別途資料を補うが必要あります。例えば、貸借対照表において売掛債権や棚卸資産が増加傾向にあるとき、売上の増加に比例したものなのか、それとも滞留の傾向にあるのかを確認するには回転期間分析の資料や年齢調べ表を別途用意する必要があります。もう１つは、同じ商製品でも営業拠点によって販売傾向が異なる等基本２表では得られない情報を入手するために作成されるもので、会社ごとにどのような報告書が必要か事前検討しなければなりません。

Q23 月次決算と利益計画・予算の関係は

Answer Point

♤利益計画・予算は、月次決算のメリットを最大限生かすために欠かせないものです。

♤月次決算における予実比較により改善点が見えてきます。

♠利益計画というのは

利益計画とは、来るべき一定期間の利益目標を掲げ、その目標を達成するための計画書のことです。

中小企業の経営者は、経験と勘を頼りに会社の舵取りをしがちですが、規模が大きくなるとそれでは対応できなくなります。

誰でもわかる利益計画を幹部社員と作成し、会社の方向性に対する認識を共有する必要があります。

利益計画を策定したら、目標達成のための詳細な予算を作成し、この予算に沿う形で会社をコントロールしていきます。

利益計画をつくるのだけれども、つくったままでその後の予算管理をしていないケースがよく見られます。管理を徹底することのほうが重要です。

♠予算は月次単位で作成

利益目標を達成するため、予算は月次単位で作成しましょう。

この月次予算を月次の実績数値と対比し、すべての実績値が予算どおりに計上されれば、利益目標が達成されることになります。

また、月次での実績値を正確に把握するためには正確でスピーディーな月次決算も必要となります。

月次決算は翌月の 10 日以内には出来上がっていることが理想です。

予算管理のためには会計ソフトが有効です。会計ソフトはもともと日々の実績値を集計するためのものですが、主要メーカー製ならば予算管理機能を標準で備えています。

あらかじめ会計ソフトに月次ごとと、科目ごと（さらに詳細に補助科目ごと）に予算を設定して、日々の実績値を管理しましょう。

実績値が予算をオーバーしそうになったら、その報告と上位者の承認などのチェック機能を組み込み、予算管理を実効性のあるものにしましょう。

♠月次決算と利益計画・予算管理の関係は

まず利益計画と予算管理の関係ですが、利益計画が年度ベースで作成される数値目標についての計画であるのに対し、予算は利益計画を実現するために月次ベースで作成される数値目標についての計画であるということができます。ですから、予算の年度合計の数値は利益計画と一致することになります。

利益計画を単純に 12 等分したものが予算になれば問題ないのですが、商製品によっては季節変動がある可能性があります。

そのような場合、利益計画における目標を達成するため売れない時期に無理に経営資源を投入して売上を増やそうとするよりも、売れる時期に集中的に経営資源を投入するほうが目標達成は容易です。また、基本商製品が売れない時期は別の商製品を売り出すことで売上の足りない部分を補うことができます。

このように、利益計画÷ 12 を単純に月次目標にもってくるわけにはいかないため、年度ベースの利益計画を月次ベースでどのように達成していくかを明確にしたものが予算（月次予算）ということになります。

そして予算は、実績と比較することで達成度が明らかになってきます。

目標利益を確保するための売上がどうも達成できる可能性が低い、そのような場合には売上を伸ばすために販売関連の経費を増やすことも 1 つの策ですが、場合によっては経費節減に取り組んだほうが目標利益を確保できる可能性が高いケースもあるかもしれません。

月次ベースにおいて予算実績比較を行っていればそのような見極めは相対的に容易に行うことができます。

Q24 月次決算での在庫の計上は

Answer Point

♤理想的なのは、全品の月次棚卸を実施することです。

♤いきなり全品の月次棚卸は困難ですので、「今月はここまで」と決めて実施します。

♠月次決算と在庫計上

月次決算の目的から鑑みると、多くの場合は月別損益計算書をみたいだけのようです。日常的な収入や支出の取引がきちんとされていれば、月次決算で必要なのは「在庫計上」だけです。

月別に在庫を調べて金額を確定させるのは相当に厳しい業務です。

♠在庫確定のむずかしさ

現金や預金は目減りしない現物であったり、銀行からの照合表があるので毎日あわせるのはそう難しいことではありませんが、在庫はなかなか思うようには確定できません。

♠月次決算のキーは在庫確定

とにかく月次決算のキーポイントは在庫の確定です。在庫が確定すれば、損益計算書は作成できるからです。

あとはどういう損益計算書が要求されているかということでしょう。月次決算は財務会計というより業績管理会計の要素が強いということを知っておくとよいと思います。

月次決算における在庫確定

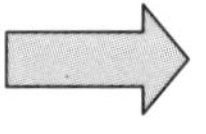

・可能な範囲で棚卸実施
・困難な場合は帳簿棚卸の数値の利用可、前期の粗利益率を基に仮計算

♠在庫計上の留意点は

在庫計上にあたっての留意点は、図表23のとおりです。

【図表23　在庫計上にあたっての留意点】

①	在庫は早く処分するように心掛ける。
②	在庫なしで商売するのがベストなので、可能な限り仕入即納品体制を目指す。 注文された分のみ仕入、製造する。
③	滞留在庫があれば早く処分する。
④	在庫管理をきっちりする。 そのためにはせめて半期と期末には実地棚卸をする。 毎月月末の実地棚卸を軌道に乗せるためには「今月はここまで主義」でやってみる。
⑤	実地棚卸を早く正確に行う秘訣。 店舗、工場、倉庫、バックヤードなど在庫保管場所をきれいにすること。
⑥	実地棚卸は事務職や倉庫管理の人だけが行うのではなく、社長を含めた全員で行う。 「この商品は数年前から一向に売れていない。処分しよう」など、社長が一緒になって棚卸をすることにより、具体的な指示を出せる。
⑦	月次の実地棚卸がどうしても困難な場合、「帳簿棚卸」の数値や、前期の「粗利益率」を基に仮計算するようにしていく。

例えば、製造業であれば材料在庫を切らしたら生産工程がストップしてしまいますし、一定数量の製品在庫を確保しておかなければ販売機会を逃してしまいます。そのために、在庫をもっている必要があります。

しかし、在庫は生き物であり、寿命（ライフサイクル）があります。また、在庫は販売されることによって初めて資金化されるものですから、それまでは資産とはいえ、現状では売れていないということで機会損失を負っています（例えば、在庫が10,000千円あるとして、それが金利1％の定期預金であれば年100千円の利息を稼ぐことができる。また、在庫に借入が対応している場合、在庫のため金利費用が発生している）。ですから、月次決算の早期化という観点より実地棚卸を省略し帳簿棚卸で代替するという方法も、場合によっては致し方ないことかもしれませんが、可能であれば毎月の部分棚卸、あるいは四半期、あるいは半年ごとの一定棚卸等でできる限り期中に実在庫の状況を確認するスタンスをとりましょう。

Q25 月次決算で見越す売上・仕入は

Answer Point

♤発生主義による計上が基本となります。

♤実際在庫による調整が困難な場合、便法を用いても問題ありません。

♠売上の把握は会計の基本

売上の把握は会社の基本ですから、できるだけ正確に、早く把握する必要があります。

そのため、売上は入金を待ってから記帳するのではなく、納品書等に基づき、出荷日・検収日等の日付で売上を計上していく必要があります。

同様に仕入についても、納品書等に基づき、仕入をした日の日付等で仕入を計上していってください。いわゆる発生主義による売上・仕入の計上が月次決算においても求められます。

♠翌月10日までに金額が確定しない売上・仕入があるときは

年次決算と異なるのは、例えば翌月10日までにどうしても金額が確定しない売上・仕入がある場合、判断を誤らない限りは概算値による計上が認められるということです。

♠帳簿上の月末残高がわからない場合

また、もし、帳簿上の月末残高がわからないようならば、次のように大雑把に売上原価の金額を把握します。

(1)　当月の仕入高をそのまま売上原価にする（在庫変動が小さい場合）

(2)　前年の売上原価率にあわせるように期末在庫を調整する

Q26 収益・費用の繰延計上は

Answer Point

♤未払経費の計上をどこまで厳密にするかがポイントです。

♤毎月定額に近い固定費については、支払いベースの計上でも問題ありません。

♠経費の未払計上をどこまで行うべきか

経費の未払計上をどこまで行うべきか、経理業務をスピードアップするうえで非常に重要なキーポイントです。

結論からいいますと、重要性の低いものに関しては、月次レベルでは未払計上を行う必要性はないと考えます。

次のように未払計上すべき取引とそうでない取引(支払ベースで経理処理)に区分することをおすすめします。

♠未払計上すべき取引は

原則として、売上に対応する売上原価については、売上総利益を把握する必要がありますので、毎月未払（買掛金）計上すべきです。

ただし、在庫の金額が大きい場合、毎月の棚卸の計上を行わないと、正しい売上総利益がでませんので、ご注意ください。

仕入先や外注先からの請求書が遅いので計上が遅れるような場合は、相手業者からの請求書の発行を早めてもらう必要があります。

例えば月末締めの場合、翌月５日までに請求書が届かないときは、支払いを翌月まわし（翌月支払いの場合は､翌々月まわし）にする旨を通知すれば、たいていの業者は早めに請求書を発行するようになります（これまでの経験からほとんどの業者はすぐ対応します)。

仕入先に対してはこちらがお客様ですから、こちらから請求日や支払日を指定するようにしてください。

♠支払ベースで経理処理する取引は

毎月の固定費については、毎月だいたい同じ金額ですので、厳密に未払計上する必要はありません。特に定例的に発生する電話代、光熱費等の公共料金やリース料、家賃等については、期中は支払ベースで経理処理し、期末決算のときのみ調整すれば十分です。

また、20 日締めの給料についても、毎月 21 日～末日分を未払計上している会社がありますが、支払ベースで計上しても毎月の給料の金額はほとんど同じですので、あまり意味がありません。

したがって、重要性が低いものについては、できるだけ簡便的に処理するようにします。

重要性の低い経費の未払計上を待っていて、月次試算表の完成が遅れるより、80％の完成度でも、できるだけ早く月次試算表を作成し、経営判断のスピードアップを図るほうが重要性が高いのは明らかです。

「請求書が届かないから月次が締まらない」というような経理部門の言い訳ばかり聞いていても、前に進みませんので、経営トップが月次試算表の提出を翌月 10 日なら、10 日と決めて、それに合わせて経理処理をさせるように改善していく必要があります。

未払計上する経費

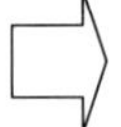

重要性の範囲で決定

未払計上する経費を重要性の範囲で決定する場合ですが、固定資産の即時費用処理が認容される 10 万円を基準にするのも 1 つの手です。この辺は会社によって考え方が異なると思います。

ただし、重要性のルールを一旦決めたらみだりにこれを変更したりしないことです。たとえ影響は小さくても、特に期末時にそのときの状況によって支払時費用処理していた経費を未払計上にしたり、あるいはその逆の処理をしたりすることは利益操作の余地を残すことになります。税務調査があった場合に、あまり芳しくない印象を与えることにもなりかねません。

そのため一旦決めたルールは遵守することが必要です。

Q27 債権債務残高の確認は

Answer Point

♤年次決算におけるような債権債務の残高確認は基本的に必要ありません。

♤請求書に請求累計額一覧表を記載しておくと便利です。

♠債権債務残高の確認まで行う必要はない

月次決算では、売上・原価に関わる債権債務を認識する必要がありますが、年次決算でのような債権債務残高の確認まで行う必要はありません。

♠請求書に一覧表を記載する

継続的に取引を行っている取引先については、残高確認を適宜促すため請求書に前月までの請求累計額、当期請求額、当月入金額、および当月請求累計額を一覧表（図表24）として記載しておくと便利です。

この一覧表を作成するには、社内において適切に売上債権残高を管理することが必要になりますので、社内体制を整備する点からもおすすめします。

【図表24　一覧表のフォーマット】

前月請求残高	当月請求額	当月入金額	当月請求残高
×××	×××	×××	×××

♠債務の場合はどうする

同じく債務（特に仕入債務）についても発生ベースで計上するとともに、取引先より上記の一覧表が記載された請求書が届くのであれば残高を確認し、相違するようであれば事前に電話連絡等で差異を解消しておくことがベストです。

減価償却費・引当金の計上は

Answer Point

♤減価償却費の月次計上額は、大きな固定資産の移動がない限り基本的には前期末の固定資産から求められます。

♤賞与引当金は年間予定支給額の 12 分の 1 を計上します。

♠内容は複雑ではない

減価償却や賞与引当金の月次決算計上は、一度覚えてしまうと内容はそれほど複雑なものではないので、必ず行う必要があります。

理由は、この 2 項目は金銭的に大きく、損益に影響が大きいので、毎月処理しておかないと「決算を締めたら赤字になった」「6 月と 12 月だけ大赤字だ」ということになる可能性があるからです。

♠減価償却費の計上ステップ

最も簡単な方法から説明します。

(1) 当期減価償却費の金額を調べる

当期の減価償却費の金額は、「現在の資産を期末まで持っていた場合に、年次決算時の計上する減価償却費の金額」です。

税理士事務所に質問すれば、決算終了後にすぐ教えてもらえます。

当然、減価償却計算は固定資産用のソフトでやっていますので、すくなくとも前期の決算書ができた時点で、教えてもらえます。

図表 25、26 の設例は減価償却費 12,000,000 円の場合です。

(2) 今期の毎月末に、12 分割した金額で図表 25 の仕訳を入れる

【図表 25 設例】

① 12,000,000円÷12月＝1,000,000円
② 月末仕訳
（借方）減価償却費 1,000,000円 （貸方）減価償却累計額1,000,000円

⑶　年度末に決算修正仕訳として、正しい減価償却費の金額を図表26のように仕訳する

【図表26　設例】

①　今期の正しい減価償却費　15,000,000円
②　今月まで計上した見込みの償却費を取り崩す。
（借方）減価償却費　1,000,000円
（貸方）減価償却累計額　1,000,000円（毎月分）
（借方）減価償却累計額　12,000,000円
（貸方）減価償却費　12,000,000円（金額取崩）
③　正しい償却費を計上する
（借方）減価償却費　15,000,000円
（貸方）減価償却累計額　15,000,000円

なお、減価償却の計上方法を累計額を使わない直接減額法を選択して資産から控除している場合でも、期中は便宜的に減価償却累計額を使って同じように仕訳してください。

図表26の③の年額計上のときに、直接減額法で計上します。

たったこれだけのことですが、毎月処理するだけで月次決算の精度がアップすることになります。

♠減価償却費を変更するときは

期中に大きな資産を買ったときや除却を大量に予定している時等期中に資産の増減があるときの減価償却の金額は次の手順で検討します。

⑴　重要性の判断

金額の大小により判断して、少ないときは無視します。

⑵　償却費の増減

重要性のある場合は、「12分割金額の同じ金額を毎月計上」とやるのはで禁物です。

固定資産の減価償却計算ソフトで計算させて、増減した固定資産分だけ月次の償却費を調整します。

この減価償却計算は、月割計算をします。

♠賞与引当金の計上は

また、賞与引当金は年間賞与支給額を見積り、月次決算では賞与引当金の年間支払予定額÷12か月で概算計上します。

まだ支出されていなくても費用発生が認められる場合に計上される月次決算特有の仕訳を行います。

（借方）賞与 XXX　（貸方）未払費用 XXX

なお、賞与引当金の会計処理については、次のような取り決めがあります。

(1)　未払費用での処理

賞与支給額が賞与支給対象期間に基づいて算定されて、金額について確定している場合 。

(2)　未払金での処理

賞与支給額が支給対象期間以外の基準に基づき算定されて、金額が確定している場合 。

(3)　賞与引当金での処理

賞与支給額が賞与支給対象期間に基づいて算定されて、支給金額を見積計上した場合。

また、次に掲げる要件のすべてを満たす賞与については、使用人にその支給額の通知をした日の属する事業年度に損金に算入することができます。

未払賞与を計上した期の費用として認められるということです（法人税法施行令72条の5)。

【図表27　未払賞与の計上期の費用処理が認められる要件】

①	その支給額を各人別に、かつ、同時期に支給を受けるすべての使用人に対して通知していること。
	各人ごとの賞与額を決定し、期末までに使用人全員に通知を行います。通知は口頭でも要件を満たしますが、確認ができないため書面で通知し、通知書に確認印を受領するなど証明ができるようにすることが望ましいです。
②	①の通知をした金額をその通知をしたすべての使用人に対しその通知をした日の属する事業年度終了の日の翌日から1か月以内に支払っていること。
	支払時には銀行振込み、現金の場合は領収書の受取りまたは受領印をもらうなど証拠が残るようにしましょう。
③	その支給額につき①の通知をした日の属する事業年度において損金経理をしていること。
	損金経理とは、（借）賞与/（貸）未払金のように経費として処理することをいいます。決算書に経費として計上することが必要です。

Q29 法人税・消費税の見込額の計上は

Answer Point

♤法人税は簡便化のため当期利益に実効税率を乗じて計算します。

♤消費税は、年次決算同様、仮払消費税と仮受消費税を相殺して未払消費税を計上します。

♠法人税等の概算計上は

法人税については、簡便化のため当期利益に40％（資本金1億円未満の会社は約30％）を乗ずることにより求めることができます。

場合によっては、税務調整にあたって数字を拾うのが比較的簡単である交際費を当期利益に加算して税率を乗じることにより計算しても構いません。

この場合、納税資金確保のため同額に対応する預金を納税準備のための預金として通常の預金とは別掲する経理処理を行うのもいいかと思います。

♠消費税の概算計上は

消費税については、本則課税の場合は仮払消費税と仮受消費税を相殺し、千円単位を切り捨てた数字を未払消費税として計上し、法人税同様対応する預金を納税準備のための預金として別掲します。

♠会計ソフトの利用は

会計ソフトによっては消費税を自動計算してくれるものもありますので、月次決算の都度その数字を未払消費税として計上し、仮払消費税と仮受消費税の相殺額との差額を雑収入または雑損失（非課税）として処理します。

♠月次納税額計上のメリットは

こうして月次で納税額の概算を計上しておけば、年次決算の事前検討会議において節税を検討する場合に非常に楽になります。

♣法人税額の概算計上は

法人税等の概算計上について図表28の損益計算書でみてみましょう。

【図表28　損益計算書】　　　　　　　　　　　　　　　　　（単位：千円）

売上高	200,000	
売上原価	150,000	
売上総利益　【粗利益】	50,000	売上高－売上原価
販売費・一般管理費（うち交際費10,000）	38,000	
営業利益	12,000	売上総利益－販管費
営業外収益	1,000	
営業外費用	2,000	
経常利益	11,000	営業利益＋（営業外収益－営業外費用）
特別利益	100	
特別損失	300	
税引前当期利益	10,800	経常利益＋（特別利益－特別損失）

図表28の税引前当期利益が、一般的に法人税等の課税標準になりますので、この数字に実効税率（課税所得に対する総合的税率）40％（資本金1億円以下の会社は約30％）を乗ずることにより、10,800 × 40％＝ 4,320（10,800 × 30％＝ 3,240）の負担する税金額を算出することができます。

これにつき（借方）法人税・住民税・事業税 4,320（3,240）（貸方）未払法人税等 4,320（3,240）の会計処理をすることにより、月次決算に組み入れます。また、交際費を考慮する場合は（4,320 ＋ 10,000）× 40％＝5,728（資本金1億円以下の会社は（4,320 ＋（10,000 － 6,000）＋ 6,000× 10％）× 30％＝ 2,676）が負担する税金額になります。

♣消費税の概算計上は

具体例をあげますと、仮払消費税 10,255、仮受消費税 30,200 と試算表に計上されていた場合、（消費税が 20,000 と計算されたなら）

（借方）仮受消費税　30,200　　（貸方）仮払消費税 10,255
雑損失（非課税）55　　　　　　未払消費税 20,000

と処理します。貸方に差額が出る場合は雑益（非課税）とします。

Q30 小口現金の取扱いは

Answer Point

♤月次決算早期化のネックとなる小口現金は、場合によっては廃止します。
♤廃止が困難な場合、アメとムチの対策が必要になります。

♠小口現金使用のデメリットは

小口現金があると、次のデメリットがあります。

(1) 日々の現金残高を確認しなければならない（小銭やお札の枚数が異様に多いと、チェックするだけで毎日多くの時間を費やしてしまう）。

(2) 経費精算の手間がかかる。

(3) 社員からも随時、経費精算の依頼があり、その都度経理担当者の手を止めることになる。

♠小口現金制度の廃止が困難なときの対応は

小口現金制度の廃止が長年の慣習によりなかなか難しい場合もあるかもしれません。そのような場合は、経費精算マニュアル（立替経費精算書のフォーマット、および経費精算にかかわるルールについて罰則とともに記載する）を用意し、小口現金をよく利用する社員に対してマニュアルに書かれている事項を遵守させるようにすることが重要です。これについては、地位の上下は関係ありません。Q34で述べるように仮払金の長期的な滞留は税務上においても問題を引き起こす可能性が大きいからです。

したがって、経費精算については精算書を工夫して手続を可能な限り簡略化するとともに、精算が遅れている社員に対しては定期的に警告を発します。

1日でも期限を遅れた場合には、罰則を与えるような厳しい態度をとることが必要です。経費精算が1日遅れれば、それに関連する業務が1日遅れることになり、ひいては月次決算が１日遅れることにもなりかねないからです。

♠小口現金制度を廃止するときの手順は

小口現金の廃止を検討する場合は、図表29のような手順で行います。

【図表29　小口現金制度を廃止するときの手順】

項　目	ポイント
①社内の小口現金を０円にする	金庫を廃止する。
②社内の経費精算は小口現金で実施しない	給与振込等と一緒に振込みで処理する。
③取引業者との取引でも、現金での支払いをしない	請求書を送ってもらって振込みするか、口座振替の処理をする
④クレジットカード保有者への扱い	極力カードで決済する
⑤経費の立替が多額になる社員を考慮し、過去の社員別経費精算額をチェックしたうえで、定期的に仮払金を支給する	仮払金は（給与振込等と一緒に）振込みで処理する。 以後は、毎月の使用金額の差額を仮払金で社員の個人口座に振込みを行う。
⑥締日を月１回とする	例えば、会計上の月末日、末日決算であれば末日に、20日決算であれば20日を締日とする。 これにより、毎月の試算表に未払計上が可能となり、また、決算時に帳端を計算する手間も省ける。
⑦社員へ取扱いを連絡する	社員には、領収書をまとめて記載する経費精算申請書に領収証の明細を記載してもらい、領収書ごとの内容、ならびに科目ごとの合計額を記載してもらう。 社員には、勘定科目内訳明細書を配布し、どの経費を使えば、どの勘定科目に分類するかを事前に伝えておく
⑧経費精算申請書については、締日の翌営業日までに提出してもらう	提出が遅れた場合、精算は翌月に繰越（試算表の完成期限を厳守するため）。 領収書の枚数が多くなる場合は、１週間ごと、10日ごとといったペースで経費精算申請書を回収する。

未払金・経費精算は

Answer Point

♤未払金・経費の精算効率化のポイントは４つです。

♤現金を扱える人員を極力絞るのがポイントです。

♠未払金・経費の精算の効率化のポイントは

未払金・経費の精算の効率化のポイントは、図表30のとおりです。

【図表30　未払金・経費の精算の効率化のポイント】

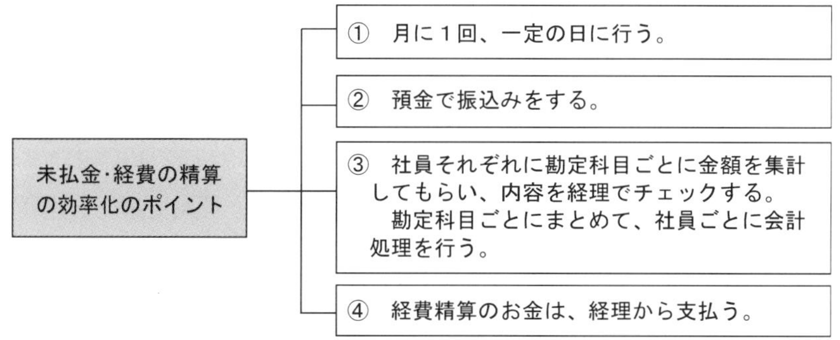

♠月に１回、一定の日に行う

その都度経費の精算をすると、それだけ現金に触れる回数が増えますからミス等の危険も増えてしまいます。

できれば月に１回程度、期間を区切って（例えば、１月分を「15日締め、25日払い」とする等）処理したほうがよいでしょう。

♠預金で振込みをする

これは、支払いは預金取引に集約ということで、預金振込みがベストです。

また、経費精算の締め日を給与計算の締め日とそろえて、給与と共に経費を支払うようにすれば、支払業務も簡略化でき、振込手数料も節約できます。

ちなみに、仮払金として先払いするのは、できれば避けたほうがよいでしょう。税務上仮払金というのは特にその取扱いに気をつけないといけない勘定科目の１つだからです。

経費精算書に工夫を加えることで、会社全体にプラス効果をもたらすこともあります。

♠各社員に勘定科目ごとに集計してもらい、内容を経理でチェックする

「経費精算」に登場する勘定科目の数は、実際数えてみると思ったより多くありません。「旅費交通費」「事務消耗品費」「会議費」その他あと数科目ではないでしょうか。

少ない科目数ですから、表計算ソフトなどで「経費精算表」などをつくって予め社員に配布し、勘定科目も含めて記載・提出してもらうようにします。フォームに計算式を追加し、勘定科目ごとに金額を集計できるようにすれば、さらに使い勝手がよくなります。

社員は「いくらの経費を使ったか」が自分で把握できるようになります（もちろん、会社でも個人別のコスト管理ができる）し、経理がその内容をチェックし、社員にアドバイスすることにより、社員が自ら「勘定科目」を意識するようになり、その意味を自分なりに把握することができるようになってくるでしょう（接待のタクシー代は、「旅費交通費」ではなく、「交際費」となる、など）。

コスト感覚のある社員が多くなれば、それだけ会社にも更に貢献してくれるはずです。また、経理としても科目ごとに金額が集計されていれば、会計ソフトへの入力もそれだけ簡単にできるようになります。

社員のスキルアップにも貢献し、経理処理も効率化できる、一石二鳥の方法です。

♠経費精算のお金は経理から支払う

仮に経費精算のお金を現金で支払う場合でも、必ず経理を通して支払うことにしましょう。社員が勝手に現金に触れることができる状況はよくありません。現金に触れる人を少人数に限定し、明確にすることにより不正が起こりにくい状況をづくりをしていくのが正しいやり方です。

Q32 証憑書類の整理は

Answer Point

♤証憑書類は、時系列管理・連番管理が基本です。

♤各会社ごとや勘定科目ごとのファイリングはコストパフォーマンスが悪いです。

♠証憑書類の整理の基本は

証憑書類の整理の基本は、図表31のとおりです。

【図表31　証憑書類の整理の基本】

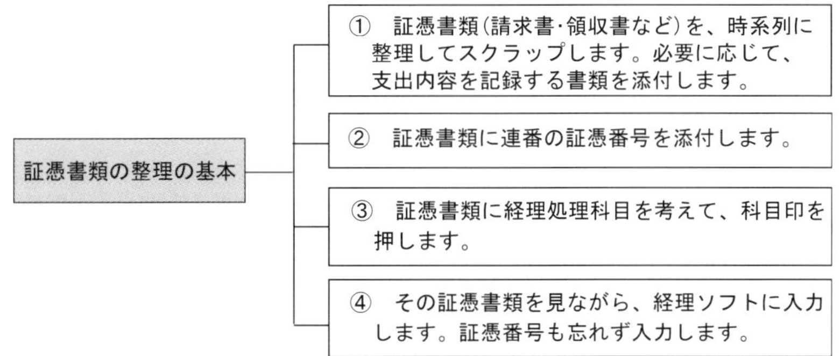

♠証憑書類の管理のポイントは

証憑書類の整理の基本を前提に、取引の種類に応じ図表32のようなファイル体系で証憑管理します。

【図表32　ファイル体系での証憑書類管理】

区　分	説　明
①現金出納帳	小口現金の領収書・普通預金などからの入金・出金の記録をすべて記入。領収書添付。(会計ソフトもしくはエクセルによる管理が便利)。
②売上請求書ファイル	請求書の控えを綴じておく(売掛金と売上の書類)。

③支払請求書ファイル	支払った請求書を綴じておく（仕入·売上原価と買掛金の書類）
④経費支払ファイル	支払った請求書のうち、③以外のものを綴じておく（売上原価以外の経費・例えば家賃や宅配便料など）

この図表32の4つがあれば問題ないです。

ちなみに時系列にファイリングしたほうが便利です。

図表32の①〜④のすべてを、1か月ごとにまとめてインデックスや付箋で「〜月」としておきます。

もちろん①は、実際の残高と一致していることが大前提です。

また在庫がある商売なら、在庫管理表（入･出庫管理表など）も追加です。

②③④は通帳からの入出金が基本です。現金で取引したら、現金出納帳のほうで管理します。

②は締め日によって末締め翌月末日入金でないことも取引先によってはあると思いますが、前か後ろの月どちらかに統一しておきます。決算月のみ、締め日基準の請求書と、決算日（月末）で締め切った2種類の請求書の控えをﾌｧｲﾘﾝｸﾞします。

③は単純に支払った日付順でいいと思います。④も同じです。

そうすると、通帳の支払いの並びと同じになるので、帳簿のPC入力も楽です。各会社ごとや勘定科目ごとにファイリングするのは手間がかかり、メリットは少ないです。

引き落としできるものはすべて引き落としたほうが、経理処理＋銀行手数料の面で楽です。

♠その他の留意点は

ちなみに、業種にもよりますが、請求書・納品書・見積書は一緒にしておいたほうがいいと思います。

支払請求書の内容と金額がきちんと約束どおりの金額になっているかどうかを、確認するための手段なので、契約書のコピーも一緒にしておくともっといいかもしれません。

その他事務処理を楽にする方法は

Answer Point

♤定例的に発生する取引につき仕訳登録しておくと便利です。

♤登録しておくことで担当交替時にも処理が変わることがなくなります。

♠パターン化・定型化された取引についての工夫

パターン化・定型化された取引については、次のような工夫が可能です。市販されている会計ソフトにより設定は異なりますが、だいたい次のようにして仕訳パターンを登録してきます。

(1)　入力済みの仕訳伝票に名前をつけて登録する（例：交通費の精算）

(2)　会計ソフトに標準で登録されている仕訳例を取引先名などを変更して登録する。

最初は登録設定に多少時間がかかりますが、面倒でも登録しておくと翌月の処理から随分楽になります。

【図表33　定型的取引については会計ソフトにパターン登録】

定型的取引については会計ソフトにパターン登録

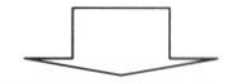

・誰でも同じように経理処理ができる
・入力担当者が代わったとしても、前月と仕訳が変わることがない

♠預金口座ごとに日付順に仕訳パターンを登録

また、預金口座ごとに日付順に仕訳パターンを登録しておくと、入力作業がスムーズに行えるようになります。

電話料金等の口座振替については毎月決まった日ですので、順番に処理できるように並べておきます。

【図表 34　設例】

「15日借入金返済250,000円＋利息」として、次の仕訳を登録しておく。
（借方）長期借入金 250,000　（貸方）普通預金 250,000　長期借入金返済
（借方）支払利息　　×××　（貸方）普通預金）×××　長期借入金返済　利息
入力のときは、毎月支払利息の金額だけ変更するだけです。

♠定例的取引についての原則は

原則として、定例的に発生する取引は可能な限りすべて仕訳パターンとして登録しておきます。

経理処理に慣れている人でも、1か月経つと忘れてしまうことがよくありますので、頭で覚えておくのではなく、どんな取引でも経理ソフトに必ず登録しておきましょう。

♠仕訳パターン登録のメリットは

また、登録しておくことにより誰でも同じように経理処理ができるので、たとえ入力担当者が代わったとしても、前月と仕訳が変わってしまうようなことがありません。

入力の都度、勘定科目を判断していると、同様な取引でも集計される科目が違ってくることが少なくありません。

♠業務フローチャートの作成を

以上、経理処理を楽にする一般的な方法をあげましたが、あくまで経理内部から見た場合の方法であり、月次決算という観点から考えれば経理以外の部門に協力を求めることにより事務処理を楽にする方法が考えられます。

このような場合、会社全体でバランスのとれた省力化を考えていくうえで必要なのが業務フローチャートです。経理内部でのみ事務処理が楽になる方法を考え、各部門に協力を求めても、別の部門ではかえって負担増加になってしまい、なかなかコンセンサスを得ることができない可能性があります。

ですから、業務フローチャートの作成により日常業務を可視化し、大局的な観点より業務効率化を図るとともに経理処理を楽にする資料提出等の方法を考えていくことをおすすめします。

仮払金など仮勘定の精算は

Answer Point

♤仮払いについては、毎月一定額の残高を残すような仕組みにすれば労力を節約できます。

♤月次決算で大きな仮払金を残さないよう一定額はできる限り小さくするのが理想的です。

♠仮払金が生じるケースは

出張や接待が多い営業社員や管理職が、立替が必要なときに経理に仮払いの申請している会社は少なくありません。

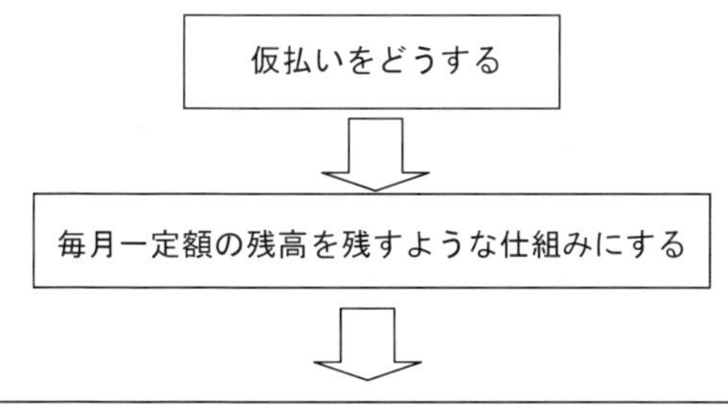

♠経費仮払処理の原則は

経費の仮払いをした場合、本来であれば、その都度精算すべきです。

しかし、そうすると経理側で仮払金勘定の残高管理が必要となります。

各人の仮払金の残高を毎月合わせる面倒な仕事が発生してしまいます。

♠仮払処理を効率化する仕組みは

仮払いが必要なのは、社員に金銭的な負担がかかるからです。

最近は、クレジットカードを利用する人が増えたので、どこの会社でも、仮払いの申請をする人が減る傾向にあります。

それでも業務上、仮払いが必要な社員に対しては、最初に一定金額を社員の預金口座に振り込みます。ただし、この仮払金は、毎月精算せずに、本人が仮払いが必要になるまで、そのままにしておきます。

たとえ仮払いしたとしても、毎月使った経費の合計を申請してもらい、経理は使った分だけ振り込んで精算するようにします。

仮払いの精算は行わないので、例えば20万円を仮払いしたのであれば、その20万円は常に仮払いの状態になります。

決算を迎えたときは、決算のときに仮払いを精算します。

♠効率化のメリットは

上記のようにすれば経理では、仮払いした人としない人を区分する必要がなくなります。毎月、全員同じように経費精算をすることができます。

細かく厳密に管理しようとすると、面倒な仕事が増えることになりますが、逆に全体を動かさず管理しないやり方にすれば、時間が節約できます。

♠社長への仮払金があるときの対応は

長期にわたり精算していない社長への仮払金が存在する場合には、税務調査によってはその実態が社長への貸付金と同一と考えられて、会社は社長より利息をとらなければならないとして、税務署から利息相当分の益金計上が指摘され、それに対応する税金の追徴が行われてしまう場合もあります。

また、決算書に社長への貸付金や仮払金が残っているような場合は、それだけで税務署から目をつけられてしまう場合が多く、また、税務署に月次決算書や年次決算書を提出しなければならなくなった場合にも金融機関からあまりいい印象を持たれることはありません。

社長への貸付金や長い間滞留しているような仮払金は基本的にはつくらないことが賢明な措置です。

また、やむを得ない事情があったためにつくってしまったような場合でも、社長から利息をとることはもちろん、契約書や返済計画表をつくり、その条件通りに返済を受けていくようにしていかなければなりません。

Q35 勘定科目の適用は

Answer Point

♤少なくとも財務諸表を外部に公表する義務のない会社は勘定科目にあまりこだわる必要はありません。

♤できるだけ使用する勘定科目は少なくするのがコツです。

♠科目にこだわる原因は

会社の経理担当者から、会計事務所に対する問合せで最も多いのが、勘定科目に関するものです。

経理担当者が、勘定科目を細かく気にするのは、会計事務所の指導による影響が強いと思います。

上場会社では、財務諸表の外部公表のため、勘定科目の誤りは、場合によっては訂正報告書を出さなければならなくなるほどのリスクを抱えています。

しかしそうでない場合は、そもそも会計のルールにはずれているという場合や、税務上の判断を誤るような場合を除き、勘定科目にそれほど気を使う必要はありません。

♠どの勘定科目にするかを悩むだけ時間のロス

会社の経理処理で使用する勘定科目は、最終的に1年分が集計されて決算書に表示されます。決算書は外部の人が見てもわかるように、基本的なルールが決められています。それを無視することはできませんが、経費の科目名などは会社で管理しやすいように自由に決めても問題ありません。

経費科目については、毎月集計してどういった経費をいくら使ったかを管理するために区分しておきます。ですから、何の支払いをどの科目を使って処理するかということをあらかじめ決めておく必要があります。

また、集計してもあまり大きな金額にならないものは、どの科目で処理しても大勢に影響はありませんので、あまりこだわらないほうがいいです。

100円のボールペンを買って、それを事務用品費にするか、消耗品費にするか、または雑費にするかで悩むのは意味がありません。

そのためにも、勘定科目はできるだけ少なくしておき、必要以上に追加しないようにします。

♠期中に新しい科目はつくらない

基本的には、期の途中では新しい科目はつくらずに、翌期更新するときに科目を見直します。

支払いが多くなったため、科目を別にして管理すべきだと判断した場合、あるいは新しい取引が発生した場合だけ、新しい科目を設定します。

♠科目を統合して減らす

また、取引全額が小さい経費科目については、他の科目との統合を検討します。勘定科目の構成は、できるだけシンプルにし、極力少なくしてください。

勘定科目を限定すると、会計処理の効率がよくなるのに加えて、決算書を見る人も、見やすくなるというメリットがあります。

上場会社等以外は勘定科目にそれほど気を使う必要がないという状況を逆手にとって、月次決算の段階において業績をよりわかりやすくするという観点より次のような工夫を試してみるのもいいかと思います。

(1) 普通の売掛金は売掛金A、回収が遅れている売掛金は売掛金Bとする。
(2) 役員に対する貸付金は役員貸付金とする。
(3) 仮払税金がある場合、通常の仮払金とは別に仮払租税公課とする。
(4) 前払費用は前払保険料、前払家賃、長期前払費用リース料といったように区分する。
(5) 売上値引返品については売上から控除せず売上値引・売上返品という科目をつくる。

このような勘定科目の適用により、月次の業績がより明確になることがあります。

Q36 経理処理を効率化する一覧表は

Answer Point

♤ポイントは、似たような取引については集約して管理するというところにあります。

♤経理ワークフローを作成し改善個所を調査すると効率的です。

♠勘定科目一覧表の作成は

会社の様々な取引のうち、同じ種類のものは同じ区分に分類できれば経理処理が省力化できます。

そのため、勘定科目一覧表を作成してたくさんの会社の取引を一定の基準に従って、同じ勘定科目でまとめるようにします。

勘定科目は、大まかに図表35の基準で分類されています。

【図表35 勘定科目の分類】

項目	説明
①内容	支払いの性質によるもの 例：チラシを作成、配布した⇒広告宣伝費・電話代を支払った⇒通信費等。
②支払いが効果を及ぼす期間	例：向こう半年分の家賃を一括して払った⇒前払費用 向こう１年分の消耗品を大量購入した⇒貯蔵品
③税法上の影響を受けるもの（金額など）	備品のうち10万円以上のもの⇒資産計上 10万円未満のもの⇒消耗品費 いずれかの分類基準に属する取引については、可能な限り同一の科目を適用し経理処理します
④類似科目の整理	似たような取引に別々の勘定科目をあてはめると、のちの整理が大変ですのでご注意ください（例：消耗品費と事務用品費）。

♠経費精算申請書の作成は

経費精算申請制度とは、領収書を経費精算申請書の裏面に糊づけし、その内容を表面に記載するものです。

記載する内容は、支払日、支払金額、支払先、摘要になります。

これを1か月間まとめて、その合計金額を給与振込みの際に一緒に入金し精算する制度です。

経費精算申請制度を活用すると、図表36のようなメリットがあります。

【図表36　経費精算申請制度の活用メリット】

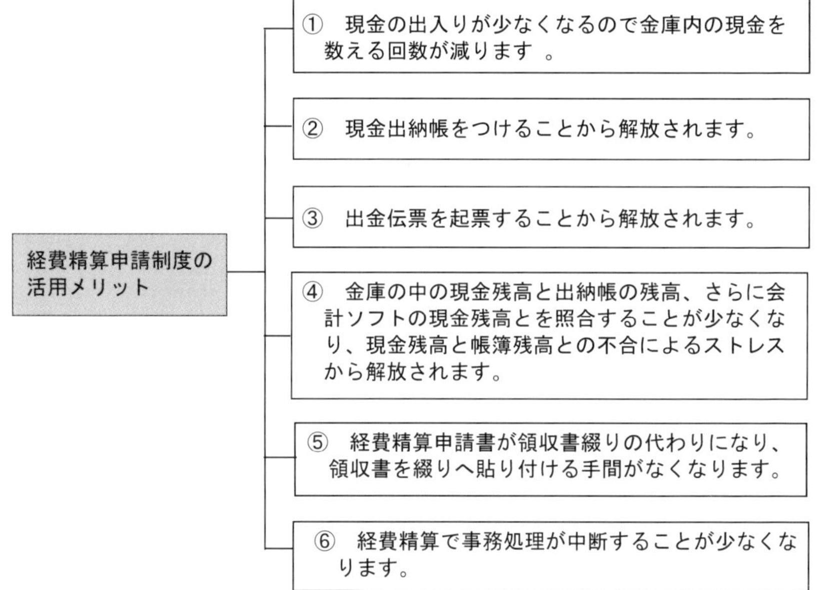

経費精算申請制度の活用により、各営業所で経費精算に関する作業時間が改善され、これにより生まれた時間を付加価値の高い仕事への時間にあてることが可能になります。

上記は一例ですが、ポイントは、似たような取引については集約して管理するというところにあります。

また、そのような管理は、支店や工場等事業拠点を多く抱える会社についても拠点ごとに行うのではなく全社ベースで行う必要があります。そうすることにより、拠点間の公正な比較を可能にすることができます。

Q37 その他経理処理を楽にする方法は

Answer Point

♤月次決算処理チェックリストの利用が効率的です。

♤内容の実効性を確保するため上司や顧問税理士にチェックしてもらいます。

♠月次決算処理チェックリストの作成ポイントは

月次決算における経理処理を楽にするうえで最も欠かせないものに月次決算処理チェックリストの作成があります。

ここでは、その作成方法の一例につき簡単に説明いたします。

【図表 37　月次決算処理チェックリストの作成ポイント】

項　目	説　明
①勘定科目	勘定科目をあげていきます。もちろん、決算書や試算表に存在する勘定科目だけをあげれば大丈夫です。 慣れないうちは存在する勘定科目すべてをリストアップしておいたほうが無難ですが、決算を繰り返すうちに「リストアップするほどではない」と思ったら、リストから除いてもよいかもしれません。 ただし、法人税の申告書にその明細を添付しないといけない勘定科目（現金預金、受取手形、売掛金等）と、租税公課、未払法人税等や未払消費税といった科目はリストから外さないほうがよいと思います。これらの科目は、決算では必ずその内容を精査しないといけない勘定科目だからです。
②チェック	この欄には、作業が終わったらその終了日を記入していきます。チェックマークをつけていくだけでもよいのですが、終了日を書けば、その科目に対してどの程度の時間をかけたのかがわかるので、次回以降の決算スケジュールを組み立てる際の参考になります。
③担当者	担当者を書いておきます。税理士等に依頼する項目は、その旨を書いておきましょう。

④作成日	このリストを作成した日を書いておきます。通常、チェックリストは決算を重ねるごとにブラッシュアップをしていきますが、場合によっては決算作業中にも追加や訂正をするかもしれません。 そんなわけで、過去のものと間違えないように書いておきます。
⑤摘要	ここにはその科目特有の注意点や、行わなければならない作業内容を簡潔に書いておきます。 追加で浮かんだことを書きとめられるよう、少し余白をつくっておいてもよいでしょう。
⑥コメント	ここには「摘要」欄に書くこと以外の内容や連絡事項、あるいは各科目に共通して必要な事項等を書いておくようにします。

♠月次決算チェックリストの作成後の留意点は

チェックリストをつくったならば、上司や顧問税理士のチェックを受けるとよいでしょう。不足している項目等を確認してもらったり、新たな決算情報を手に入れることができるかもしれません。

また、決算が終了したら、このリストを決算資料と一緒に保管しておきましょう。そのリストはあなたの会社オリジナルの重要な会計資料となります。

また、チェックリストをつくることは、決算以外でも役に立つことがあります。月次業務のリストをつくっておけば、ケアレスミスを予防することができます。

その他、年末調整等、リストをつくっておくと、何かと便利な作業が経理の仕事にはあります。

これを機会にチェックリストづくりの癖をつけるようにしておくのもいいでしょう。

一般の会社でこのようなチェックリストが作成されているところはまだまだ少ないと思われます。しかし、チェックリストがないと月次決算の精度を確認することは困難です。

また、月ごとに自由度の高い会計処理を許容してしまい比較可能性が困難になります。作成は手間ですがチェックリストの効用は大きいです。

Q38 月次決算で作成する財務諸表・業績管理資料は

Answer Point

♤基本は月次貸借対照表、月次損益計算書の２つです。

♤経営判断に資するという月次決算目的の観点よりその他の業績管理資料が必要になります。

♠月次決算で作成する資料は

月次決算書では、貸借対照表・損益計算書（これに製造業の場合は製造原価報告書）が基本になります。状況に応じキャッシュフロー計算書も含めます。業績管理のために、販売関係、購買生産関係、資金関係で図表38のような管理資料を作成することになります。

【図表38　月次決算で作成する資料】

	資料名	備考
会社	①月次損益計算書	予算比、前年比
	②月次貸借対照表	前月比、前年比
部門別	①月次部門別損益計算書	予算比、前年比
	②部門別損益推移表	
	③部門別経費実績比較分析表	
	④部門別販売目標	
販売関係	①売上高月別推移表	品目別、地域別、得意先別、担当者別等 卸売業　小売業
	②粗利表	品目別、地域別、得意先別、担当社別等
	③受注残高表	品目別、地域別、得意先別、担当者別等 製造業
	④売掛金残高表	取引先別
	⑤売掛金回収状況表	卸売業
	⑥回収遅延一覧表	

購買・生産関係	①仕入高月別推移表	品目別、得意先別、担当者別等
	②買掛金残高表	
	③在庫一覧表	
	④滞留在庫一覧表	卸売業　小売業
	⑤主要材料費価格推移表	
	⑥操業度（機械稼働時間）	製造業
	⑦生産実績表	
	⑧加工単価推移表	
資金関係	①月次資金繰り表	
	②借入金状況表	
その他	①経費推移表	サービス業
	②クレーム処理一覧表	

注：表中、業種で優先的に必要な管理資料の欄に表示しました。

♠業績管理に最低限必要な資料は

図表38の業績管理資料のすべてが必要というわけではありません。

自社の実情にあわせて作成を決めればよいです。

このうち、会社の規模や業種に関係なく、最低限必要なものは、①部門別損益計算書、②資金繰り実績表です。

♠管理資料作成にあたっての留意点は

月次決算の導入のときは、資料の作成点数を絞って、以後必要に応じて段階的に増やすようにします。

このとき、会社の最重要項目にスポットをあてた資料づくりが必要です。

会社の最重要項目とは会社ごとに異なってくると思います。一般的に考えられる滞留債権や滞留在庫、利益率の他、拠点別販売動向、新商製品の販売傾向、設備投資の状況等年度ごと、場合によっては月次ごとに異なってくるケースも考えられます。そのような場合、月次決算の利用主体である経営トップの指示を定期的に仰ぎ、必要十分な資料を作成することが大事です。

いたずらに資料を多くすることはかえって最重要項目への適切な対応を困難にすることになりますので注意が必要です。

Q39 月次貸借対照表のつくり方は

Answer Point

♤年次決算の貸借対照表とつくり方に大きな相違はありません。

♤月次貸借対照表作成にあたってチェックすべき勘定科目があります。

♠月次貸借対照表のつくり方は

月次貸借対照表のつくり方は、年次決算のそれと大きな相違はありません。ただし、月次決算特有の決算処理に留意する必要があります。

月次貸借対照表のつくり方は仕訳入力後勘定科目ごとに金額集計された試算表のうち資産、負債・純資産の関係項目を抽出し一覧にすれば完了です。

図表39は、月次決算特有の決算処理を反映した月次貸借対照表の例です。

【図表39 月次決算特有の決算処理を反映した月次貸借対照表の例】

月次貸借対照表

○○株式会社　　平成○○年5月31日　　(単位；円)

資産の部		負債の部	
流動資産		流動負債	
現金預金	3,690,000	支払手形	1,200,000
受取手形	2,010,000	買掛金	1,500,000
売掛金	1,743,000	短期借入金	300,000
有価証券	2,100,000	未払費用	7,000
商品	1,320,000	未払法人税等	549,000
前払費用	300,000	未払消費税等	610,000
未収収益	200,000	固定負債	
貸倒引当金	−95,000	長期借入金	1,800,000
固定資産		負債合計	5,966,000
有形固定資産		純資産の部	
建物	4,500,000	株主資本	
建物減価償却累計	−1,330,000	資本金	4,000,000
備品	1,300,000	資本準備金	3,200,000
備品減価償却累計	−642,000	利益準備金	700,000
無形固定資産		繰越利益剰余金	1,300,000
電話加入権	70,000	純資産合計	9,200,000
資産合計	15,166,000	負債・純資産合計	15,166,000

・ 月次ではあっても、概算で未払法人税等及び未払消費税等を計上します。
・ 商品は可能な限り実地棚卸もしくは一部実地棚卸の数値、やむを得ない場合帳簿棚卸の数値を用います。
・ 仮払金・仮受金は原則精算します。
・ 減価償却は予算の数値を用います。

以下に、月次貸借対照表作成上でチェックすべき勘定科目についてみてみましょう。

♠月次貸借対照表でチェックすべき項目は

月次貸借対照表においては、一般的には、売掛金、買掛金、手形の各科目や現預金科目などが通常チェックすべき科目になります。これらは、資金繰りの観点から、あるいは債権・債務管理の観点から、常に注意したい数値です。

また、借入金が多い場合には借入金科目のチェックは欠かせません。

従業員が多く、源泉税・社会保険などの預り金が多額になる会社であれば預り金もチェックポイントとして重要です。

基本的には、総資産に占める割合の高い科目（金額の大きい科目）についてはチェックポイントとして考えてみましょう。

毎月チェックしたい項目は、図表40の5つです。

【図表40　毎月チェックしたい項目】

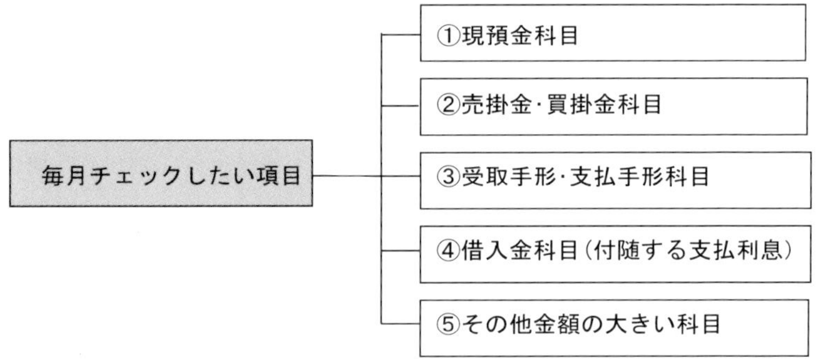

♠チェックするときのポイントは

チェックする際には、月末の残高が正常であるかだけでなく、当月中の推移、つまり借方合計額、貸方合計額を見る必要があります。

このような視点でみることにより、例えば、売掛金の残高だけでなく、月中にどれだけ発生したか（借方）、どれだけ回収したか（貸方）を把握することが可能になります。これが借入金の場合であれば、予定通り返済されているか（借方）、借入額は適正であるか（貸方）の判断につながることで、有益な情報として活用できるわけです。

Q40 月次損益計算書・変動損益計算書のつくり方は

Answer Point

♤年次決算の損益計算書とつくり方に大きな相違はありません。

♤経営の意思決定に資するという観点より変動損益計算書を作成する場合もあります。

♠月次決算特有の決算処理に留意

月次損益計算書のつくり方は、仕訳入力後勘定科目ごとに金額集計された試算表のうち収益・費用にかかわる項目を抽出し一覧にすれば完了です。

この作業は会計ソフトに入力を行えば自動的に達成されます。

ただしQ16で述べたような月次決算特有の決算処理事項に留意する必要があります。

このような決算処理事項については特に損益計算書を作成する、ということで意識する必要はなく、通常の月次決算処理の作業の一環と考えて行えばよいです。

月次損益計算書のフォーマットについては、64頁をご参照ください。

また、制度会計では作成が認められていない変動損益計算書の作成を検討するのも有意義です。

♠変動損益計算書作成に必要な作業は

基本的に現状分析のためであれば、変動損益計算書作成にあたり必要な作業は、次のようになります。

①通常の損益計算書（ＰＬ）の経費を
　変動費（売上に比例して変動する費用）と
　固定費（売上に関係なく発生する費用）に分ける作業

②それを集計する作業

♠変動損益計算書でみえてくるものは

基本的にこれだけの工夫を損益計算書に施すことにより、次のシュミレーションが可能になります。

(1) 今の人員を維持しようとすると　最低いくらの売上を確保しないとまずいのか（⇒損益分岐点売上高の把握）

(2) 人を増やしたいが、今雇って大丈夫か（⇒限界利益の計算）

(3) 利益を倍にするには、売上はいくら必要なのか（⇒限界利益の計算）

(4) 現預金を○円貯めるには、売上はいくら必要か（⇒収支分岐点売上高の計算）

(5) 突発的な仕事をいくらまでなら安く受注していいのか（⇒限界利益の計算）

(6) 不採算商品のどれをカットすればいいのか（⇒限界利益の計算）

(7) 銀行借入を約定どおり返済するのに必要な売上はいくらか（⇒収支分岐点売上高の計算）

♠変動計算書の例は

変動損益計算書とは、すべての費用を売上に伴って増減するかどうかで変動費と固定費に分類して組み直し表示した損益計算書をいいます(図表 41)。

【図表 41　変動損益計算書の例】

変動損益計算書

売　上　高
）変　動　費
限 界 利 益
）固　定　費
経 常 利 益

①変動費	売上の増減に伴って変動する費用 商品仕入高･原材料費･外注費などが該当します。
②固定費	売上が増減しても変動しない費用 役員報酬･賃金給与･地代家賃･支払利息･減価償却費などが該当します。
③限界利益	売上高から変動費を引いた利益

注：変動損益計算書は一般の損益計算書の構成を組み直しただけなので、経常利益の数字は変動損益計算書と一般の損益計算書は同じものとなります。

Q41 予想実績対比表のつくり方は

Answer Point

♤予算実績対比表は、月次決算に求める目的によりフォーマットが変わります。
♤何を分析したいのかはっきりさせることが肝要です。

♠予算実績比較表の作成ポイントは

予算実績比較表を作成する場合、そのフォーマットは非常に重要になります。他社のものや見本として書籍などに記載されているものもありますが、業種・規模・経営方針・経営者の意向などによっても異なりますので、自社にあったものを工夫しながら作成する必要があります。

これらの中には、予算編成時から予算統制において比較することを意識して行わなければならない事項（事業区分・表示項目等）もありますので、早めに決定しなければなりません。

予算についてですが、当初は基本的には損益計算書だけで十分です。

一般の上場会社でも、支店や工場においては予算は損益計算書ベースのものしか持っていないことが殆どです。ただし、貸借対照表のうち運転資金にかかわる項目（売上債権、商製品、買入債務）や長短借入金については、損益計算書や過去の平均回転期間、返済計画等で求めることが可能ですから、予算値を算出し、実績値と比較してみることもいいかもしれません。

売上債権や商製品の滞留度の検討、および借入金が返済計画どおりに返済されているかどうかをチェックすることができます。

また、図表 42 で達成率は重要なポイントになります。ただし、読み違えないでいただきたいのは、費用項目について達成率が 100％を超えているのはそこに何らかの問題点が潜んでおり、改善が必要だということです。

図表 42 では、売上が予算を下回っているにもかかわらず、売上原価が達成率 106.7％で予算を上回っており、内容の確認及び改善策が必要なことを

【図表 42　予算実績比較表の例】

	平成〇〇年 4 月度					累計				
	予算	百分比	実績	百分比	達成率	予算	百分比	実績	百分比	達成率
売上高	4,200	100.0%	4,111	100.0%	97.8%	4,200	100.0%	4,111	100.0%	97.8%
売上原価	3,000	71.4%	3,201	77.8%	106.7%	3,000	71.4%	3,201	77.8%	106.7%
売上総利益	1,200	28.6%	910	22.1%	75.8%	1,200	28.6%	910	22.1%	75.8%
販管費	1,000	23.8%	827	20.1%	82.7%	1,000	23.8%	827	20.1%	82.7%
営業利益	200	4.7%	83	2.0%	41.5%	200	4.7%	83	2.0%	41.5%
営業外収益	100	2.3%	84	2.0%	84.0%	100	2.3%	84	2.0%	84.0%
営業外費用	50	1.1%	41	0.9%	82.0%	50	1.1%	41	0.9%	82.0%
経常利益	250	5.9%	126	3.0%	50.4%	250	5.9%	126	3.0%	50.4%
特別利益	0	0.0%	0	0.0%	0.0%	0	0.0%	0	0.0%	0.0%
特別損失	0	0.0%	0	0.0%	0.0%	0	0.0%	0	0.0%	0.0%
税引前当期利益	250	5.9%	126	3.0%	50.4%	250	5.9%	126	3.0%	50.4%
法人税等	100	2.3%	50	1.3%	50.0%	100	2.3%	50	1.3%	50.0%
税引後当期利益	150	3.5%	76	1.8%	50.6%	150	3.5%	76	1.8%	50.6%

示しています。場合によっては、売上原価ではない費用が混入していたり、本来棚卸資産にあげるべきものが混入している可能性もありますので注意が必要です。過去の原価率の趨勢をとってそれをわずかでも上回っているようでしたら、異常値として内容を確認してみます。

♠事業区分の留意点は

予算実績比較の目的の１つである「差異の分析により原因を探り検討し改善策を講じ、業績を向上させる」を行うには、業績を責任区分等に分ける必要があります。

①製品、②部門、③事業部、④地域などのような区分ごとに分け、比較を行います。

♠表示項目の留意点は

予算実績比較表では、あまり細かく情報を提供してしまうと見難くなったり、重要な箇所を見逃したりしてしまいます。

逆に情報が少ないと、差異分析や原因を探ることができなくなってしまいますので、業種や経営戦略等に沿って、提供する情報の取捨選択を行います。

例えば、次のような事項があげられます。

⑴　売上高（製品種類・数量×単価・発売日・得意先　等を区分表示）

⑵　勘定科目（人件費・販売費・管理費・研究開発費・本社経費等で区分表示）

勘定科目では、損益計算書の販売費及び一般管理費や、営業外損益の勘定科目のすべてを記載してしまうと、見慣れない人にとっては把握し難くなってしまったり、スペースの問題も出てきますので、自社にとってボトルネックとなる項目を中心に、取り纏めて表示する場合もあります。

♠使用する人の立場に立って

予実績比較表は会議等で使用される書類ですので、会議に参加する人達が理解できるものでなければなりません。

会議に参加する人達のすべてが、経理や財務に精通しているわけではありませんので、理解・説明がしやすいような工夫が必要です。

例えば、①ページ番号をつける、②重要項目には色をつける、③各項目に番号をつけ説明しやすくする、④できるだけ同じひな型または配列のものを使うなどがあげられます。

♠何を分析したいのか

比較をする場合、何を分析したいのかを明確にする必要があります。分析目的が違えばフォーマットや比較する数値も異なりますので、まずどのような分析をするための表なのかをはっきりさせておかなければなりません。

例えば、①全社的予算達成度を分析したい、②事業部ごとの業績を評価したい、③コスト管理・分析をしたいなどがあげられます。

比較する対象としては、予算、前年同月実績、同業他社、修正前予算などがあります。

修正前予算というのは、これと修正後予算および実績とを比較することで、その差異を区分し把握することで、予算修正を行わなければならなくなった原因を分析し、来年度以降の予算作成の精度向上に活かすという意味があります。なお、予算実績比較の管理は、連結会社がある場合は数が少なくても原則連結ベースで行います。

Q42 予想実績資金繰り表のつくり方は

Answer Point

♤予想資金繰り表は千円単位や万単位でも十分です。

♤実績資金繰り表は最終残高を現預金残高と一致させることが必要です。

♠資金繰り表というのは

資金繰り表は、「繰越金＋収入－支出＝残高」というお金の動きを収入の項目や支出の項目に区分してわかりやすくしたものです。

通常毎月作成し、金額は円単位ではなく千円単位や万単位でも十分です。また、資金繰り表には「実績」と「予定」の２種類があります。

【図表 43 実績資金繰り表をつくるために必要な資料】

①月次試算表
②現金出納帳
③預金出納帳もしくは預金通帳
④手形帳（受取手形帳・支払手形帳）
⑤借入金返済明細

注：実績資金繰り表は、１か月分の仕訳データから現金・預金が動く取引を抽出して作成するやり方が基本ですが、現金出納帳と預金出納帳からでもつくれます。

♠具体的作成手順は

95 頁の図表 45 の様式に従って作成の手順について説明しましょう。

【図表 44 資金繰り表の作成要領】

手 順	説 明
❶収入欄	収入欄には、現金や預金が入ってきたもので借入金以外の入金を記載します。
①現金売上	現金出納帳から現金でその月に売ったものを抽出して、その金額を記載します。
②売掛金回収	現金出納帳を預金出納帳から回収された売掛金の金額を抽出して記載します。

	③受取手形取立・割引	預金出納帳と受取手形帳を見て、その月に取立・割引を行った金額を記載します。 収入欄に記載する金額は現金出納帳と預金出納帳の入金欄（借方の金額）です。前受金の入金があった場合には、「その他の収入」欄に 記載するか「前受金入金」欄をつくって金額を入れると便利です。 また、借入をしたことによる入金は財務収入へ記載します。 現金と預金の間の現金振替は収入と全く関係ないので、収入欄にはいれないよう注意してください。
	④営業収支	収入から支出を差し引いた金額が営業収支で経常収支ともいいます。これは、企業本来の営業活動どれだけ現金を手に入れているかをあらわします。営業収支がマイナスの場合は財務収支でやりくりしなければなりません。
	⑤財務収入・支出欄	財務収入・支出の欄には、借入金による入金と借入金返済による出金を記載します。
	⑥財務収支	財務収支は借入金による入金から借入金返済による出金を差し引いた金額で、企業本来の営業活動とは別に、金融面の収支ですので「金融収支」ともいいます。
❷支出欄		支出欄には、現金や預金が出ていたもので借入金返済以外の出金を記載します。
	⑦現金仕入	現金出納帳から現金でその月に仕入れたものを抽出して金額を記載します。
	⑧買掛金支払	現金出納帳と預金出納帳からその月に支払った買掛金の金額を抽出して記載します。
	⑨支払手形決済	支払手形帳と預金出納帳を見て、その月に決済された支払手形の金額を記載します。
	⑩人件費	現金出納帳、預金出納帳を見て、その月に支払った次の金額を記載します。人件費を未払計上している場合でも、「人件費」欄に記載します。 ・役員や従業員個人にその月に支払った金額⇒人件費の欄 ・源泉所得税預り金でその月に支払った金額⇒預り金支払の額 ・社会保険料預り金でその月に支払った金額⇒預り金支払の欄
	⑪その他の経費（その他支払）	現金出納帳と預金出納帳から、その月に支払った経費の金額を抽出して記載します。勘定科目によって、買掛金を計上している場合には「買掛金支払」欄に記載することになりますが、そうでない場合は単純に試算 表の金額がそのまま現金・預金からの出金として各項目に記載していきます。
	⑫未払金支払	未払金の支払は、固定資産購入額の月賦支払額です。細かく分析する場合には「設備収支」の欄をつくってそこに記載します。

⑬支払利息	借入金返済明細と預金出納帳を見て、その月に支払った利息金額を記載します。 支出欄に記載する金額は現金出納帳と預金出納帳の出金欄（貸方の金額）です。前払金の支払いがあった場合には、「その他支払」欄に記載するか、「前払金支払」欄をつくって記載すると便利です。
⑭収支過不足	その月の営業収支と財務収支の合計です。
⑮翌月へ繰越	前月より繰り越された金額に収支過不足をプラスした金額が「翌月への繰越」になります。その金額を翌月の「前月より繰越」に記載します。 「翌月へ繰越」の金額が月次試算表の現金･預金残高と一致していれば、資金繰り表にもれなく記載がされているということになります。

♠資金繰り表作成上の注意点は

支出欄に記載されるものに分かれます。月次損益計算書の数値がそのまま使えるものと使えないものに分かれます。

買掛金を計上する勘定科目とそうでない科目に分けて、資金繰り表への記載箇所に注意を要します。

また、借入金返済による出金は財務支出へ記載します。現金と預金の間の現金振替は支出と全く関係ないので、支出欄には入れないよう注意する必要があります。

♠予定資金繰り表のつくり方は

また、予定資金繰り表は、月次経営計画をもとに作成します。

経営計画が作成できたら、売掛金や受取手形での回収割合や買掛金や支払手形での決済割合を過去の実績から見積もります。

あくまでも現金の出入りを予測するものですから、売上や仕入の計上時期とはズレが生じることに注意して作成しましょう。

予定資金繰り表の場合、あくまで実績との比較により問題点を浮き彫りにすることが主眼ですから、実績資金繰り表と異なり千円単位切捨ての数字で問題ありません。必要がある場合、円単位までの細かい数字を出すようにすればよいと思います。

【図表45　資金繰り表の例】

科目			29年4月(実績)	29年5月(実績)	29年6月(実績)	29年7月(実績)	29年8月(予定)	29年9月(予定)
前月繰越			32,980	74,011	54,781	49,848	41,898	29,180
経常収支	収入	売上入金　現金売上						
経常収支	収入	売上入金　売掛金回収	21,854	7,746	22,191	15,678	5,225	27,552
経常収支	収入	売上入金　受取手形期日入金	1,103	3,403	3,362	2,378	782	4,175
経常収支	収入	雑収入						
経常収支	収入							
経常収支	収入	合計	22,957	11,149	25,553	18,056	6,007	31,727
経常収支	支出	仕入支払　現金仕入						
経常収支	支出	仕入支払　買掛金支払	5,051	12,322	13,128	9,274	3,091	18,297
経常収支	支出	仕入支払　支払手形決済	23,956	23,956	35,687	25,213	8,402	44,307
経常収支	支出	人件費支払	3,274	3,403	3,403	3,403	3,403	3,403
経常収支	支出	販売費支払	20,624	4,385	8,871	6,287	2,044	11,010
経常収支	支出	支払利息・割引料	183	183	278	276	276	276
経常収支	支出	雑支出						
経常収支	支出	固定資産(現金払い)						
経常収支	支出	合計	53,088	44,249	61,367	44,453	17,216	77,293
経常収支差額			▲30,131	▲33,100	▲35,814	▲26,397	▲11,209	▲45,566
財務収支	収入	手形割引	31,324	25,354	42,365	29,931	9,975	52,599
財務収支	収入	定期預金取崩						
財務収支	収入	借入金	48,008					
財務収支	収入	有価証券売却						
財務収支	収入							
財務収支	収入	合計	79,332	25,354	42,365	29,931	9,975	52,599
財務収支	支出	借入金返済	8,170	11,484	11,484	11,484	11,484	11,484
財務収支	支出	定期預金預入						
財務収支	支出	有価証券購入						
財務収支	支出							
財務収支	支出	合計	8,170	11,484	11,484	11,484	11,484	11,484
財務収支差額			71,162	13,870	30,881	18,447	▲1,509	41,115
次月繰越			74,011	54,781	49,848	41,898	29,180	24,729

月次決算とキャッシュフロー計算書の関係は

Answer Point

♤キャッシュフロー計算書は、月中でも作成可能です。

♤月次の損益管理がきちんとできる会社は、月次のキャッシュフローも簡単に作成できます。

♠年次決算を待たずともキャッシュフロー計算書はつくれる

キャッシュフローは年次決算を待たずに作成可能な項目です。というのも正規の決算においてはいわゆる「キャッシュフロー計算書」が貸借対照表の増減から誘導的に作成していく方法が採られることが多いので、月次でもこの方法で作成しようとして二度手間をかけているケースがあります。

確定決算では、確かに、売上・仕入の確定→債権・債務の確定→ 損益計算書・貸借対照表の確定→ キャッシュフロー計算書の作成という流れで、財務諸表が作成されるケースが多いと思われます。

しかし、現金残高をきちんと把握し、財務取引（借入金の増減など）と設備投資を把握しさえすれば、月次のキャッシュフローは損益計算書より容易に作成可能なのです。

なぜかといえば、キャッシュフロー計算書の様式を見れば、営業取引のキャッシュフローは全体のキャッシュフローから財務と設備投資を控除したものだからです。

♠キャッシュフロー計算書の考え方は

以下、考え方を示しますと（＋は範囲を含み、－は除外するという意味）

期間 CF ＝営業 CF ＋財務 CF+ 投資 CF

なので、

営業 CF ＝期間 CF －財務 CF －投資 CF

営業 CF がこうして把握できる一方で、営業 CF の内訳も知らなければなりません。

間接法表記されるCF計算書によれば、

営業CF＝期間損益＋非資金費用＋債権債務の増減（＋営業外費用－営業外収益－法人税等の支払い）

ですが、

期間損益＋非資金費用≒EBITDA（税引前利益 ＋ 特別損益 ＋ 支払利息 ＋ 減価償却費）

営業CF＝債権債務の減少（債権回収と債務支払い）－販売管理費＋減価償却費－法人税支払い

債権債務の増加＝売上－原価

と置き換えが可能ですから、最終的には

EBITDA＝売上－原価－販売管理費＋減価償却費

となり、営業債権債務の月次決算計上をきちんと把握するとともに、経費支払いをもれなく記入すればよいことになります。

つまり、月次の損益管理がきちんとできる会社は月次のキャッシュフローも簡単に作成できるということがいえます。

♠月次の厳密な損益管理＝月次の厳密なキャッシュフロー管理

また、月次の損益管理がきちんとできるということは、まず営業関連取引がタイムリーに把握され決算に反映されること、つまり、（借）営業債権／（貸）売上、ないし、（借）原価要素／（貸）営業債務という仕訳がきちんと反映できることが重要です。

♠月次管理と債権債務回収支払情報

さらに、計上された債権債務がいつ回収・支払されるのかという情報がEBITDAによる月次管理の裏腹にあることもここからわかります。

債権債務回収支払情報については、キャッシュフロー把握の観点からも重要ですが、滞留債権の発生を防止するという観点からも重要なことです。

売上が急速に伸びている場合、利益発生に満足して債権回収がどうしても甘くなる場合があります。

利益は資金化して初めて意味のあるものになるわけですから、無理な売上発生防止のためにも債権債務回収支払情報の適切な作成が必要です。

図表 46 は、キャッシュフロー計算書（間接法）の例です。

また、これに対応する損益計算書は、図表 47 のとおりであったとします。

【図表 46　キャッシュフロー計算書（間接法）の例】

税引前利益	500
減価償却費	200
運転資本の増加	-50
支払利息	3
受取利息	-5
法人税の支払い	-300
営業活動によるキャッシュフロー	348
固定資産取得による支出	-160
固定資産売却による収入	10
有価証券取得による支出	-20
有価証券売却による収入	10
投資活動によるキャッシュフロー	-160
借入金による収入	30
借入金返済による支出	-80
財務活動によるキャッシュフロー	-50
現金および現金同等物の増減	138
現金および現金同等物期首残高	110
現金および現金同等物期末残高	248

【図表 47　損益計算書の例】

売上高	6,030
売上原価	3,232
売上総利益	2,798
販売管理費	2,300
営業利益	498
営業外収益	5
営業外費用	3
税引前利益	500
法人税住民税事業税	200
税引後利益	300

さらに、運転資金にかかわる項目が次のとおりであったとします。

前期　売掛金 400、棚卸資産 500、買掛金 600

（運転資本 400 ＋ 500 － 600 ＝ 300）

当期　売掛金 425、棚卸資産 510、買掛金 585

（運転資本 425 ＋ 510 － 585 ＝ 350）

キャッシュフロー計算書に基づきキャッシュフローの内容について確認すると、

期間 CF=348(営業 CF) － 50（財務 CF）－ 160（投資 CF）＝ 138

ですから

営業 CF = 138(期間 CF) + 50（財務 CF）+ 160（投資 CF）= 348

また、営業 CF の内訳については

営業 CF = 500(期間損益) + 200(非資金費用 / 減価償却費) − 50(債権債務の増減 / 運転資金の増加) + 3（支払利息）− 5（受取利息）− 300（法人税等の支払い）= 348

になります。　ここで、

期間損益＋非資金費用= 500 + 200（非資金費用 / 減価償却費）
= 700

EBITDA = 500（税引前利益）+ 3（支払利息）+ 200（減価償却費）
= 703 より

期間損益＋非資金費用≒ EBITDA

営業 CF ≒ 400 + 6,030 − 425（債権回収）− 600 − 3,232 + 585（債務支払い）− 2,300(販売管理費) + 200（減価償却費）
− 300(法人税支払い) − 510(期末棚卸資産) + 500(期首棚卸資産)
= 6,005 − 3,247 − 2,300 + 200 − 300 − 10 = 348

EBITDA ≒ 6,030 − 3,232 − 2,300 + 200 = 698

ということになります。

注 :EBITDA とは、税引前利益に、特別損益、支払利息、および減価償却費を加算した値になります。EBITDA を売上高で除した値は EBITDA マージンと呼ばれています。

また、企業価値 (EV) を EBITDA で除した EV/EBITDA 倍率は、2000 年前後には企業価値評価の指標として広く利用されていました。

一般的には、EV/EBITDA 倍率は 6 倍から 7 倍前後が目安とされ、それ以上なら株価は割高、それ以下なら割安と考えられていました。

法人税率や減価償却費は税法で規定されているため、企業が事業所を置く国の政策によって左右されてしまいます。金利の水準も国によって異なりますし、特別損益として計上される項目も国の会計基準によって変わってきます。

これらの、国による税法、金利、会計基準の違いを取り除いた利益の額が EBITDA です。

EBITDA は、多国籍企業の業績を評価する場合や、異なる国の同業他社間で業績を比較する場合に有用な指標であるとされています。

Q44 月次決算と財務３表の関係は

Answer Point

♤財務３表とは、①貸借対照表（B/S）、②損益計算書（P/L）、③キャッシュフロー計算書（C/F）のことです。

♤「財務３表はつながっている」と実感することが肝心です。

♠企業の本当の姿と財務３表

決算書は、貸借対照表（B/S）、損益計算書（P/L）、キャッシュフロー計算書（C/F）がメインとなり、これらは財務３表と呼ばれています。

会社の本当の姿は、財務３表の１つだけを見ていてもつかめません。

この貸借対照表（B/S）・損益計算書（P/L）・キャッシュフロー計算書（C/F）を３つ合わせて見ることで、はじめてその実体が明らかになります。

あらゆる会社は、「資金調達を行い」、「そのお金を何かに投資し」、「利益を計上する」という３つの活動をしています。

♠各表の簡単な説明

この３つの活動を、数字を使って表したのが決算書です。

中でも「財務３表」といわれる損益計算書、貸借対照表、キャッシュフロー計算書が基本になります。

♠貸借対照表と損益計算書

まず、「どんな資金調達をしたか」を表すのは、貸借対照表の右側です。

これに対して、貸借対照表の左側は「何に投資」しているかを表しています。

そして、損益計算書が、会社が事業活動を通して「利益をどれくらい計上したか」を表しています。

♠キャッシュフロー計算書とは

もう１つのキャッシュフロー計算書について説明しましょう。前記の３つの活動で現金がどのように動いたかがわかる表です。

すなわち、会社が事業活動を行ううえでの現金の出入りを、「資金調達を行い」、「何かに投資し」、「利益を計上する」という３つの分野に分けて説明しています。財務３表は、それぞれにつながっています。そして、この「つながっている」ことが会計の仕組みになります。

つながりを簡単に図式化すると、図表 48 のとおりです。

【図表 48　財務３表の関係】

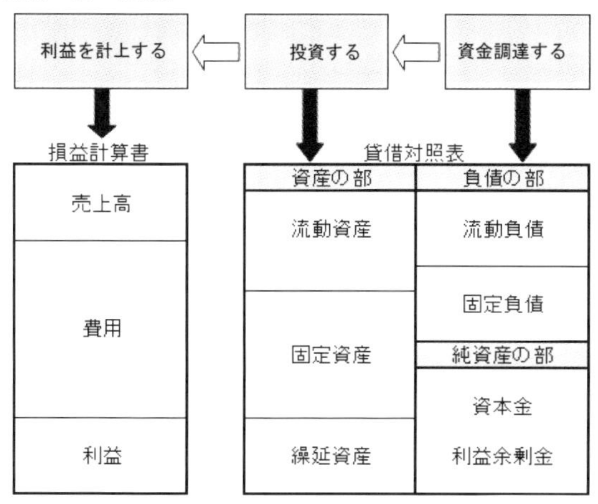

キャッシュフロー計算書（会社の家計簿）

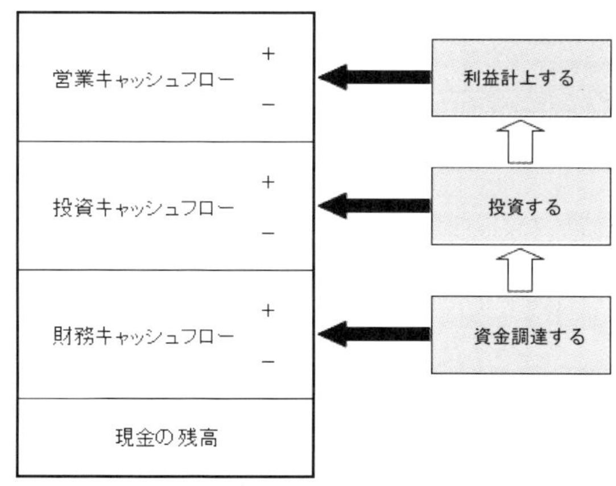

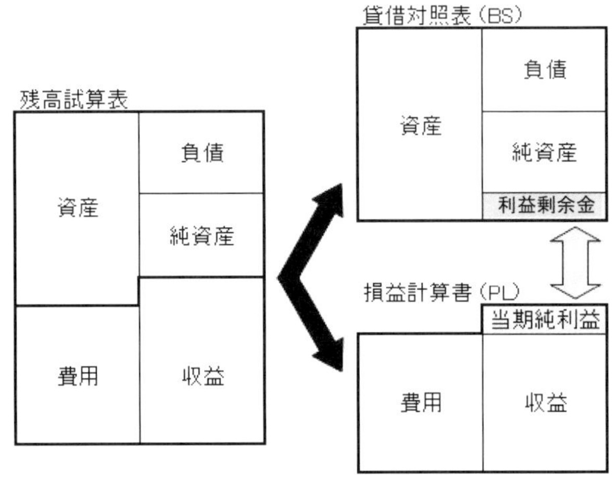

【図表 49　財務３表のつながり】

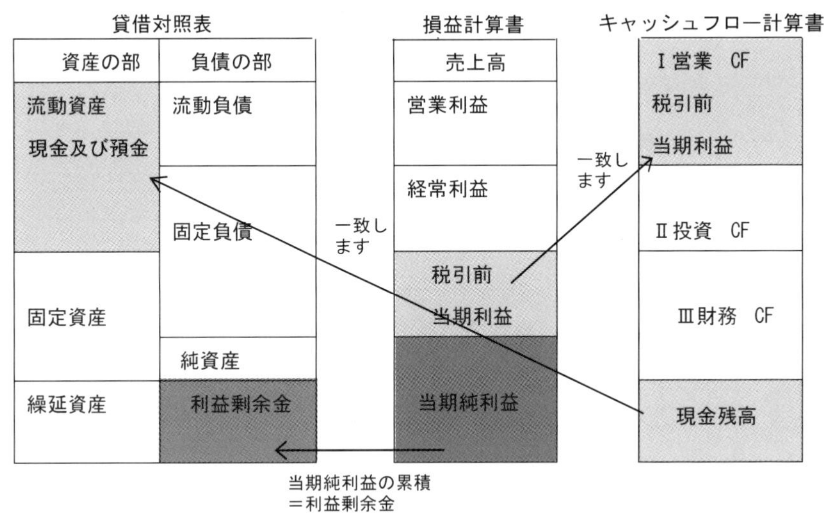

図表 49 のように３つの財務諸表はいずれも仕訳を集計した試算表をベースにつくられているため３表の一部が一致してきます。

キャッシュフロー計算書だけはわかりにくいかもしれませんが、前月残高の記載がある合計残高試算表の貸借対照表部分の期中増減の金額は、利益と現金預金の関係がどのようになっているかを正確に表しており、キャッシュフロー計算書（間接法）作成のもととなります。

Q45 部門別損益計算書のつくり方は

Answer Point

♤部門別の実効性を高めるため定期的な見直しが必要です。

♤部門に帰属させるのが困難な経費は利益から一括控除するのも方法です。

♠部門別損益計算というのは

通常、部門別損益計算書を細分化する場合、商品別や地域別に設けられている部門（部署）別に行います。

そのため、損益計算書を区分することを部門別損益計算といいます。

♠部門別計算書作成上の留意点は

損益計算を部門別に行うことが好ましいのは当然です。しかし、部門別損益計算を行うからには有意義な区分をすると同時に、定期的な区分の見直しが必要になっています。

現実の管理（組織）区分と損益計算書の区分が合致していないこともあります。また、あまりにも区分が複雑すぎると日常の事務処理も複雑となり、事務作業が遅延あるいは不正確になってしまうこともあります。

区分の設定は慎重に行う必要があります。試算表の部門設定は事業年度ごとに見直すことが通常です。

♠売上高の部門ごとの区分は

販売管理ソフトを活用すれば簡単に行えると思います。販売管理ソフトの入力コードとして「部門コード」を設定しておけば、売上高一覧表をその区分に応じて作成できるからです。

販売管理ソフトを利用していない場合には、得意先元帳を区分ごとに集計して売上高一覧表を作成します。

♠売上原価の部門ごとの区分は

(1) 発注・仕入計上時点での区分

購買管理ソフトを活用すれば簡単に行えると思います。購買管理ソフトの入力コードとして「部門コード」を設定しておけば、仕入高一覧表をその区分に応じて作成できるからです。

購買管理ソフトを利用していない場合には、仕入先元帳を区分ごとに集計して売上原価一覧表を作成します。

(2) 区分別の棚卸

区分別に保管場所を決めておけば容易に行えます。

♠区分が困難な仕入高

ところで比較的、売上高が区分をしやすいのに対して、仕入高の区分は困難な場合が多くあります。それは、各区分間で共通する仕入先の存在するような場合です。

仕入先によっては各区分共通の仕入高が発生します。仕入先が区分ごとの納品書や請求書を発行してくれる場合はよいのですが、そうでない場合の区分は困難です。自社が独自に区分を行う必要があります。

自社独自に区分を行う場合、仕入先が発行した請求明細や納品書を手がかりに各区分に分類します。しかし、製造業の原材料のように同一材料を複数の区分で用いる場合は、仕入先の請求明細や納品書からだけでは行えません。

このような場合は自社で区分ごとの仕入数量を記録しておき、全仕入高をその数量の比率で按分するしかありません。

ただし、仕入段階ではどの区分か判明しないこともありますので、そのような場合は消費見込数量で按分するしかありません。

♠部門別計算と「仮定」

部門別計算には「仮定」を設けるしかありません。部門別損益計算には各部門間の利害調整が必要です。

そのためには、合理的で各部門が納得するような仮定を設けなければなりません。なお、合理的な仮定を設けたならばその仮定を継続して用いることです。月ごとや年度ごとの比較が意味をなさなくなるからです。

♠諸経費の区分は

諸経費の区分も仕入高同様に困難なことがあります。

⑴ 区分が容易な費用の例

人件費（ただし、役員報酬や管理部門人件費は区分困難）

⑵ 区分が困難な費用の例とその配分基準

事務所家賃、電気代、水道代、借入金の利息などは区分が困難（各区分が同一の場所で活動している場合）で、その費用の発生と関連性の深い、例えば「売上高」、「仕入高」、「人員数」、「使用スペースの面積」などにより配分します。

♠管理部門の費用はどうする

管理部門の費用（販売活動と直接関係がない部門の費用）は別途把握して、その一部あるいは全額を一定の基準で各部門に配分する必要があります。

部門別損益計算の４番目の部門として「管理」という区分を設ける必要があります。各部門とも管理部門から何らかの恩恵を受けていますので、管理部門の費用は各部門が負担する必要があります。

配賦の仕方についてはQ17（38頁）を参照してください。

ところで若干余談になりますが、共通費を含めた固定費の配賦基準については、ひところ「活動基準原価計算（ABC原価計算）というものがはやった時期がありました。

活動基準原価計算とは、業務プロセスをより細かな活動単位に分割して、固定費を特定の基準を用いて各活動単位ごとに配賦し、原価計算を行う手法です。

しかし、この考え方も結局配賦計算をより精緻化したに過ぎず、また実務上煩雑で導入はあまり進んでいません。したがってABC導入検討時はその目的に照らしどこまで細分化するか予め明確にする必要があります。

Q46 事業所･事業部門の月次決算書のつくり方は

Answer Point

♤事業所・事業部門の月次決算書の作成により全社レベルでは見えない改善点が見えてきます。

♤類似の処理はすべての事業所・事業部門で一致させておくことが必要です。

♠事業所・事業部門の月次決算書のつくり方の本質

事業所・事業部門の月次決算書のつくり方の本質は、通常の月次決算書の場合と変わりません。

ただし、資産管理等を本社で一括して行うため、事業所・事業部門では損益計算書のみを作成するというケースが実務では非常に多いです。

♠事業所別・事業部門別の損益算出の有効性

全社ベースの月次損益計算書をいくら検討しても全体的な業績はわかってもどこをどう改善したらいいかという改善策はでてきません。

そのような場合、事業所別か事業部門別の損益を出してみることが有効です。

♠変動損益計算書のメリットは

事業所別・事業部門別に経理人員を配置することができれば、事業所・事業部門を１つの会計単位と見做して月次決算を組むことが可能です。

この場合にも、変動損益計算書の考え方が役に立ちます。

事業所別･事業部門別損益計算書 ＋ 変動損益計算書

経営意思決定に最強の武器

♠固定費の取扱いは

問題になるのは固定費の取扱いで、固定資産の減価償却費や地代家賃等場合によっては本社で一括管理している場合がありますので、全社レベルの経費の支払管理方針と一致させた形で本社と事業部門、事業所等と経理処理の分担をどうするかを決めます。

なお、変動損益計算書を導入する場合、固定費・変動費の区分は特に問題ない限り各事業所・事業部門で統一することが必要です。経理処理も共通するものについては一致させます。

図表50は、事業所別月次決算書（損益計算書）の例です。

【図表50　事業所別月次決算書（損益計算書）の例】

区　分	A事業所	B事業所	C事業所
売上高	×××	×××	×××
変動売上原価	×××	×××	×××
変動製造マージン	×××	×××	×××
販管費	×××	×××	×××
限界利益	×××	×××	×××
事業所別固定費	×××	×××	×××
事業所別利益	×××	×××	×××

変動費については、事業所ごとに生産・仕入・販売している製品と連動していますので一旦製品ごとに集計し、さらにそれを総合計することになります。この場合は、本社経費等は関係ありませんので、損益計算書に記載は要しません。ところで、固定費・変動費の区分ですが、とりあえず勘定科目法（科目名ごとに変動費固定費を判断する方法）を適用し、さらにある程度割り切って、変動費と判断できるもの以外は全部固定費というやり方を採用することがはじめは効率的なのではないかと思います。

固定費と変動費に分けることが最終目的ではありませんので、ここであまり時間をかけすぎないようにすることです。その後慣れてきて理解ができてから、Excel等の表計算ソフトと統計学の相関係数の考え方を使った、より科学的な方法での区分にチャレンジすればよいのではないかと思います。

製品別の月次決算書のつくり方は

Answer Point

♤製品別変動損益計算書の考え方が役立ちます。

♤標準原価の考え方を取り入れるのも一法です。

♠前提は製品別原価計算

製品別の月次決算書を作成する場合は、製品別原価計算の考え方が前提になります。それはそれぞれの製品の開発担当者の成績表のような役割をはたしています。

♠業績評価と変動損益計算書

ここでも、業績評価という観点から変動損益計算書を導入することをおすすめします。

例えば、ある会社に全国に工場が数箇所ある場合、昔からあるA工場と新しく設立されたB工場とでは、当然B工場のほうが減価償却費が高くなるので東京工場生産の製品はすべて原価が高くなってしまい、生産工場によって原価の高低が左右されてしまうという歪んだ結果になるため、生産工場の違いに左右されない製品原価の計算方法が求められます。

そうでないと、A工場とB工場で同じ製品を生産していてもB工場のほうが原価が高くなってしまうという間違った結果になります。

この場合も、変動損益計算書により費用を変動費と固定費に分け、減価償却費等固定費のカテゴリーに属する費用については通常の業績評価とは別の観点から管理いたします。

製品別原価計算 ＋ 変動損益計算書 ⇨ 業績評価に有効

♠固定費と変動費を同じ取扱いにすると

固定費も変動費と同じ原価として扱う場合、厳密にどの工場でつくっても同じといえる原価項目はあまり多くなくなります。

製品の歩留まりなども工場ごとに設備や管理方法が違えば異なってきますし、減価償却費だけでなく工場間接部門の配賦、電力などの用役費なども異なってきます。

社内でどこが各工場一律に管理できる範囲なのかを開発部門と議論し、それに固定費と変動費の考え方を加味し費用管理をしていくことが必要です。

♠標準原価という考え方は

それに加え標準原価という考え方を用いるのも一法です。

一般に工場の原価は毎月変動しますので、その製品と工場ごとに過去のデータや将来の動向を加味して、標準的な単価を設定します。

そしてこれを実際に要した金額を計上して、差額から管理を行うという方法です。

図表51は、製品別月次決算書（損益計算書）の例です。

【図表51　製品別月次決算書（損益計算書）の例】

区　分	A製品	B製品	C製品	合計
売上高	×××	×××	×××	×××
変動売上原価	×××	×××	×××	×××
変動製造マージン	×××	×××	×××	×××
変動販管費	×××	×××	×××	×××
限界利益	×××	×××	×××	×××
個別固定費	×××	×××	×××	×××
共通固定費				×××
営業利益				×××

ここに個別固定費とは、特定の製品製造のために導入した機械設備の減価償却費等が該当いたします。

共通固定費とは、本社地代家賃や経理・総務等にかかる費用です。

Q48 簡単な月次決算書の作成方法は

Answer Point

♤規模が小さい会社の場合は、①一定金額以下の経費はすべて現金主義、②固定資産が小さい場合はあえて減価償却しないなど思い切って省略します。

♤月中でルールを変えたりしないことが重要です。

♠小規模会社と月次決算

規模が小さい会社の場合、仕入・売上・経費のすべての部分について発生主義会計を行うということはなかなか骨の折れる作業ではないかと思います。また減価償却費についても、減価償却資産が器具備品等だけでわざわざ月次に計上する必要のないケースも考えられます。

♠月次決算の手間を省く方法は

上記のような場合は、図表52のような手続により月次決算の手間を省くことができます。

【図表52　月次決算の手間を省く方法】

月次決算の手間を省く方法	
	①　発生主義は売上・仕入のみとし、金額の小さい経費については現金主義とする。この場合、毎月金額の大小の基準を変えるのではなく、月を通じ統一し、必要な場合は適宜見直すことが肝要。
	②　減価償却費が利益に大きな影響を与えるほど大きくない場合、あえて月中は計上しない。
	③　定例取引については会計ソフトに登録しておく。
	④　類似取引については勘定科目を統一化する。
	⑤　仮払経理精算書の活用により、実質仮払金を使用した人間に経理処理を委託する。
	⑥　給与の処理については給与計算ソフトとの連動を考える。
	⑦　在庫は棚卸を行わず原価率より逆算し、半期に１回実在庫とのズレを比較する。

言われてみれば当たり前のような話ですが、意外とできていないケースが多いのでぜひ取り組んでみてください。

♠肝心なのはルールを変更しないこと

上記において肝心なのは、省力化できる部分をルール化しよほどのことがない限り月中で変更しないことです。

理由のない変更は月次決算に歪みを生じさせます。

【図表53　簡単な月次決算書のつくり方例】

	一般の月次決算書	簡単な月次決算書
手続	・減価償却費計上 ・月次棚卸実施 ・仮受仮払精算 ・未払税金計上 ・発生主義 ・年次レベルの科目数	・少額なら減価償却しない ・帳簿棚卸 ・重要度の低い仮払と仮受は未精算 ・重要度の低い現金主義認容 ・科目を可能な限り減らす

↓　↓

一般の月次決算書	簡単な月次決算書
【売　上　高】	【売　上　高】
【売　上　原　価】	【売　上　原　価】
売上総利益	売上総利益
【販売費及び一般管理費】	【販売管理費】
役員報酬	人件費
給与手当	雑費
法定福利費	営業利益
旅費交通費	【営業外収益】
減価償却費	【営業外費用】
事務用品費	経常利益

月次決算を簡略な方法で作成する場合、重要なのは月次決算目的を達成できなくなるほどの簡略化にはならないよう重要性のルールを決めること、一旦ルールを決めたらみだりにこれを変更せず、年度更新時等区切りのいい時にルールの見直しを図ることです。

Q49 会社規模と月次決算早期化の関係は

Answer Point

♤会社規模が大きく、社内外での取引が複雑な場合は、早期化に工夫が必要です。

♤費用対効果を常に考えることが重要です。

♠経営管理のための月次決算は迅速性が優先

月次決算の目的は、経営実績を早期に把握することにより、素早い経営判断に資する情報を提供することです。したがって、正確性より迅速性が優先します。

月次決算のルールは、会社が独自に定めることができます。細かいものは発生主義で処理する必要はありませんし、概算計上が合理的なものもあるでしょう。どこまでの正確性を確保することが、経営判断に資するかの判断が知恵の出しどころです。

♠月次決算の早期化のポイントは

会社の規模・業態や、経営陣の要求など様々ですので、一概にはいえませんが、期限の目安としては、売上は5日以内、損益は10日以内がめどでしょうか。

会社の規模によって早期化が簡単に実現できる場合（取引数が少なく取引も定型化されている場合）とそうでない場合（取引数が多く取引内容も複雑な場合）があると思います。

いずれにしても早期化のポイントは、

(1)　厳密に処理する部分とざっくり処理する部分のメリハリをつけること

(2)　仕入先、経費支払先を適切にコントロールすること

になります。

もちろん、システム投資も、費用対効果を勘案して、有効な手段になるこ

ともあります。自動仕訳の導入などは効率化・迅速化には大きなプラスになると考えられます。

♠月次決算のモデルケース

図表54は、月次決算を行ううえでの一般的なモデルケースです。

【図表54　月次決算のモデルケース】

項　目	内　容
①売上	金額決定は自社内部で行えるのでほぼ正確に計上し確定できます。 翌月修正になるものをなくすには売上処理する事業部門の協力が不可欠です。 ４日か５日には、売上速報を提供しています。
②仕入・在庫	棚卸を可能な範囲で行うのが理想ですが困難な場合は、帳簿棚卸で評価減もしません。決算時に大変になるので、仕入明細と請求書の突合は細かくしています。そのため、仕入先とは基本契約で５営業日までに請求書を発行することを約束させており、遅めの仕入先にはＦＡＸでの送付を依頼しています。
③経費	比較的金額が大きく、月ごとの変動が大きいものは、未払計上しますが、その他は支払ベースで処理します。金額が大きくても、月でそれほど大きく動かないものは未払計上しません。 未払計上対象先には、仕入先同様、可能であれば請求書の早期発行を依頼します。どうしても難しい場合は、20日締めに変更する方法も使います。
④減価償却費・賞与引当金	予算ベースで概算計上しています。
⑤人件費	支払ベースで計上しています。
⑥提出	損益は翌月10日以内に提出します。

♠さらに早期化をするときは

さらに縮めるには、正確性を犠牲にするか、人員の投入（残業など）が必要になるぎりぎりの締め日を見極めます。そして費用対効果を勘案し、さらなる人員投入について経営トップの了解を得ます。

大切なのは、単に月次決算を締めるだけでなく、異常値の検出、その気配を素早く察知し、その対応策の立案に資するようにわかりやすいデータを提供することです。

Q50 月次決算早期化のカギは

Answer Point

♤経営トップが自ら月次決算の重要性を認識することが必要です。

♤トップダウンの号令であれば社内で自然と仕組みが出来上がります。

♠月次決算が遅い会社の問題点は

月次決算が遅れ遅れになっている会社の経理部をよく観察すると、図表55のような問題点があるようです。

【図表55　月次決算が遅い会社の問題点】

月次決算が遅い会社の問題点	
	①　経理部は何をしなければならないかが明確でない。
	②　営業や製造など他部門への経理部のリーダーシップが不足。
	③　経理部内の分担や業務処理手順がはっきりしていない。
	④　経理担当者のスキルや業務知識が不足している。
	⑤　担当者の知識･経験･注意力の不足によって生じた誤処理の後始末に時間をとられている。
	⑥　顧問会計事務所の活用方法が悪い。
	⑦　１つの取引について何度も重複処理している。
	⑧　定型的な処理をパターン化していない。
	⑨　財務会計ソフトの便利な機能をフル活用していない。
	⑩　道具の性能が悪い。

♠問題点の根本原因は

このような問題の根本原因は、経営トップが月次決算に対してあまりメリットを感じていないところにあることが多いです。

マーケティング等と異なり目的意識をもって取り組めば必ず効果が出るものですから、月次決算の早期化がなかなか進まない場合は、経営トップが自らその重要性を肌で認識し、経営戦略に生かすよう心がけ、社内に号令をかけていくことが大切です。

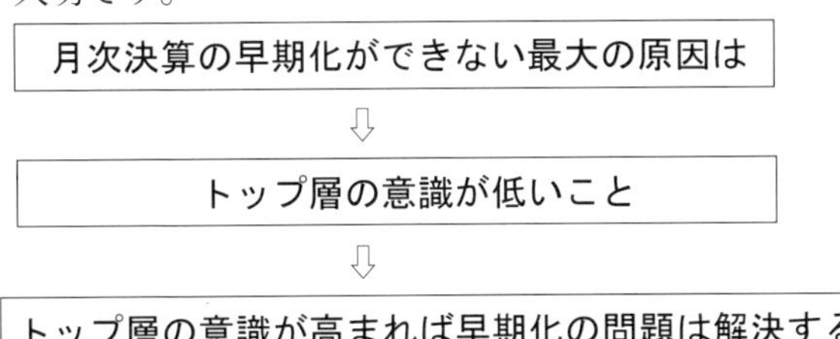

♠月次決算を早期化するカギは

月次決算を早期化するカギは、特に経理以外の各部門がいかに正確な資料を指定する期限までに提出してくれるかどうかにかかっています。

そのためには、トップ層が月次決算の重要性を意識し、経理を含めた会社の全部門にトップダウンで号令をかけるのが一番です。

それができれば経理部門自らが四苦八苦して各部門に月次決算の重要性を説いて回るよりもことがずっとスムーズに運ぶことになります。

そのような号令を前提に、全社レベルの業務フローチャートを作成し、月次決算に必要な資料はなにか、その様式は、その資料を経理部門に迅速に提出するにはどのようなルートを築けばいいか、を検討します。

同時に業務の二度手間や統合可能な業務、以前は必要であったが現在では実質的に不要になっている業務がないかどうかを確認していきます。

月次決算は、軌道に乗ればこれほど経営の意思決定に貢献するものはありませんが、実際に導入するにあたっては全社レベルでの様々な準備が必要になるのでその点に留意する必要があります。

「会社を伸ばすためには月次決算は絶対に必要だ」という高い意識をもって準備をしてほしいものです。

Q51 月次決算早期化の基本的考え方は

Answer Point

♤月次決算は、経営判断に資するため、基本的には年次決算に準じたものにすることが必要です。

♤月次決算業務は、経理部の役割ですが、早期化には経理以外の部門の協力が不可欠です。

♠月次決算の早期化には会社のすべての組織の協力が必要

月次決算業務は、経理部の役割です。

しかし、月次決算は、経理部門の業務プロセス改善だけでは限界がありますので、会社のすべての組織の協力が必要になります。

♠月次決算の進め方や流れ・手順をシステム化する

月次決算は、早期に損益状況・財務状況を把握し、予算と実績との差である課題に対する対策を迅速に取るために実施するものです。

月次決算は迅速化し、経営管理に役立つことが非常に重要であり、月次決算の目的のためにも、月次決算を早期化するために、月次決算の進め方や流れ・手順をシステム化する必要があります。

♠月次決算は予算管理を意識した内容

月次決算は、財務会計ではなく、管理会計の位置づけで実施すべきものなので、月次決算は、予算管理を意識した内容とする必要があります。

月次で予算と実績を比較分析することにより、会社全体の結果だけではなく、部門別損益や店舗別損益等のセグメント別損益も明確になりセグメント分析を可能にし、各セグメントの状況も把握できます。

月次ベースでの損益の進捗状況をつかむためにも、月次決算は必要なのです。

♠費用などは月割り計上で反映させる

また、月次決算では、年次決算に準じた会計処理で実施するので、減価償却費や貸倒引当金も当然計上することになり、利益に大きな影響を与える事業年度全体で発生する費用も、月割計上するなどして毎月の費用として計上し、月次決算に反映させるべきです。

♠月次決算の早期化は資金繰りの改善や銀行との関係強化に役立つ

自社の実情によっては、月次決算を作成して損益計算書だけを予算管理するのではなく、貸借対照表や資金繰り表などの資金収支についても、予実管理をすることで、資金繰りを改善し、財務体質の改善・強化をすることができます。また、月次決算を実施していれば、金融機関から借入れをしている場合に、資料提出を求められたときでも直ぐに対応できます。

さらに銀行から月次決算の提出を求められる前に資料の提出をすれば、更に銀行の心象もよくなり、銀行との信頼関係を強化できます。

♠月次決算の完成が翌月の10日を超えるときは日常の処理体制から見直す

変動の激しい経営環境に対応するための月次決算は、企業規模に関わらず早期化が不可欠です。

月次決算の完成が翌月の10日を超える状態になっている場合は、小会社を除き、月次決算を早期に構築できる体制を実現するために、日常業務の処理体制から抜本的に見直す必要があります。

月次決算が遅れる原因としては、図表56の原因等が指摘されます。

【図表56　月次決算が遅れる一般的な原因】

月次決算が遅れる原因	
	①請求書の到着が遅くなる。
	②経費精算を不定期に行っている。
	③キャッシュレス化が進んでいない。
	④伝票などの手書の作業が多い。伝票をまとめて起票している。
	⑤承認しなければならない取引の数が多い。
	⑥現預金残高を日々合わせていない。

月次決算早期化の仕組みづくりは

Answer Point

♤月次決算早期化の仕組みづくりのポイントは６つあります。

♤資料の早期入手とシステム化がカギになります。

♠月次決算早期化の仕組みづくりのポイントは

月次決算早期化の仕組みづくりのポイントは、図表57の６つです。

【図表57　月次決算早期化の仕組みづくりのポイント】

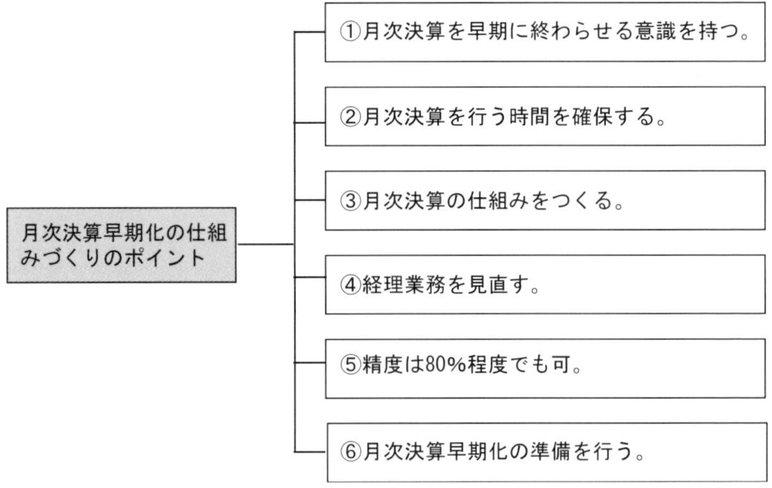

♠まずは早期に終わらせる意識を持つ

当然のことですが、月次決算を早期に終わらせるという意識をもつことです。

なんとなくやっていては、いつまでたっても終わりませんし、「今月は（月次決算をしなくても）いっか」と思い、つい貯めてしまいます。

♠月次決算を行う時間を確保する

月初には集中して月次決算を行う時間を確保するようにします（Q21 参照)。その他の業務との組合せを工夫して、まとまった時間を確保したほうが、かえって業務を早く終わらせることができます。

複数業務を抱えたままではミスも多くなります。

♠月次決算の仕組みをつくる

いくら電卓を速くたたいても、キーボードを叩くスピードを速くしても、全体のスピードはたいしてあがりません。

月次決算を早期に完了させるには、それなりの仕組みの工夫が重要です。

請求書を早期に受け取る、経費精算の締切りを厳守してもらうなど、経理担当者以外の協力も必要です。

♠経理業務を見直す

日々の経理業務を見直すことにより、月次決算が楽になります。

図表 58 は、経理経理業務を見直すチェックポイントです。

【図表 58　経理業務を見直すチェックポイント】

項　目	内　容
①必要のないことをしていないか	過去からの流れで，今は必要でない資料をつくっている等。
②業務が丁寧すぎないか	会計ソフトへの内容入力が細かすぎる、過度に丁寧に領収書の整理を行う等。
③ＰＣの活用ができているか	手書の資料が多く、二度手間になっていないかどうか。
④業務の分担がうまくできているか	営業担当と経理担当、社長と経理担当、税理士事務所と経理担当など重複して行っている業務がないか。

♠精度は 80%程度でも可

１円単位まで数字を合わせようとすると、月次決算に時間がかかってしまいます。

経営管理の目的からは、1円単位までの数字は必要ありません。時間がかかりすぎるのであれば、ある程度の数字で入力してしまうべきです。

特に、請求書の到着が遅い支払先の場合は、他に数字を把握する手段がないか検討してみましょう。

♠月次決算早期化の準備を行う

当事務所が月次決算を行う場合、クライアントの月次決算を行う場合などには、どう早期化できるかを日々考えています。

業務の合間に、そのアイデアを試しつつ、次の月次決算に備えるわけです。

その間に、Excelファイル（ときにはマクロ）をつくり直したり、業務フローを見直したりします。

この時間をどう捻出するかは難しいところですが、業務の改善を図るために一定の時間は必要です。

月次決算に限りませんが、「業務の改善が進まない→時間がつくれない→業務の改善が進まない→…」というサイクルよりも「業務の改善→時間ができる→業務の改善→…」というサイクルを目指したいものです。

月次決算早期化のポイントは、図表59のとおりです。

【図表59　月次決算早期化のポイント】

月次決算早期化のポイント	
	①売上原価や販管費などの経費の発生や債権・債務をできれば日時で把握する。
	②現預金残高は日々合わせる。
	③領収書や請求書等の証憑は日付順に整理して保管する。
	④現金残高を必要最小限にし、経費精算はインターネットバンク（ファームバンキング）を利用する。
	⑤経費精算は定期的に実施する。
	⑥伝票などの手書での作業を可能な限り減らす。
	⑦取引の承認数を減らす。
	⑧各部門の業務の標準化や経理業務の分散化の実施。
	⑨発生ベースの正確な金額の算定が困難な場合見積計上をする。

Q53 月次決算早期化の基本的手法は

Answer Point

♤月次決算早期化の基本的手法は、プロセス自体の短縮化とプロセス開始タイミングの早期化があります。

♤事前の業務プロセスの理解が必要になります。

♠月次決算早期化の基本的手法は

月次決算早期化の基本的手法は、次の２つです。

(1) 決算業務プロセス自体の短縮化により決算日程の短縮を図る。

(2) 決算業務プロセスの開始タイミングの早期化により決算日程の短縮を図る。

♠決算業務プロセス自体の短縮化により決算日程の短縮を図る

例えば、従来10時間要していた業務を効率化の実施により７時間に短縮すると、具体的な方策は、図表60のとおりになります。

【図表60 決算日程の短縮】

項目	内容
①簡便化	業務（プロセス）における作業ボリュームを少なくするために簡単な方法で実施する。
②平準化	月末等に集中して行っていた業務を日常的に行い作業ボリュームを平均化する。
③標準化	業務の処理方法を統一することにより作業の効率化を図る。 また、標準化によって特定の担当者しかできなかった作業を誰でもできるようにし作業負荷を平均化する。

♠決算業務プロセスの開始タイミングの早期化により決算日程の短縮を図る

例えば、取引先からの請求書の入手タイミングを早めることにより完了日を早めます。この場合、単に開始に必要なイベントを単に早期化する場合と前工程の効率化により開始タイミングを早めるケースが考えられます。

♠決算業務自体の短縮化・開始タイミングの早期化の阻害要因と解決策例

月次決算プロセスの主要な阻害要因とその解決策は、図表61のとおりです。

【図表 61　月次決算プロセスの主要な阻害要因とその解決策】

阻害要因	解決策例
①基礎情報(決算関連情報)の確定遅れ	・販売額や原価の確定の早期化 ・納品書・請求書の早期入手、取引先とのオンライン化 ・締日変更による業務の平準化 ・現金主義から発生主義への変更 ・予定単価の適用 ・棚卸資産の実地棚卸省略（受払制度の整備）
②決算処理(経理部門)の遅れ	・間接業務の効率化 ・支払業務のファームバンキング化 ・支払条件の変更による業務の平準化（あるいは集中化）
③月次決算用の簡便な会計処理の採用遅れ	・減価償却費の予定額計上（月割） ・引当金の予定額計上（月割）
④全般入金引当業務の効率化遅れ	・システムによる自動引当の実施 ・引当業務の分散化（経理→各部門） ・入金締め日の変更による業務の平準化(あるいは集中化) ・銀行口座の分散化（あるいは集中化）
⑤仮払金精算業務の効率化遅れ	・キャッシュレスの実施 ・早期精算の徹底 ・システムの機能向上･システム間連携による自動仕訳の実施 ・バッチ処理からオンライン処理への変更による待ち時間の廃止
⑥承認作業の効率化遅れ	・権限委譲による簡素化・分散化 ・電子承認の実施
⑦入力作業の効率化遅れ	・現場入力の推進による入力作業の分散化(経理→各部門) ・システム間連携による二重入力の廃止 ・ユーザーインターフェース向上による入力作業の簡易化 ・システムによる入力項目チェックの強化 ・ダイレクトインプットによる伝票起票の廃止

Q54 月次決算早期化のための会計ソフト利用法は

Answer Point

♤月次決算早期化のための会計ソフトの利用法は８つあります。

♤会計ソフトで作成できる資料については、別途表計算ソフトを利用する必要はありません。

♠月次決算早期化のための会計ソフトの利用ポイントは

月次決算早期化のための会計ソフトの利用法は、図表62のようなものがあげられます。

【図表62　月次決算早期化のための会計ソフトの利用ポイント】

項　目	説　明
①消費税区分の自動処理	会計ソフトでの消費税入力は内税（税込金額）で入力し、消費税区分を自動処理化する。
②複数担当者の分散入力	会計ソフトへの入力を複数担当者で分散入力により月次決算処理を早期化する。
③必要な補助科目の設定	会計ソフトに必要な補助科目（取引先名、商品名等）を設定する。極力、エクセルで勘定内訳明細書を別途作成しない。
④事業セグメント毎の「部門」を設定	会計ソフトに事業セグメントごとの「部門」を設定し、セグメント毎の部門損益計算書を作成する。したがって、部門設定可能な会計ソフトを購入する必要がある。
⑤頻出する取引について摘要登録	会計ソフトで頻出する取引について摘要登録する（頻度の高い取引の入力速度が上がる）。
⑥定型的仕訳をパターン登録	月次決算の定型的仕訳を会計ソフトでパターン登録する（経理経験の少ない人でも会計ソフト入力が容易になる）。
⑦損益予算を設定し、予算管理に活用	会計ソフトにおいて損益予算を設定し、予算管理に活用する。

⑧他のソフトからのデータの自動取込み	給与仕訳等は給与システムから自動仕訳で取り込む。

♠月次決算早期化のための会計ソフトは

6月次決算を迅速に行うのに、会計ソフトの活用は不可欠です。

会計ソフトを利用することにより、帳簿組織の構造を知ることがなく、場合によっては簿記の知識すらそれほど持ち合わせていない段階でも試算表はもちろん、月次推移や予算実績比較表を作成することができます。

これらは、事業や支店など部門別比較が可能です。実績値の集計にあたっては、部門共通費の配賦計算ができるものもあります。

データの書出機能を使えば、表計算ソフトなどで企業独自の様式での月次資料作成も容易です。

ところで、数多くある会計ソフトの中からどの会計ソフトを選択するかですが、一般的には弥生会計（弥生株式会社)、勘定奉行（OBC)、およびPCA会計（ピー・シー・エー会計）が多く使われているようです。その他、会計王（ソリマチ)、財務応援（EPSON）といったソフトもあります。

筆者の経験ですと､値ごろ感からか弥生会計を使っている会社が多いです。

個人・法人両対応の中小規模事業所向けソフトで、ロープライスではありますが、機能的には高水準を達成しています。部門別損益計算や損益分岐点分析、資金繰りを含めた予算実績比較もこの会計ソフトで行うことができます。

他のソフトにも優れたものがありますが、弥生会計と比較すると、若干高価になるかもしれません。

弥生会計ではスペックがやや物足りない等といった中規模以上の会社では他の会計ソフトを検討してもよいのではないかと思います。

最近は、PCとネット環境があればどこでも利用できるクラウド会計も登場しました。

中規模以上の会社は他業務との連携も含め、どんな会計システムを利用するか考える必要が出てきたといえます。

Q55 月次決算早期化のための販売取引の処理ポイントは

Answer Point

♤月次決算早期化のためには取引先ごとの管理が重要です。

♤場合によっては年次決算にない工夫も必要です。

♠月次決算早期化のための販売取引の処理ポイントは

月次決算早期化のための販売取引の処理の工夫は、図表63のとおりです。

【図表63　月次決算早期化のための販売取引の処理ポイント】

項　目	説　明
①得意先ごとの補助科目を設定	販売管理ソフト等で売掛金管理簿を別途作成していない場合、会計ソフトに得意先ごとの補助科目を設定する。
②販売管理ソフトの導入	販売管理ソフトを導入し、請求書発行と売掛金管理を行う。
③販売管理ソフトによる滞留売掛金管理	販売管理ソフトを活用して滞留売掛金管理を行う。
④売上伝票作成の早期化	営業担当者や営業バックオフィスを教育し、売上伝票作成を早期化する。
⑤請求書発行月に売上計上	月次決算では、売上を入金時でなく、請求書発行月（納品･検収･サービス提供等）に計上する。
⑥売上の締め日を月末より前に変更	月次決算では、売上の締め日を月末より前に変更する。
⑦検収書作成タイミングを早めてもらう	得意先から検収書作成タイミングを早めてもらう。
⑧仮単価で売上を計上する	月次決算では、単価未確定売上につき、仮単価で売上を計上する。
⑨売掛金残高の差異調整実施タイミングの早期化	売掛金残高の差異調整実施タイミングを早める（状況による）。
⑩売上･仕入･経費計上の発生ベースでの把握	売上・仕入・経費計上は発生ベースで把握。 請求書の到着で仕入や経費計上していると、月次決算の早期化は夢のまた夢になります。売上だけではなく、仕入や経費も発生ベースで計上するようにしましょう。

Q56 月次決算早期化のための購買取引の処理ポイントは

Answer Point

♤仕入取引とその他の購買取引に分けて考えます。

♤仕入取引では在庫管理も重要になります。

♤購買取引については、別途表計算ソフトで管理→規模が拡大したら購買管理ソフトを利用します。

♠月次決算早期化のために購買取引の処理ポイントは

月次決算早期化のために購買取引の処理の工夫は、図表64のとおりです。

【図表 64　月次決算早期化のための購買取引の処理ポイント】

月次決算早期化のために購買取引の処理ポイントは	
	①月次決算では、仕入を請求書到着時ではなく、納品書到着時点で計上する。
	②会計ソフトに仕入先ごとの補助科目を設定する。
	③買掛金残高の差異調整実施タイミングを早める。
	④販売・在庫管理ソフト、給与ソフト等からデータを直接取り込む。
	⑤在庫管理ソフトを活用して在庫受払管理を行う。
	⑥在庫管理ソフトを活用して滞留在庫管理を行う。
	⑦月次決算では実地棚卸に代えて帳簿棚卸にする。実地棚卸をしない代わりに入庫・出庫にかかわる継続記録簿の精度を向上させる。
	⑧月次決算では、仕入の締め日を月末より前に変更する。
	⑨請求書が未着の場合、月次決算では合理的に見積計上を行い、実績との差額は翌月に反映させる。
	⑩請求書発送の遅い相手先については督促する。
	⑪締め日後に入手した請求書は翌月経費として処理することで経理処理を早める。
	⑫担当部署を教育し、請求書・社内伝票等の社内回付を迅速化する。
	⑬外注先等と交渉して、締め日を前倒ししてもらい、請求書等を早期に入手。
	⑭重要性の低い経費については、現金支払時に経費処理を行う。
	⑮経費の発生月（支払月ではない）を仕訳の摘要欄に記載する。費用の期ズレ防止。
	⑯役員・従業員の立替経費については、多桁式の経費精算書を各人に作成してもらう。

Q57 月次決算早期化のための営業経費の処理ポイントは

Answer Point

♤月次決算早期化のため営業経費処理のポイントは５つあります。

♤見積計上した場合はのちに追加処理を失念したり誤ったりしないようにすることが重要です。

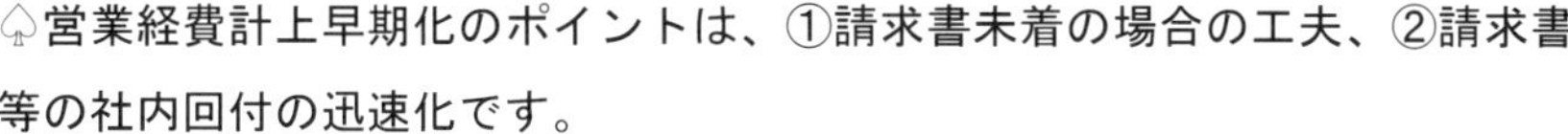

♤営業経費計上早期化のポイントは、①請求書未着の場合の工夫、②請求書等の社内回付の迅速化です。

♠月次決算早期化のための営業経費の処理ポイントは

月次決算早期化のための営業経費の処理ポイントは、図表65のとおりです。

【図表65　月次決算早期化のための営業経費の処理ポイント】

営業経費の処理ポイント	
	①　請求書が未着の場合、月次決算では合理的に見積計上を行い、実績との差額は翌月に反映させる。
	②　請求書発送の遅い相手先については督促する。
	③　締め日後に入手した請求書は翌月経費として処理することで経理処理を早める。
	④　担当部署を教育し、請求書・社内伝票等の社内回付を迅速化する。
	⑤　外注先等と交渉して、締め日を前倒ししてもらい、請求書等を早期に入手する。

♠見積計上を行ったときの留意点は

特に見積計上を行った場合は、経理処理をした時点で後にわからなくなることがないようその旨を明確にし、実績との差額を確実に行うことが重要です。

Q58 月次決算早期化のためのその他の経費の処理ポイントは

Answer Point

♤重要性の範囲で発生主義のルールを変えることです。

♤経理処理を可能な範囲でお金を使った本人に実質的に委託することも効果的です。

♤その他経費計上迅速化のポイントは、①重要性の低い経費の現金主義処理、②お金を使った本人に実質的に処理を委託することです。

♠月次決算早期化のためのその他の経費の処理ポイントは

月次決算早期化のためのその他の経費の処理ポイントは、図表66のとおりです。

【図表66　月次決算早期化のためのその他の経費の処理ポイント】

その他の経費の処理ポイント	①　重要性の低い経費については、現金支払時に経費処理を行う。
	②　経費の発生月（支払月ではない）を仕訳の摘要欄に記載する。費用の期ズレを防止する。
	③　役員・従業員の立替経費については、多桁式の経費精算書を各人に作成してもらう。
	④　いずれについても重要性の範囲で発生主義のルールを変えること。経理処理を可能な範囲でお金を使った本人に実質的に委託することが重要です。

重要性については、Q26で述べたとおり、一旦発生主義のルールの変更基準を決定したらみだりにそれを変更しないことです。

月次ベースの期間比較性の確保が若干困難になるばかりか、期末時に正当な理由なしに変更すると小さいながらも利益操作の余地を残すことになります。

基準は原則変更しないことが、月次決算の効用を高めることになります。

Q59 月次決算でみえるもの・みえないものは

Answer Point

♤月次決算においてみえないものは月中の動きです。
♤月中の動きを管理するには、日別・週別のキャッシュの増減状況を確認・分析することが必要です。

♠月次業績の「見える化」

月次決算で決算書を可能な限り年次決算に近づける工夫をすることによって試算表に毎月の 業績がみえるようになります。

♠月次決算でみえないものは

一方、これらの管理を行ったとしても試算表では「みえない」ものもあります。例えば、月中の動きは試算表ではみえません。

試算表は、会計期間（主に末日）の段階で１か月間の損益、末日での残高を計上したものにすぎません。

このため、「資金繰りが大変」という会社の場合、試算表を確認するのと、経理・財務担当者へのヒアリングを行うことで、おおよその問題点は推測できますが、実際に日々の資金繰り状況を確認しない限り、何が原因で 資金繰りに苦慮しているのかは把握するのが困難です。

♠みえないものへの対処方法

このため、このような問題点に対応するには、日別・週別のキャッシュの増減状況を確認・分析することが求められるわけです。

月次決算でみえないものへの対処方法	⇒	日別·週別のキャッシュの増減状況の確認·分析

♠会社の全体像や真の姿を確認するには

ただ単純に試算表・決算書を眺めてみたからといって、会社の一端は把握できるものの、全体像や真の姿を確認するにはわかりません。

実際に自社の財務体質を把握するには、「正確な損益計算書」「月中の資金繰り」を管理することが必要です。

月中の資金繰りを正しく管理するため、現金預金にかかわる取引については毎日処理します。会計ソフトに毎日入力しておけば普通問題ありません。

今はＥＢ（エレクトロニックバンキング）もあるのですから、１日の終わりの時点でほぼ当日分の入力はできる状態になっているはずです。毎月の決まった仕訳等は、期首や時間のあるときに入れておけば問題ありません。

現金売上や現金仕入がある場合も毎日処理します。現金商売を行っている会社は１日の売上・仕入の数が多いと考えられますので、会計ソフトのほか別途販売管理ソフトを用意し、週末（または月末）に売上集計データを確認し売上を一括で計上します。仕入についても仕入先からの納品書等の仕入伝票をもとに販売管理ソフトに入力を行い、週末（または月末）に仕入集計データを確認し仕入を一括で計上します。

♠現金実査のときの留意点は

さらに現物管理のため日々の現金有高は毎日実査してチェックする必要があります。これればかりは、例えば日中の記帳ミス等で現金が合わなくなった場合、毎日実査をしていないといつの日にミスをしたかの特定ができなくなるので省力化はできません。現金実査実施時の留意点は、図表67のとおりです（レジでの現金管理を想定）。

【図表67　現金実査実施時の留意点】

現金実査実施時の留意点	
	①実査を行った者を記録しておく（サインしてもらう）。
	②別の者が正しく行われているかチェックして確認を残す。
	③レジの担当が入れ替わる場合には、交代時に次の担当者が行うようにする。
	④現金枚数を記録した用紙を、必ず捨てずに残しておく。
	⑤差額が出た場合でも、レジ担当者が調整したりせず、そのまま記録しておく。

Q60 売上が大きく増減した場合の読み方は

Answer Point

♤収益改善のカギは、固定費の変動費化です。

♤ただし固定費削減は、収益力源泉の弱化につながるので注意が必要です。

♠売上が月ごとに大きく増減するときは

企業の中には、売上が月ごとに、大きく増減する企業があります。

売上が大きい月は単月で黒字が出ますが、売上が小さい月は単月で赤字が出ることになります。

♠損益を改善させるポイントは

そのような状況が月次決算において読み取れる場合、損益を改善させるポイントは、売上の増減による影響を極力少なくするにはどうするべきかです。

♠固定費と変動費の違いは

事業活動にかかる費用には、固定費と変動費とがあります。固定費とは売上の増減にもかかわらず一定にかかる費用、変動費とは売上の増減に比例して変化する費用のことをいいます。

固定費で代表的なものは、社員の給料です。変動費で代表的なものは、材料費・外注費・仕入原価です。

売上の増減が月ごとに大きい場合は、売上の増減の損益に与える影響を少なくし、安定的な経営をできるようにしていく必要があります。

費用の中で変動費よりも、固定費の割合が高い場合は、売上が落ちるとき、利益も大きくマイナスとなります。

なぜなら、売上の増減に比例して変化する変動費の割合が小さいため、売上が落ちると固定費の負担が一気に負担となってくるからです。

一方、変動費の割合が高い場合は、売上が落ちるとき、利益の減少は、固定費の割合が高い場合ほど大きくはありません。なぜなら、売上の増減に比例して変化する変動費の割合が大きいため、売上が落ちると変動費としてかかる費用も落ちるからです（Q19 の図表 20 参照）。

♠月ごとの売上の増減が激しいときの対策は

そこから考えると、月ごとの売上の増減が激しい場合は、売上が落ちても利益への影響を少なくするため、費用の中で変動費の割合を高く、固定費の割合を低くすることが、セオリーとなります。

そのためには、可能な範囲で固定費を変動費化することが必要です。

代表的なものが、固定給社員への依存から人材派遣やパート労働への活用です。自前主義にせず、他社購入やアウトソーシングの活用、リースやレンタル利用なども対策になります。

しかし、固定費の抑制は社内に競争力の源泉が蓄積されにくくなるので中長期的には注意が必要です。

売上と費用および利益の関係を変動費・固定費の観点より図式化すると、図表 68 のとおりになります。

【図表 68　売上と費用・利益の関係】

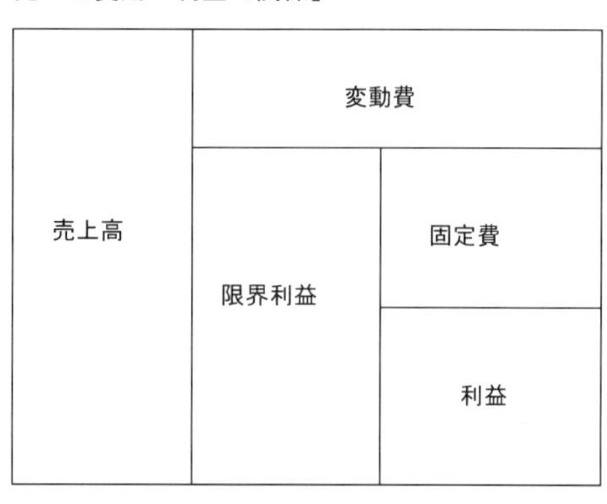

短期的に考えますと、利益を出すにあたり、固定費は一旦意思決定されてしまうと削減が困難な費用ですので、固定費のうち定例業務部分を合理的な形で変動費化し、限界利益を大きくすることが利益創出のカギになります。

Q61 売上原価が大きく増減した場合の読み方は

Answer Point

♤卸売業のケースと製造業のケースで若干内容が異なります。
♤在庫についても注意を払うことが必要です。

♠売上原価というのは

売上原価とは、通常売上の増減に伴い増減する変動費で、売上原価増加の理由が売上の増加にすべて帰着する場合は大きな問題はないのです。

しかし、同じ売上でも売上原価が増加している場合、すなわち売上原価率（売上原価÷売上高）が上昇している場合は要注意です。

♠卸売業の場合（売上原価増加）は

原価計算のない卸売業の場合は、仕入単価の上昇、値引、割引、割戻等による販売単価の減少、棚卸資産の変動、棚ざらし品、盗難品の増減、評価損、の有無を確認してみる必要があります。

♠製造業の場合（売上原価増加）は

原価計算のある製造業の場合は、過剰人員の有無、機械の稼働率の低下、原材料費の上昇、過剰な製造経費の有無等を確認する必要があります。

また、卸売業同様単価の変動。棚卸資産の変動。棚ざらし品、盗難品の増減、評価損の有無も確認します。

♠卸売業の場合（売上原価減少）は

売上原価が減少した場合は、卸売業であれば大量仕入による仕入単価の違いの可能性があります。ただし、その場合は過剰在庫が発生している可能性があるので注意が必要です。

♠製造業の場合（売上原価減少）

製造業であれば材料費等の大量仕入によるコスト削減（この場合も材料在庫に注意することが必要)、以前より高性能の機械装置の導入、製造工程の改良等を考えることができます。

一方で、在庫の計算に誤りがないか、不良在庫が発生していないか注意する必要もあります。在庫回転日数（在庫÷売上原価）に異常がないか点検してみましょう。

・売上原価増加→仕入単価上昇、設備稼働率低下、不良在庫に注意

・売上原価減少→過剰在庫に注意

♠その他留意すべき点は

売上原価が大きく増減している場合、その裏にある実態に原因がある場合のほかに、次の⑴、⑵が原因になっていないか注意が必要です。

⑴　前月以前の売上原価を当月に混入してしまっている。

⑵　本来棚卸資産で計上すべきものを売上原価にしてしまっている。

いずれについても、少額なら月次決算の効用を大きく阻害することはありません。

社歴のある会社は売上原価の変動率の正常な範囲が感覚的に把握できていると思いますので、それを超えるような変動については実態に原因があるケース以外に会計処理に問題がないかどうかも検討する必要があります。

まず、⑴については、原価の内容を帳簿より確認し、売上原価計上のプロセスに問題がなかったかどうかチェックします。原因を早く見つけられるように原価関係のデータを入力した場合は摘要等に可能な限りいつの時点の売上に対応するものか記入しておく必要があります。対応する売上の発生時期が明確でなくても、少なくとも費用の発生時期は明確にしておく必要があります。

また⑵については、例えば創業まもないソフトウェア開発業等によくあるケースで、特定のソフトウェア開発に携わるSEやプログラマの人件費をその月の費用にしてしまっている場合です。これらは売上が発生した時点で売上原価になるものですから、本来であれば棚卸資産に計上すべきです。

Q62 経費が大きく増減した場合の読み方は

Answer Point

♤経費が固定費に関するものである場合は注意が必要です。

♤指標を加味することで原因究明に役立ちます。

♠売上原価・経費の増減が把握できていない

月次決算をせずとも、売上の増減は、頭で把握している経営者は多いです。

しかし、売上原価・経費の増減が把握できていない、というケースは多いのです。

経費の増減については、変動費はQ61で対応可能ですが、固定費の場合は、その性質ごとに細かくチェックすることが必要です。

♠人件費が増加した場合は

戦略的人材の登用の場合は別として、過剰人員になっていないか確認する必要があります。人員1人あたり利益を数か月チェックして低下傾向になっていないか確かめることも有効です。

♠減価償却費が増加した場合は

過剰設備の存在を検討することが必要です。

営業利益率が低下傾向にあれば設備投資が業績に貢献していない可能性を考える必要があります。

♠広告宣伝費が増加した場合は

戦略経費の1つですので、売上との相関で考えることが必要です。

広告宣伝費÷売上が増加傾向にあれば思うような広告宣伝効果が上がっていないと考えることもできます。

♠その他の経費が増加した場合

交際費等が多い場合は、過剰接待を検討する必要があります。

交際費は、社内と社外に分類し社内については無駄な飲み会等が増加していないか確認します。

経費の増加→特に固定経費の取扱いに注意します。

経費削減方法には様々なものがありますが、図表69では人件費の削減方法について例示します。

【図表69　人件費の削減方法】

項　目	ポイント
①No残業デーの設定・残業申請に承認制を導入	残業代の負担は企業にとって問題です。 定期的にNo残業デーを設け残業させないのも有効です。
②諸手当を廃止・見直し	時代の変化とともに諸手当を見直します。
③役職定年制・役職任期制の設定	役職の期間が過ぎたら給与は一般の従業員と同様とします。
④賞与の算定方式の変更	賞与は生活給の部分と成績比例部分とがありますが、生活給部分は基本給と無関係に絶対額とし、成績部分は仕事の成果を反映させます。
⑤退職金の計算方式の変更	退職時の基本給に連動させないで支給率の引下げや限度額を設けます。
⑥役員退職金の廃止	業績に応じた成果配分とし、業績の良いときに報酬として支払います。
⑦顧問・相談役の廃止	中規模の会社になると役員経験者を顧問・相談役としていつまでも報酬を払っている場合があるので、役職自体を廃止します。
⑧パートタイムの活用	家庭と仕事の両立を支援しパートの活用を考えます。

人件費は、会社の経営戦略や組織のあり方と絡めて綿密にそのあり方を検討する必要があります。

その他、経費削減策は経費の性質ごとに様々なものがありますので、ぜひ検討してください。

Q63 設備投資があった場合の読み方は

Answer Point

♤減価償却や金利負担を上回って利益が発生するかがカギです。

♤営業キャッシュフローを下回る投資キャッシュフローをするのが理想です。

♠設備投資と損益

設備投資があった場合は、その後の減価償却費が増額されます。

また、設備投資資金が借り入れで賄われている場合は、金利負担も利益を圧迫します。

♠設備投資には事前検討がある

設備投資を行う際には事前に「検討中の投資は本当にペイするのか。いつまでに回収すればいいのか」といった点について検討されているのが普通です。本来であれば製造コストの減少や、生産数量（⇒販売数量）の増加を通じて売上ひいては利益が増加するはずです。また本来であれば増加する減価償却費や支払利息を上回って利益が増加します。

設備投資については別途設備投資に伴う差額収益分析に関するシュミレーション資料が用意されているはずですから、それと月次決算書を比較して内容について検討します。

全体的な月次決算書からは設備投資に対する増収分が見えにくい場合は、設備投資の対象製品に関する売上や売上原価についての実額に関する資料を用意して検討いたします。

♠キャッシュフローと設備投資

キャッシュフロー計算書の観点からいえば、設備投資は時系列の平均で見

て

営業キャッシュ　－　設備投資に関する投資キャッシュ　＞　0

となっているのが大事です。

基本的に順調な企業は営業キャッシュがプラスで投資キャッシュはマイナスですから、本業での稼ぎ以上の設備投資はあまりすべきではありません。

普通に考えてみても、稼ぎ以上に設備に投資してたらいつまでたっても儲かることはありません。企業によって設備投資にかかる費用はまちまちです。

♠設備投資のパターンは

設備投資のパターンは、大雑把に考えて、図表70のようなものが考えられます。

【図表70　設備投資のパターン】

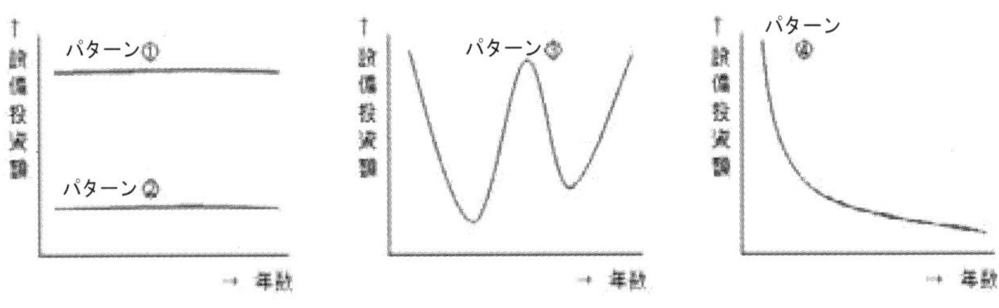

まず①は典型的にあまりよくないパターンです。本業の儲けに関係なく常に高額の設備投資が必要な企業であり、このパターンは儲かっている間は問題ないのが性質の悪いところで、急に業績が悪くなり営業キャッシュが減り出すと猛烈な勢いで企業の持つキャッシュが減ります。

逆に②はいいパターンの代表です。初期の設備投資もあまり必要としなければその後の設備投資も必要としない企業です。

他にも③などは数年に一度大きな設備投資を必要とする企業があります。数年に一度必ず必要となるなら平均額が①寄りか②寄りかが大事です。

①寄りだと、設備投資が必要ない時期に貯めたキャッシュを一気に使う年がくるので要注意です。

②が一番いいのに現実的にあまりないので、いいパターンなのは④で、一度設備投資をしてしまったら追加の設備投資を必要としない企業です。

Q64 予算と大きなかい離があった場合の読み方は

Answer Point

♤減少の方向でかい離がある場合の原因は一般的に３つあります。

♤予算の減少を検討することも一法です。

♠予算未達のときは

予算未達になることが月次決算の段階でわかったら、まず、その原因をきちんと把握する必要があります。

原因によって、修正のための対策が異なってくるからです。

♠予算未達の原因は

予算が未達になる主な原因は、図表 71 のような場合が考えられます。

【図表 71　予算未達の原因】

原　因	説　明
①予算設定時には予想できなかった環境変化が起こった	環境の変化が、予算を設定した時点では実際に予想が不可能なものであれば、不可抗力になります。 年次決算では、たまに発生する場合がありますが、月次決算ではほとんど発生しません。 環境変化が予算設定当時予期せぬものであった場合は、それに合わせて早急に減少の方向で予算を再編する必要があります。
②現場活動が予定どおりに実施されていない	予算目標が、これまでの実績推移などと比べて一応は妥当なところに設定してあるにもかかわらず、現場活動での失敗などがあって予算数字が達成できなかった場合には、次のようなことが考えられます。 担当者の活動が適切でない、努力不足、得意先の事故などの原因があげられるでしょう。 この場合は、個別に改善策を検討し、予算達成のためどうするか確認することになります。
③目標が高すぎた	利益計画から戦略的に目標を設定する場合には、目標を高い水準に設定することがあります。この場合、担当者の販売努力とか質の向上、得意先の拡販などを想定しているのですが、未達であれば、それができなかったということです。 この場合も予算を減少の方向で再編します。中長期目標に切り替えることも検討します。

Q65 赤字が継続する場合の読み方は

Answer Point

♤変動損益計算書による分析が必要です。

♤固定費（減価償却費等）が原因で赤字の場合、対象の固定資産の取扱いにつき思い切った意思決定が必要です。

♠月次決算が赤字のときは

月次決算が赤字の場合は、変動損益計算書や別途製品別・事業所別（変動）損益計算書を作成して原因を究明します。

♠変動損益計算書が役に立つ理由は

変動損益計算書の場合のほうが役に立つ理由は、製造業の場合、通常の損益計算書だと固定費の一部が棚卸資産に化けてしまうため、間違った経営判断をしてしまう可能性があるからです。変動損益計算書によればこのような見違いは起こりません。

また、変動損益計算書によれば、売上高－変動費（＝限界利益）においてプラスになっている製品も生産中止の意思決定をしてしまうという間違いを起こすことがなくなります。

なぜなら、限界利益がプラスであれば固定費の一部が回収できるため生産を継続していたほうが企業にとってプラスになるからです。

そのような製品も生産中止してしまうと、固定費は製品生産のいかんにかかわらずかかってくる費用であるため、まるまる固定費分赤字を背負ってしまうことになります。

♠中長期的な見方

とはいえ、このまま事業を継続しててもいずれは資金不足に陥ってしまうため、販売戦略の見直しや限界利益がプラスでも固定費を上回って黒字にならない製品は中長期的には他製品にとって代わってもらい廃止にするか否かの検討が必要です。

♠減価償却がネックのときは

減価償却がネックになり、すなわち費用のうち減価償却の占める割合が高く赤字になっている場合には、既存の設備投資が思うような効果を上げていないことが考えられるわけですから、①改良か、②他社への売却か、③思い切って除却するかの検討をすることになります。販売戦略を練り直すことも考えます。

♣変動損益計算書と一般の損益計算書の違いは

ここで、変動損益計算書と一般の損益計算書の違いについて簡単に計算例を用いて説明致します。

【図表 72　変動損益計算書と一般の損益計算書の違いの計算例】

製造業を営むある会社の生産・販売データが以下のとおりであったとします。
①製品の生産量と販売量（単位：万個）
　期首在庫量なし。当期生産量 130、当期販売量 70、期末在庫量 60
②製品1個あたりの標準原価
　直接材料費 12円、直接労務費 15円、変動製造間接費 3円、
　固定製造間接費 10円、　合計　40円
③固定製造間接費は、予算額1,000万円（正常生産量100万個として計算）。
④製品１個あたりの売価　　70円
・変動損益計算書による売上総利益
（70－（12＋15＋3））×700,000－10,000,000＝18,000,000（円）
・一般の損益計算書による売上総利益
（70－40）×700,000＋3,000,000（※）＝24,000,000（円）
※製造固定費配賦差額（1,300,000（当期生産量）－1,000,000（正常生産量））×10＝3,000,000（固定費は1,000万円以上発生しないので調整）

このように、一般の損益計算書による売上総利益のほうが変動損益計算書による売上総利益より 6,000,000 円過大になります。

これは期末在庫量に含まれる固定製造間接費の数字である 10 × 600,000 ＝ 6,000,000 円と一致することになります。

Q66 資金繰りが悪化する場合の読み方は

Answer Point

♤資金繰りを適切に読み取るには、キャッシュフロー計算書の作成が便利です。

♤資金繰りの悪化には、運転資金（売上債権＋在庫－買入債務）の増加のほか借入返済が考えられます。

♠資金繰り悪化の原因

資金繰り悪化の原因のうち主なものをあげると、利益の減少、売上債権の回収遅れ、在庫の増加、過大な設備投資、無計画な借入等があります。

♠資金繰り悪化の原因を正確に把握するには

資金繰り悪化の原因を正確に把握するために、キャッシュフロー計算書を作成します。

キャッシュフロー計算書とは、会社の一定期間の現金預金が増減する要因を、①会社が営業活動を行ううえで生じた要因（営業キャッシュフロー：営業CF)、②会社が設備等の購入や売却をしたことにより生じた要因（投資キャッシュフロー：投資CF)、③会社が新規の借入や借入金の返済、増資等を行ったことにより生じた要因（財務キャッシュフロー：財務CF）とに区分して表示するものです。

資金繰り悪化 ⇒ キャッシュフロー計算書の有効活用

♠資金繰りを改善するには

資金繰りを改善するには、売上債権回収の全社的なルールを決めて営業担当者の中でそのルールを徹底させ、長期化してしまった売上債権回収期間を正常に戻すこと、在庫管理を全社的に行うこととして各部署間で生じているムダを取り除くとともに、発注の方法を多品種少量の在庫に合ったものにすることが必要です。

♠借入金の返済という負担がある場合は

また、借入金の返済という負担がある場合は、この負担の軽減も考えます。

有価証券などの経営に直接関係のない資産で現金化できるものがあれば、これを売却等で現金化して借入金の返済にあてることを検討します。

このように資金繰り悪化の原因を正確に把握し、その原因ごとに対策をとることにより会社の資金繰りは改善されていきます。

その他資金繰り改善のポイントをあげますと、図表73のとおりです。

【図表73　資金繰り改善のポイント】

資金繰り改善のポイント	
	①　受取手形を減らし、高額な受取手形は小額分割して受け取る。
	②　受取手形のファクタリングを利用する。
	③　支払条件の交渉をして手形から振込入金に変更してもらう。
	④　前受金をもらえる業務形態を考える。
	⑤　手形の裏書で支払いをする。
	⑥　仕入債務の支払いをできるだけ伸ばすように交渉する。
	⑦　支払手形は使用しない。
	⑧　公的融資制度を活用する。
	⑨　融資が受けやすい融資申請書類を作成する。
	⑩　メインバンクに融資を断られたら可能な限りの銀行の窓口をあたる。
	⑪　管理部門をアウトソーシングして経費を節約する。
	⑫　固定費の見直しをして経費削減をする。
	⑬　資産を減らして資産維持費を減らす。
	⑭　リース取引を利用する。
	⑮　リースバックを利用する。
	⑯　補助金･助成金の申請を行う。
	⑰　代理店契約などフルコミションの外注営業を増やす。
	⑱　生命保険などの当面必要ないものの見直しをする。
	⑲　倒産防止共済に加入する。

このようなポイントが一般的なものとしてありますので、該当するものについて検討されることをおすすめします。

資金繰りの状況を読み取るには

Answer Point

♤営業 CF、投資 CF、及び財務 CF に分けて考えます。

♤場合によっては財務コンサルタントの知恵を借りるのも一助になります。

♠営業 CF・投資 CF・財務 CF に分けて考えるとわかりやすい

資金繰りの状況は、キャッシュフロー計算書でいう営業キャッシュフロー、投資キャッシュフローおよび財務キャッシュフロー別に分けて考えるとわかりやすいです。

♠営業キャッシュフロー（営業収支）が悪化している場合は

この場合は、運転資金(売掛債権＋在庫－買掛債務)の悪化が考えられます。下記の対策を講じることが必要です。

対策	①売上資金の早期回収（早期の現金回収）
	②コスト削減（費用削減）
	③売上回収サイクルの短期化
	④支払サイトの繰延べ（支払交渉）
	⑤新規営業対策の実施
	⑥粗利益向上対策の実施

♠投資キャッシュフロー（設備関係収支）が悪化している場合は

これは設備投資を行わない限り悪化はしませんから、Q66を参考にしていただくとして、ここでは検討を省略します。

下記の対策を講じることが必要です。

対策	①銀行融資支払いの繰延べ（銀行融資、リスケジュール）
	②銀行追加融資
	③資金繰り計画の策定、資金繰りの見直し

♠財務キャッシュフロー（財務収支）が悪化している場合は

運転資金のためのつなぎ融資において運転資金が当初より増加しているとか、設備投資のための借入を行ったが、その後設備投資に見合うような利益を上げていない場合が考えられます。

♠資金繰り計画の策定、資金繰りの見直しは

資金繰りが悪化した場合、一番大事なことは、まずは、冷静になることです。逆にあせればあせるほど、誤った判断をしてしまいます。

安易に高金利の融資を受けることだけは必ず避けるようにします。闇金に手を出すなど、その場しのぎの対応をしてしまい、結果として、さらにその資金の返済で苦しむことになってしまいます。

まずはできることから、万全な対策を実施すること必要です。

資金調達・資金繰りの対策コンサルタントなどに相談することも一法でしょう。

黒字倒産とは、基本的に利益のキャッシュ化が致命的に遅い（利益が永遠にキャッシュ化しない場合も含む）ことで起こるものです。

要するにキャッシュフローが企業存続のためのすべてであり、例えば銀行交渉のために無理な利益を計上をしても、中長期的な観点から考えれば問題は解決していないことを常に認識してください。

日頃の地道で前向きな努力以外に問題を解決することは困難なのです。

Q68 月次決算の内容をより深く知るための表・グラフは

Answer Point

♤経営トップが月次決算において何をより深く知りたいかにより作成する表・グラフも異なります。

♤勘定科目の内容をより深く掘り下げたものと、同業他社比較や前年同月比較をしたものとに分けることができます。

♠トップ層の要求に応じ作成すべき表・グラフは

経営者トップが月次決算において何をより深く知りたいかにより作成する表・グラフも異なってきますが、図表74のようなものが考えられます。

【図表74　トップ層の要求に応じ作成すべき表・グラフ】

トップ層の要求に応じ作成すべき表・グラフ	①売上高３期比較グラフ	最重要経営指標である売上高の３期比較グラフ
	②年計グラフ	重要経営指標を移動年計することにより趨勢的な傾向を把握するツール
	③損益計算図/キャッシュフロー計算書(当期)	
	④損益計算図/キャッシュフロー計算書(当月)	
	⑤変動損益計算書当期推移表	変動損益計算書の各科目ごとの推移を見ることで過去の見直し、未来の予測をするツール
	⑥要約貸借対照表・要約損益計算書	損益計算書(経営成績)と貸借対照表(財産状態)の関係を知るツール
	⑦収益性経営指標	同業他社の黒字企業平均と自社の違い(収益性)を比較し、探すツール
	⑧運転資金経営指標	同業他社の黒字企業平均と自社の違い(運転資金)を比較し、探すツール
	⑨その他	債権や在庫の滞留状況を確認したい場合滞留債権一覧表や滞留在庫一覧表等

月次決算における表・グラフに定型的なものなし	⇒	トップ層の要求に応じ作成すべき表・グラフを検討する

Q69 月次決算の内容をより深く知るための指標は

Answer Point

♤ここでは基本的な指標を４つ上げてみます。

♤経営者の要求に応じ適宜必要な経営指標を検討します。

♠月次決算の内容をより深く知るための指標は

指標につきましても労力の許す限りたくさんの指標を月次決算において用意する、というやり方はあまり好ましくありません。月次決算検討会議の参加者がその指標を理解できなければあまり意味がないからです。

図表 75 では最低限知っておいたほうがよい指標をあげておきます。

【図表 75　最低限知っておいたほうがよい指標】

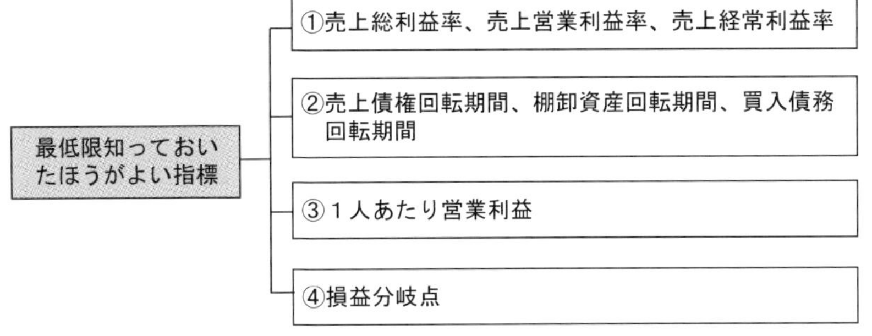

♠売上総利益率、売上営業利益率、売上経常利益率

損益計算書を各段階利益で割った指標です。経費増加が一目でわかりますので、この指標は最低限用意しておきます。製品別、部門別、事業所別といった損益計算書の形態に合わせて用意します。

♠売上債権回転期間、棚卸資産回転期間、買入債務回転期間

これらの回転期間は次の式で求められます。

売上債権回転期間＝月末売上債権÷月次売上

棚卸資産回転期間＝月末売上棚卸資産÷月次売上原価

買入債務回転期間＝月末買入債務÷月次売上原価

で求めます。

これらは運転資金の状況を確かめるのに有用な指標です。運転資金は営業キャッシュフローにダイレクトに関わってくるものですから、売上債権回転期間や棚卸資産回転期間が伸びた場合、また買入債務回転期間が短くなった場合は営業キャッシュフローが小さくなる可能性を考えて改善策を検討してください。

♠1人あたり営業利益

労働生産性を表す指標で、営業利益を従業員数で割った数値です。1人あたりどのくらいの営業理系を稼いだかということを示します。ここでの従業員数は、パート、アルバイトは2人で1人として換算します。

月間ベースでは、1人あたり80万円、できれば100万円以上の粗利益を出せれば理想でしょう。

これならば、中小企業でも大企業よりも優位にたつこともできます。

♠損益分岐点

会計を戦略化するのに欠かせない指標です。

固定費÷限界利益率で求めることができます。

経営分析指標については様々なものがあり、またその内容を理解するのもなかなか短期間では難しいのですが、実際の企業実務において利用して有益な指標はそれほど多いわけではありません。

基本的に外部に株主を持たない非公開会社の場合は、指標をよくすることよりも実数値をよくすることに力を注ぐべきです。

ここであげたものは、このくらいをチェックしておけば、企業経営上不自由はしないであろうというものです。

必要あれば、経営改善するという観点より企業ごとに別途指標を追加し、月次決算検討会議等でチェックするようにします。

Q70 月次決算で必要な非経理情報は

Answer Point

♤非経理情報は、月次決算の内容の理解を深化させ、かつ、月次決算で見えない部分をみえるようにするために用いられます。

♤経営者の要望に応じ作成すべき非経理情報を決定していくことが重要です。

♠月次決算でみえない部分をみえるようにする

非経理情報は、月次決算の内容の理解を深化させ、かつ、月次決算でみえない部分をみえるようにするために用いられるものです。

月次決算で報告する非経理情報	⇒	・月次決算の内容の理解を深化ため ・月次決算でみえない部分をみえるようにするため　}必要

なお、非経理情報についても、経営者の要望に応じ決定していくことが重要です。そして非経理情報は、あくまで月次決算と連動して用いられるべきものであり、例えば非経理情報として新製品の販売予測等を月次決算検討会議にて発表する場合にもそれが今後の予算（と実績）にどのようなインパクトを与えるかという観点より資料を作成し説明すべきです。そうでないと経営意思決定という観点より新製品を販売するか中止するかという検討をすることができず会議での発表が無駄になってしまう恐れがあります。

また、月次決算にかかわるものであれば何でも出していいというわけではなく、あくまで改善の優先度の高いものを中心に非経理情報を作成すべきです。

その場合、経営トップが十分な情報を持っているという前提のもとで要望を出していれば別ですが、そうでない場合も考えられますので一旦出された要望について、経理部門において計数管理の観点よりチェックを入れてみることも必要です。

♠月次決算でみえない部分をみえるようにする表

例えば、図表76のものが考えられます。

【図表76　月次決算でみえない部分をみえるようにする表】

項　目	説　明
①商製品別出荷数に関する情報	月次決算では商製品の流れは単価×数量で表現されてしまうので、それぞれの情報が欲しい場合に有用な資料がこれです。 この表を確認することにより売れ筋商品の把握が可能になります。
②商製品別粗利に関する情報	①と併用することにより、それぞれの商製品が薄利多売か、出荷とともに適正な利益も確保できているのか、高すぎるのか、安すぎるのか、出荷を中止するのか、改良が必要か等の検討材料を提供することができます。
③支店･営業所別販売実績に関する情報	マーケティングの基本は「どこで」「何を」「どの客層に」販売するかを決定することです。月次決算ではそれらをすべて明確にすることは難しいので、支店・営業所別販売実績により月次決算の足りない部分を補完します。
④流通ルート別出荷数に関する情報	これも月次決算ではみえない、どういうルートでの販売方法が最も出荷数が多いかを明確にするものです。
⑤与信限度を超過した取引先の報告	債権回収を滞りなく行うために必要な報告書です。

数値レベルで最も企業の状況を早く知る立場にいるのはやはり経理部です。ですから、経営者の要望に応じた資料を定期的に正確に作成することももちろんですが、できれば月次決算の結果改善すべき個所に気がついた場合は月次決算検討会議の前にその内容をチェックし、その改善のために非経理情報が必要であれば事前にある程度揃えておけるような状況にしておきたいものです。

また、そこまでいかなくても、月次決算検討会議において問題点が抽出され、それについてより詳細な非経理情報が求められた場合にも、問題点に直接かかわる部門と連絡を取り業務を分担しながら素早い資料提出を行えるような体制を築いておくことが望まれます。非経理情報に関しては、特にこれといった標準様式が存在しないためにいつどのような情報の提出が要求されるか予め読むことができません。そのような情報を素早く提出できるような体制を築くことそのものが、会社の体力が低下してしまった場合の自然治癒力を高めることにもつながっていきます。

Q71 月次決算検討会議を実施するメリットは

Answer Point

♤月次決算検討会議を通じ会社の業績の全社レベルの理解が可能になります。

♤月次決算検討会議により会社の方向性についてのベクトルを一致させることができます。

♠月次決算検討会議を実施するメリットは

月次決算検討会議を実施するメリットは、次のとおりです。

(1) 全社レベルで月次決算情報を流すことで経営を支えられる

(2) 決算には目標達成度が現れる

♠全社レベルで月次決算情報を流すことで経営を支えられる

会社経営は社長１人で行われているわけではありません。必要な人数が参加し、共同作業によって会社は運営されています。そして効率的に運営できるよう、組織はタテ・ヨコに細分化されています。

このように細分化された組織は、それぞれ動きながら経営活動を支えているわけですが、その活動に統一性をもたせているのが情報です。

情報が経営組織をタテ・ヨコに適切に流れることによって、経営の統一性ができているといえます。

情報には計数情報（数字の情報）と非計数情報（数字にできない情報）がありますが、どちらもそれぞれ重要な役割をもっています。

ただ２つを比べると、計数情報のほうが、具体的で正確に伝達される可能性が高くなります。それは計数情報が数字を使って表現されているからです。

計数情報には多くの種類がありますが、中でも重要なのは業績情報です。その業績情報の中でも代表格となるのが決算情報です。ですから、決算情報は各部署に適切な情報として届かなければなりません。

♠決算には目標達成度が現れる

月次決算は、ただ業績数字を集計すればよいというものではありません。

決算には、目の前に予算という目標があり、それがどのように実現されているかを、数字で確認していくという重要な役目があります。

年次決算は、経営目標に対し年間活動の結果どうなったのかを見ます。

月次決算のような短期決算は、年間活動での目標を確実に達成するために、その途中の活動情報を見ていくものです。

具体的には決算情報を使って、次のような状況を検討・判断することになり、月次決算は、主にこの３つの点で活用されることになります。

⑴　その時点での業績状況がどうなっているか

⑵　年次決算が達成される度合いをどう判断するか

⑶　担当者の貢献の程度はどのようなものか

月次決算の情報の中でも重要なのは、資金状況と損益状況です。

これらの情報は、全体の損益状況なら「全社予算・実績差異分析表」で、部門別や店舗別の損益状況なら「部門別・店舗別予算・実績差異分析表」で表され、会社の中で共有されることになります。

重要な情報はたくさんありますが、この中から自社に必要な決算情報を選んで必要な資料を作成し、そこに含まれる情報を検討会議を通じ全社レベルで共有します。

♠会議形式をとることで均衡のとれた改善点修正ができる

月次決算の結果について経営者しか内容を把握していない場合、経営者の出す改善命令が現実的に実現困難な場合があります。また、場合によっては数字上の解釈だけではわからない状況が隠されている可能性もあります。そんな関係者が集合して討論しなければより実践的な解決策が見えてこないような場合、会議形式をとることにメリットがあります。

会社は特定の人間の集合体ですから、経営者といえども単独では常に均衡のとれた改善命令を出せるとは限りません。責任ある立場にいる人間が集合し話し合ってはじめて均衡のとれた改善案が見出される場合もあります。そのような観点からも月次決算検討会議を実施する意義はあります。

Q72 月次決算検討会議に必要な資料は

Answer Point

♤月次決算検討会議に必要な資料の基本は貸借対照表、損益計算書の２つです。

♤その他事業の各プロセスに合わせ別資料を用意します。

♠月次決算検討会議に必要な資料は

月次決算検討会議に必要な資料の基本は貸借対照表、損益計算書の２つですが、場合によってキャッシュフロー計算書が加わります。損益計算書については、月次のトレンドを見るため月次推移表も用意します。

その他、会社の事情により異なりますが、図表 77 のようなものが考えられます。

【図表 77　月次決算検討に必要な資料】

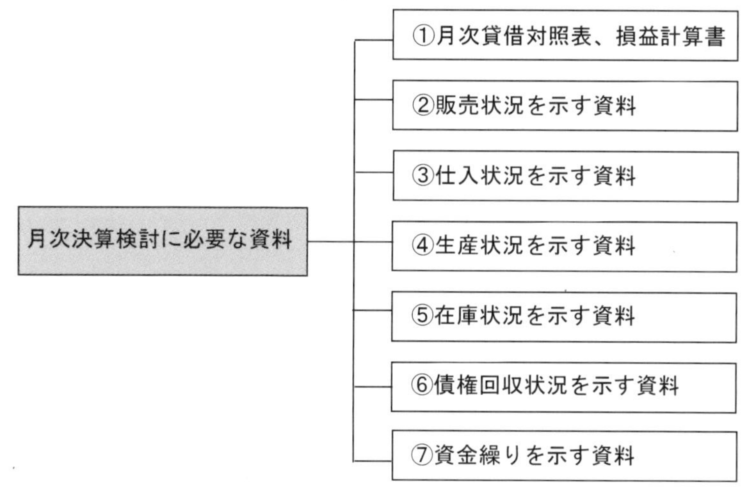

♠販売状況を示す資料は

販売状況は売上高と売上総利益が示しています。これは、決算で最も基本的な情報です。

全社だけではなく、部門別、担当者別、得意先別、商品別などの販売状況を月次決算で把握しておき、担当者別・得意先別・商品別等の損益計算書で示しきれない情報については別資料を用意します。

♠仕入状況を示す資料は

商品の仕入状況です。数量は在庫に影響し、価格は採算に影響します。

これは全社の他、仕入先別、商品別に月次決算で把握します。仕入先別、商品別については別資料を用意します。

♠生産状況を示す資料は

製品の製造実績や設備の稼動状況の把握が重要です。

この実行責任は、基本的には工場に委譲されていますから、日次ではなく10日くらいを決めて連絡するようにします。これは別資料を用意します。

♠在庫状況を示す資料は

在庫の状況がよいと、営業活動を円滑に実行できるだけでなく、資金効率を向上させるというメリットもあります。

基本的には、月次予算を設定したときの目標に合うように管理します。在庫管理はそれ自体が手間のかかる作業ですが、実地棚卸を行う際に時間の合間をやりくりして、少しずつ実行していきます。

在庫については在庫管理システムより資料を用意します。

♠債権回収状況を示す資料は

債権回収は資金繰りに影響してきますから、とても重要な数字です。経営者も相当に関心をもって見ています。

債権回収の状況を把握するには相手の支払日に合わせる必要があります。

月次決算では、まとめとして回収実績と債権残高の増減を分析し、その資料を用意します。

Q73 月次決算検討会議の実施内容・参加者は

Answer Point

♤月次決算検討会議は、会社の中の適切な部署や人に対して月次決算結果を報告するために行います。

♤作成部署は数字の集計だけではなくて、前もって分析して問題点を指摘することも必要です。

♠月次決算情報を報告する相手は

月次決算情報が活用されるためには、経営トップや部門の責任者に対して報告する必要があります。

必要な部署（人）に必要な決算数字が届くためには、決算制度を設定する際に、決算そのもののやり方と同時に報告制度をきちんとつくっておくことです。

報告する相手は大きく分けて、経営者、中堅管理者、担当者に区分できますが、この報告対象によって報告の内容が違ってきます。この区分はあまり細かくしても､作成の手間が多くなるだけで効果はそう大きくはなりません。

♠報告相手により異なる情報は

それぞれの段階において、必要とする情報が異なりますので、月次決算では報告内容を明確に決めておくことが必要です。

そして、検討会議の参加者は当然報告する相手と報告者になります。短期決算は取り扱う時間が短いので、報告の時期も短く設定されます。

月次決算の場合には翌月の 10 日頃になります。その時期に間に合わないと、短期決算の意味は大きく減少してしまいます。

♠報告書の形式は

報告書の形式は報告の内容によって変わってきます。報告形式は報告制度を設定するときに、手間と効果を検討して作成しておきます。

月次決算検討会議は、最も重要な意思決定会議として定着させます。会議の開催時間を明確にして、その範囲内で終了するように運営します。

資料は参加者に前もって配布しておきます。そのとき問題点を指摘しておくとよいでしょう。

♠作成部署がすべきこと

また、作成部署は数字の集計だけではなくて、前もって分析して問題点を指摘することも必要です。

【図表 78　月次決算検討会の主な内容例】

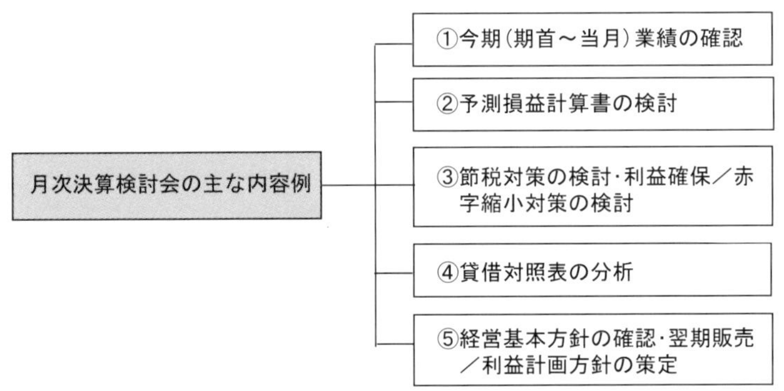

図表 78 の決算検討会の主な内容例のうち、③の節税対策の検討は、10 か月目くらいの月次決算検討会議より議題にあげていくことが効果的です。その頃になると残り 2 か月の損益予測についてもかなり確度の高いものが得られていると考えられ、納税すべき税金額がいくらかもかなり明確になります。そのうえで資金繰りを含め効果的な節税策を考えていきます。

また、④の貸借対照表の分析ですが、予算が通常損益ベースのものしか作成されていないためどうしても話が損益中心になってしまいますが、運転資金のチェック等資金繰りに関する重要な情報を持っているのは貸借対照表ですので、特に資金繰りに注意を払っていかなければならない状況にある場合には細かい貸借対照表の分析に代替して運転資金にかかわる項目（売上債権、棚卸資産、買入債務）の分析（回転期間等）が必要です。

Q74 月次決算で説明すべきポイントは

Answer Point

♤年次決算の達成度合いと未達の原因をおおまかに説明することが不可欠です。

♤事前に適切な資料を用意すれば、説明すべきポイントも見えてきます。

♤説明すべきポイントは、前月と今月の主な変動事項、未達事項、予算と実績の差異などです。

♠月次決算の役目は

月次決算はただ業績数字を集計すればよいというものではありません。

月次決算には、目の前に予算という目標があり、それがどのように実現されているかを、数字で確認していくという重要な役目があります。

年次決算は、経営目標に対し年間活動の結果どうなったのかを見ます。

♠月次決算での状況の検討・判断は

月次決算のような短期決算は、年間活動での目標を確実に達成するために、その途中の活動情報を見ていくものです。

具体的には決算情報を使って、次のような状況を検討・判断することになり、月次決算は、主にこの３つの点で活用されることになります。

(1) その時点での業績状況がどうなっているか

(2) 年次決算が達成される度合いをどう判断するか

(3) 担当者の貢献の程度はどのようなものか

♠月次決算の情報の中でも重要なものは

月次決算の情報の中でも重要なのは、「資金状況」「損益状況」です。これらの情報は、全体の損益状況なら「全社予算・実績差異分析表」で、部門別や店舗別の損益状況なら「部門別・店舗別予算・実績差異分析表」にて表され、会社の中で共有されることになります。

♠月次決算で説明すべきポイントは

月次決算で説明すべきポイントは、事前に根回しして経営者のニーズをつかんでおき、それについて重点的に説明しておくことが一番です。

重要なのは「まず、直近月の業績を知る」ことですから、これについて必要十分な説明をすることはいうまでもありません。

また、「業績が良いのか悪いのか、その結果と原因を知りたい」という場合については、当期の他の月との比較、前期の同じ月との比較、予算との比較、異常値の説明などが必要になります。

また、「数字ばかりだとわかりにくいためイメージをつかみたい」という場合にはグラフで説明するなどの手法が有効になってまいります。

月次決算を締めた段階で特定の問題点に気づいた場合は、上記の説明を一通り終えたうえで必要な資料を用いて問題点について重点的に説明いたします。

事前に説明すべきポイントについてマニュアル化し、毎月説明する事項についてはそのポイントだけ説明することも会議をスムーズに進めるうえで効果的です。

♠大切なのは取捨選択

重要な情報はたくさんありますが、この中から自社に必要な決算情報を選んで必要な資料を作成し、事前に問題点を把握し説明していきます。

問題点を把握するのがなかなか困難な場合は変動の大きい数字、もしくは売上原価率等の代表的な比率のうち同じく変動の大きいものがある場合は、事前に経営トップに資料を持っていき、どれについて詳しい資料が必要か確認してみることです。

数字について最も早く情報を得ることができるのは経理部ですが、その数字の裏にある戦略や企業行動をわかる地位にいるのは経営トップであることが多いからです。

Q75 月次決算の説明方法は

Answer Point

♤基本的には損益計算書→貸借対照表の順番で説明します。

♤キャッシュフローを意識した貸借対照表中心の説明方法もあります。

♠説明の仕方のポイントは

月次試算表は、基本的には月次の決算書だから説明の仕方のポイントも決算書と同じといえます。ゆえに通常の決算書と同様に損益計算書→貸借対照表の順番で説明します。

♠説明内容のポイントは

説明内容のポイントは「まず、直近月の業績を知りたい」という経営者のニーズに応えるのが目的であることを十分に認識しておく必要があります。

「業績の良し悪しと原因を知りたい」というニーズには、当期の他の月との比較、前期の同じ月との比較、予算との比較、異常値の説明などが必要になります。また、「数字ばかりだとわかりづらい。イメージをつかみたい」という経営者に対してはグラフで説明するなどの手法が有効になります。

♠貸借対照表による説明方法は

変則的な説明方法として、キャッシュフローを意識した貸借対照表中心の説明方法もあります。まず期首に前月、期末に当月、中間に期中増減の数字を入れた月次貸借対照表を用意します。

一般的には資産増加－負債増加＝利益となり、負債増加は貸借対照表の右側、資産増加は貸借対照表の左側に現れてくるわけですから、貸借対照表を右下から左上へと辿ることにより利益のうちどれだけが現金に変わったかを説明することができます。

この説明によれば、キャッシュフロー改善のためどのような手を打てばいいかを理解することができます。

貸借対照表はキャッシュの観点から見た場合、図表79のようなつくりになっています。

【図表79　貸借対照表はキャッシュの観点から見た場合のつくり】

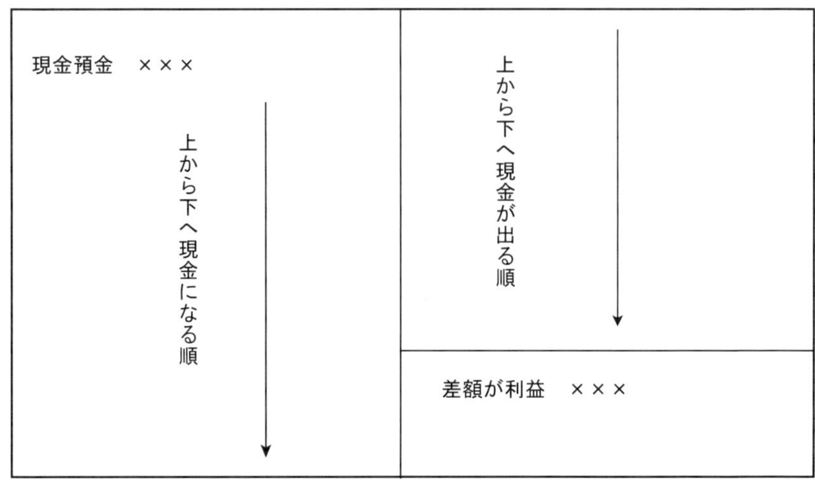

ですから、この構造を生かし、利益から現金預金まで右下から左上へと辿っていくことにより、借入による現預金はいくらか、費用のうち現金として出て行っていないもの（買掛金、未払費用）はいくらか、利益のうち現金化できていないもの（売掛金、未収入金）はいくらか確認しながら最終的に利益のうちいくらが現金預金になったか確認することができます。

これは間接法によるキャッシュフロー計算書と同一の考え方です。

規模の大きい会社でこれを実行することはなかなか困難ですが、中規模以下の会社でキャッシュフロー計算書がわかりにくい場合は有効な月次決算の説明方法になります。試してみてください。

なお、この場合に用いるのは前月残高と当月残高の記入がある合計残高試算表ベースの貸借対照表です。

Q76 月次貸借対照表の説明ポイントは

Answer Point

♤貸借対照表の説明ポイントは、自己資本比率、支払能力、固定比率の３つあります。

♤貸借対照表を上下に分けて考えることが必要です。

♠第１の説明ポイント

貸借対照表の第1の説明ポイントは、自己資本比率（総資本に対する自己資本（株主資本と評価・換算差額等の和）の比率）です。

利益が上がらないと自己資本比率が悪化していきます。

自己資本比率が低いということは、設備や関係会社への投資(固定資産)も、毎日の営業活動のために必要な在庫や売掛金・受取手形などの運転資金（流動資産）も、とにかくほとんどの資産は他人のカネ（その最も大きなものは借入金）でまかなわれていることを意味します。

したがって、売上のいかんにかかわらず、時間に比例して大きな金利が発生していることになり、不況抵抗力が弱い体質を表します。

また、設備資金や運転資金の借入返済にも常に追われることになり、資金繰りが苦しいです。財務体質を端的に表す指標です。

♠第２の説明ポイント

貸借対照表の第２の説明ポイントは、支払能力です。「すぐ現金化できる資産（流動資産）」と「すぐ支払わなければならない負債（流動負債）」の差が支払能力を表します。そして 流動資産と流動負債の比率 (流動資産 / 流動負債) を流動比率と呼び、短期不況抵抗力の指標とされます。

♠棚卸資産と当座資産

流動資産には棚卸資産（在庫）が含まれます。棚卸資産には資金回収が可能か未確定なものが含まれるので、流動資産から棚卸資産を差し引いた当座資産と流動負債を比較すればより厳密な支払能力を確認できます。

当座資産と流動負債の比率 (当座資産÷流動負債) を当座比率と呼びます。

♠第3の説明ポイント

貸借対照表の第3の説明ポイントは、流動資産・負債より下の部分です。

まず固定資産対自己資本に着目します。固定資産は、設備投資などの長期にわたって固定化した現預金の運用を表しており (例えは、10 年～ 20 年かかって償却する設備や建物を考えればよい)、流動資産のように短期間に金にはなりません。したがって、固定資産のカネの出どころは、返済しなくてよい現預金である自己資本によるのが安全です。このような固定資産対自己資本を比率で表したものを固定比率と呼びます。

年々の設備投資によってこの比率がどういう傾向を示すかを見ることによって、企業の長期的な体力 (長期の不況抵抗力) を確認できます。

貸借対照表を図式化すると、図表 80 のようになります。

【図表 80　貸借対照表の図式化】

借方	貸方
流動資産	流動負債
固定資産	固定負債
繰延資産	純資産（自己資金）

うち、自己資本比率は純資産（自己資本）÷（流動資産＋固定資産＋繰延資産）になります。

流動比率については、図表 80 からわかるとおり、流動資産＞流動負債であれば 100％超になり、支払余力があることになります。ただし流動資産に含まれる現金預金の割合が小さい場合は要注意です。固定比率は固定資産÷純資産（自己資本）です。繰延資産を計上している会社は稀ですので、繰延資産をゼロと考えると、純資産の大きさを固定資産が上回る場合は設備投資につき借入返済義務を負っていることになります。

Q77 月次損益計算書の説明ポイントは

Answer Point

♤月次推移を確認することが重要です。

♤製造業の場合、変動損益計算書によれば財務構造がより鮮明になります。

♤損益計算書の説明ポイントは、①粗利率（売上総利

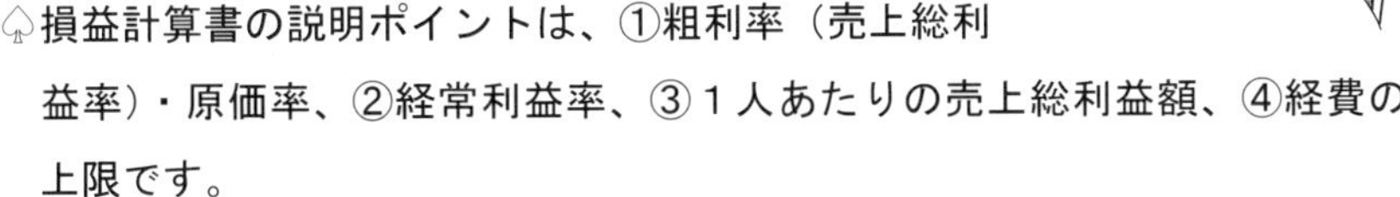

益率）・原価率、②経常利益率、③１人あたりの売上総利益額、④経費の上限です。

♠粗利率（売上総利益率）・原価率

まず最初に押さえておくべきことは、自社の粗利率（売上総利益率）・原価率です。自社の粗利率・原価率はいくらか、それは同業他社に比して高いのか、低いのか、前年度と比較してよくなっているのか、等々の検証・分析です。

中小企業では、付加価値＝売上総利益ともいえますので、社員の創意工夫の成果を図る大事な指標といえます。

♠経常利益率

これは、突発的なことがない場合の会社の事業全体での儲けの割合をみる指標です。最低２％は確保しないといけません。

♠１人あたりの売上総利益額

地域・業種にもよるものの、１人あたりの売上総利益が 800 万円を切ったら注意する必要があります。

800 万円の売上総利益から地代家賃等の経費と人件費を支払うのですから、人件費（給与＋賞与＋退職金＋社会保険料の会社負担分＋労働保険料＋通勤費等）が 50％としても 400 万円が上限になってしまいます。

１人あたりの売上総利益は 1,000 万円が必要になります。

それには売上総利益を上げるか、社員を減らすかの選択が問われます。

♠経費額上位３つが 75%以内に収まっているか否か

業種によって異なりますが、経費の上位３つの科目の合計が売上高の75%以内かどうかも利益を出すための重要ポイントです。

例えば、飲食・小売の場合、原価率＋人件費率＋地代家賃率の３つの比の合計が 75%以内であれば、おおむね経常利益が２%前後で黒字経営ができます。例えば、原価率 30%、地代家賃 10%、人件費率 35%という具合です。

自社の原価率と人件費率が予測できれば、地代家賃にかけられる比率も決まり、店舗出店計画の是非についての判断材料にすることもできます。

10%が精いっぱいの地代家賃率であれば、地代家賃の 10 倍の売上が可能か否かが出店是非の判断となります。

これらは時系列で比較し月ごとの増減状況を確認することも重要です。

また、変動損益計算書（すべての費用を、売上に伴って増減するかどうかで変動費と固定費に分類して組み直し表示した損益計算書）による分析も有効と考えるべきです。

卸売業では売上原価がほぼ変動費にあたりますので特に変動損益計算書を作成する必要はないかと思いますが、製造業の場合は正しい意思決定を行うため変動損益計算書（Q40･171 頁参照）の作成を可能ならすることが必要です。

データの傾向によりますと、１人あたり売上総利益 1,200 万円超の会社で赤字会社は殆どありませんが、800 万円以下だと赤字会社が急に増加してしまうとのことです。

既述したとおり、払える人件費が安くなってしまい、労働生産性が低くなってしまっていることが考えられます。あるいはもともと付加価値の低い商品を売っていることに原因があるかもしれません。

また、新規出店の目安は上述したとおり売上が家賃の 10 倍以上であることがポイントになります。

このような経験則を活かした損益計算書のチェックが必要です。

Q78 キャッシュフロー計算書の説明ポイントは

Answer Point

♤３つのキャッシュフロー区分の性質を理解することが重要です。

♤フリーキャッシュフローをプラスにすることがキャッシュフロー経営の大前提です。

♠キャッシュフロー計算書の３つの区分

キャッシュフロー計算書というのは、いわば損益計算書のキャッシュフロー版のようなものです。その事業年度１年間でどのように資金を増やしたか、どこに資金を使ったかがわかるようになっています。

キャッシュフロー計算書は、次の３つの区分に分かれています。

⑴　営業活動に伴うキャッシュフロー

⑵　設備投資に伴うキャッシュフロー

⑶　財務活動に伴うキャッシュフロー

♠営業キャッシュフローの説明ポイントは

営業活動に伴うキャッシュフロー」ですが、ここでは、会社の本業の営業活動によってどれだけキャッシュフローが増えたか、減ったかが表示されます。運転資金や非資金費用に伴う利益とキャッシュフローのズレはここで調整されます。

会社にとっては、この営業活動に伴うキャッシュフロー（営業ＣＦ）を増やすことが最重要課題となります。

黒字でも営業ＣＦがプラスになるとは限りませんし、逆に赤字であっても、この営業ＣＦがプラスになることもあります。

黒字を出すのと同じくらい、営業ＣＦをプラスにすることは大事なことです。

♠投資キャッシュフローの説明ポイントは

設備投資に伴うキャッシュフローの区分は、主に設備投資に関連するキャッシュフローを記載するところになりますので、通常はマイナスになることが多いです。

ただし、固定資産を売却した場合などには、プラスになることもあります。

そして、営業CFとこの投資CFを合算したものをフリーキャッシュフローと呼びます。会社が自由に使える資金、という意味です。フリーキャッシュフローをプラスにすることが、キャッシュフロー経営の大前提です。

♠財務キャッシュフローの説明ポイントは

財務活動に伴うキャッシュフローは、主に借入の増減によるキャッシュフローが記載されます。新たに借入した場合にはプラス、過去の借入を返済している場合にはマイナスになります。

そして、借入の返済はフリーキャッシュフローの範囲内に抑えることが目標です。そうすれば、基本的に手持資金が目減りしていくことはありません。

【図表81　キャッシュフロー計算書の説明ポイント】

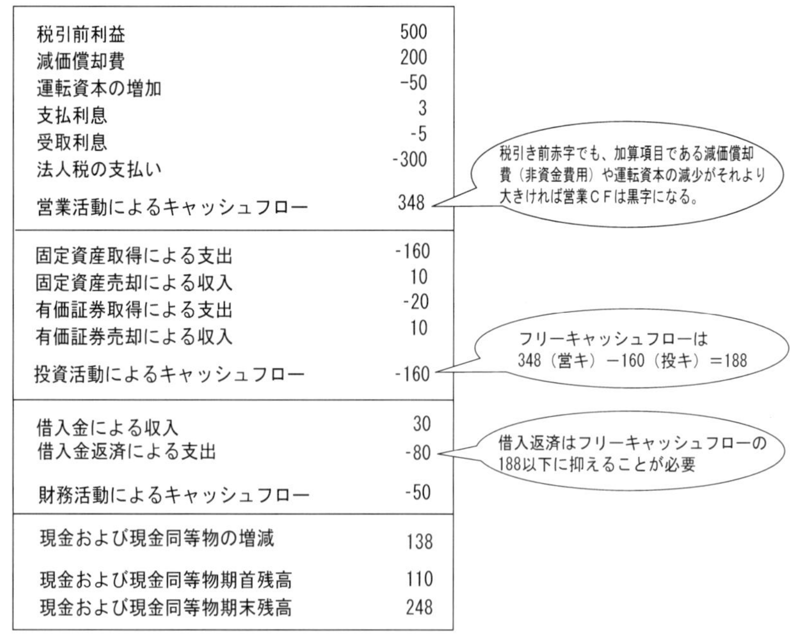

税引前利益	500
減価償却費	200
運転資本の増加	-50
支払利息	3
受取利息	-5
法人税の支払い	-300
営業活動によるキャッシュフロー	348
固定資産取得による支出	-160
固定資産売却による収入	10
有価証券取得による支出	-20
有価証券売却による収入	10
投資活動によるキャッシュフロー	-160
借入金による収入	30
借入金返済による支出	-80
財務活動によるキャッシュフロー	-50
現金および現金同等物の増減	138
現金および現金同等物期首残高	110
現金および現金同等物期末残高	248

Q79 検討会議を今後の経営に活かすには

Answer Point

♤会議で検討した事項について引き続き会議でチェックを行い、業績に反映させるようにします。

♤会議では、例えば、月次決算で予算の未達が確認されたら、まず原因分析が重要で、予算が高すぎたのではないかという観点からの確認をするなどいい加減にしないやり方が必要です。

♠予算未達が確認されたときの原因分析は

月次決算検討会議において予算達成不足が確認された場合、今後の経営に生かすために指示・確認・進捗・成果などの管理が必要になります。

例えば、月次決算会議で予算の未達が確認されたときの原因分析と対応についてみてみましょう。

♠未達の原因を分析する

未達になることが月次決算の段階でわかったら、まず、その原因をきちんと把握する必要があります。原因によって、修正のための対策が異なってくるからです。

決算が未達になる主な原因としては、図表82のような場合が考えられます。

【図表82　予算未達が確認されたときの原因分析】

原　因	説　明
①予算設定時には予想できなかった環境変化が起こった	環境の変化が、予算を設定した時点では実際に予想が不可能なものであれば、不可抗力になります。 年次ではたまに発生する場合がありますが、月次ではほとんど発生しません。

②現場活動が予定通りに実施されていない	予算目標が、これまでの実績推移などと比べて一応は妥当な所に設定してあるにもかかわらず、現場活動での失敗などがあって予算数字が達成できないことがあります。 この場合には、担当者の活動が適切でない、努力不足、得意先の事故などの原因があげられるでしょう。
③目標が高すぎた	利益計画から戦略的に目標を設定する場合には、目標を高い水準に設定することがあります。 この場合、担当者の販売努力とか質の向上、得意先の拡販などを想定しているのですが、未達であれば、それができなかったということになります。

♠月次決算を使って対応する

図表82の未達の原因ごとに、月次決算での対応策を考えると、図表83のようになります。

【図表83　予算未達が確認されたときの対応】

対　応	説　明
①月別予算を減少する	経営環境の変化は主に年次予算に関連してきますが、月次にも影響します。環境の変化が予測不可能であれば仕方がありませんが、今起こっている環境変動が今後も続いていくようならば、翌月以後の月別予算を減少します。 この修正予算を基礎にして、これからの経営を考えていきます。月次決算で未達がわかったことによって、環境予測の未熟さへの反省、今後の環境に対する予測、環境悪化への対応戦略の検討など、戦略的な側面の強化が行われます。
②担当者ごとに実績を検討する	現場活動の行動不足は、最も一般的な未達の原因です。月次決算で細分化した予算を担当者ごとに得意先別の実績や行動実績について検討します。 適切な販売活動がされていなかったことがわかれば、早めに手を打つことで年次予算への悪影響を取り除くことができます。 これは、年次予算の達成にも役立つ月次決算の重要な使い方です。月次を年次に活かすには、原因をつかんでそれを改善するための対策を決定することが重要です。
③次年度の予算の質を高める	目標が過大であったことがわかれば、次年度の予算にフィードバックさせて予算の質を高めるか、また実行する担当者の質を高めるかの対応を実行します。 この場合には、企業力の水準を誤って高めに判断して、予算を設定したことになりますが、だからといって予算を低めに設定する必要はありません。 それでは経営が発展しないからです。ただし、高めに設定することは、その予算を達成するためには何らかの対策が必要だということです。対策なしに予算だけを高く設定しては、未達になることは明らかです。

Q80 損益分岐点売上高の算出とその留意点は

Answer Point

♤損益分岐点売上高とは、売上高と費用の額がちょうど等しくなる売上高または販売数量を指します。
♤変動損益計算書とは、損益分岐点概念を生かした計算書です。

♠損益分岐点売上高というのは

月次決算で適用される重要な管理会計の概念の１つに損益分岐点売上高があります。

損益分岐点売上高とは、売上高と費用の額がちょうど等しくなる売上高または販売数量を指します。

より厳密にいいますと、前者は損益分岐点売上高、後者は損益分岐点販売数量となります。

単に損益分岐点といった場合、会計学では前者を指すことが多いです。

♠費用の性質は

例えば、費用が売上の増減に伴い完全に比例的に増減するのであれば、売上を倍にすれば費用も倍になり、結果として利益も倍になります。

また逆に、売上が半分になれば費用も半分になり、結果として利益も半分になります。

この場合、商品や製品を売ろうとした時点で売価が費用を上回るように設定しておけば赤字になる、ということは原則ありえません。

しかし実際は､費用はすべてが売上に比例するものばかりではありません。

売上の大きさにかかわらず一定額発生する費用もあります。

例えば、コンビニの場合には、商品の原価は、売上に比例しますが、店員の人件費は、売上に比例するわけではありません。

♠変動費と固定費の違いは

費用のうち、売上に比例して増減するものを変動費といいます。商品や原材料の原価、販売手数料などがその例です。

一方、売上に関係なく一定額発生する費用を固定費といいます。人件費や償却費がその代表例です。ただし、実際の費用の発生の仕方はもっと複雑です。電話代にように基本料金プラス従量制という形態もあれば、一定範囲ごとに階段のような形でに増減する費用もあります。

♠限界利益の考え方は

このように売上との対応関係で費用を分析するとき、売上から変動費を引いたものを限界利益といい、限界利益の売上に対する割合を限界利益率と呼びます。

企業にとって利益が出るか出ないかは、限界利益で固定費を回収できるか否かで決まります。したがって、利益を出すための方法は、①製品・サービスの限界利益率を高めるか、②固定費を小さく身軽にするか、の２つです。

この固定費・変動費の分類に関連して、利益がゼロになるときの売上を損益分岐点（売上高）といいます。図表84で考えると、それは限界利益と固定費が等しくなる売上高を意味します。

したがって、これを定式化すれば、次のようになります。

限界利益（＝売上高ｘ限界利益率）＝固定費

これより損益分岐点売上高は、次の算式で求められます（図表85）。

損益分岐点売上高＝固定費÷限界利益率

この式からわかるのは、固定費が大きくなれば損益分岐点も高まり、逆に限界利益率を高めれば損益分岐点は低くなる、ということです。

月次決算においてこの考え方を取り込み、費用を変動費と固定費に分けた変動損益計算書を作成すれば、通常の損益計算書よりより真実に迫る商品や製品の採算性分析や赤字原因の発見ができます。

【図表 84　変動損益計算書の例】

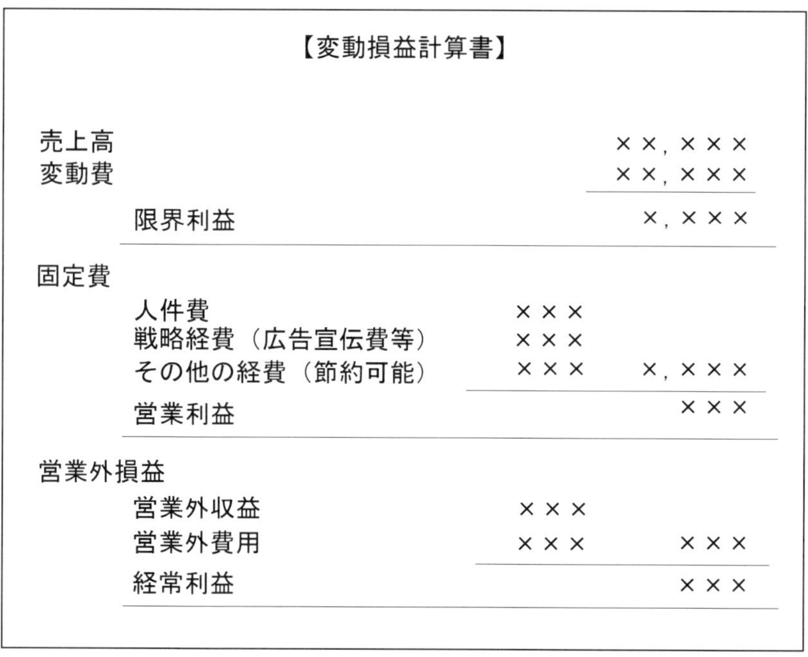

【変動損益計算書】

売上高		××，×××
変動費		××，×××
限界利益		×，×××
固定費		
人件費	×××	
戦略経費（広告宣伝費等）	×××	
その他の経費（節約可能）	×××	×，×××
営業利益		×××
営業外損益		
営業外収益	×××	
営業外費用	×××	×××
経常利益		×××

【図表 85　損益分岐点の例】

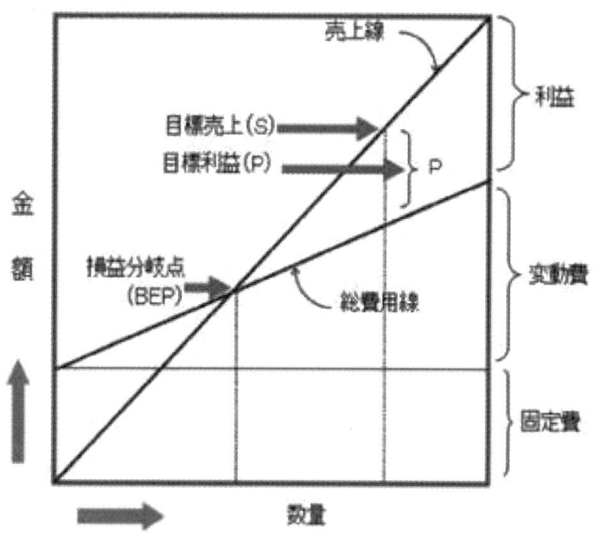

Q81 収支分岐点売上高の算出とその留意点は

Answer Point

♤収支分岐点売上高とは、収入と支出がちょうど等しくなる売上高を指します。

♤損益分岐点売上高と比較して会社の主観が入る余地があります。

♠収支分岐点売上高というのは

損益分岐点売上高に比較すると、圧倒的に知られていないのが収支分岐点売上高です。

損益分岐点売上高が売上と費用がちょうど等しくなる売上高を指すのに対しまして、収支分岐点売上高とは、収入と支出がちょうど等しくなる売上高を指します。

♠収支分岐点の計算式（１式）は

計算式で表すと、(固定費－非資金費用－期首運転資金）÷ {限界利益率－（売上債権回転期間＋棚卸資産回転期間－買入債務回転期間)}（１式）と非常に複雑なものになりますので、それが普及を妨げている主な原因となっているものと思います。

しかし、内容は極めて簡単です。

固定費を基準に費用のうちお金で出て行っていない減価償却費等の非資金費用および在庫投資や仕入の支払いと売上の回収にズレが生じる場合に発生する事業活動をしていくうえで必要な資金である運転資金を差し引いたものを分子に、限界利益率より運転資金率（売上債権回転期間＋棚卸資産回転期間－買入債務回転期間）を差し引いたものを分母にして算出する売上高のことをいいます。

♠収支分岐点の計算式（２式）は

また、収支分岐点売上高には、税負担を考慮したものとして次のような算出式もあります。

資金収支分岐点 ＝〔(固定費 － 減価償却費) + 借入金返済額 + 税支出〕÷限界利益率（2 式）

２式のほうが実務的によく用いられているそうです。ただ運転資金を考慮していない分１式よりも簡略化されています。運転資金が毎月同額程度発生する場合にはこちらの式で問題ありません。

♠運転資金についての考え方は

１式においても、期末にも運転資金は発生するため期首運転資金ではなく期末運転資金－期首運転資金を用いるべきではないかという考え方もあります。

要するに、収支分岐点売上高は会社の状況や利用の程度により式の複雑さの程度が左右される、損益分岐点売上高と比較して主観性の高いものといえます。

したがって、利用する場合には式の前提を明確にしたうえで算出された数値の信頼性の程度を把握しておくことが重要です。

損益分岐点の場合、売上高が分岐点を越えたとき以降は常に利益が増加することになります。

しかし、収支分岐点の場合はそうとは限りません。売掛金回収のサイトや棚卸資産の回転期間の合計が買掛金支払いのサイトを上回る場合、売れば売るほど資金が足りなくなるという場合があるからです。

このような場合は、逆に一定額以上の売上高があると資金が不足するという状態になることもあり得るのです。

また、赤字企業の場合ははじめから資金不足で、さらに売上高が増えるほど資金が不足するということも考えられます。このような場合、限界利益率の改善と入金支払サイトの変更が重要です。

資金繰りに問題がある場合は、参考として収支分岐点売上高も試算してみるのも１つの方法です。

Q82 値引・割引・割戻販売をする場合の留意点は

Answer Point

♤値引・割引・割戻販売により損益分岐点売上高が上昇します。

♤目標利益を達成するにはより大きい売上高が必要になります。

♠値引・割引・割戻販売をしたときは

年次経営目標を達成するため、売上高を増加させようとして値引・割引・割戻販売を行うことがあります。

要するに売価を引き下げて販売を行うことなのですが、これによって目標売上高を達成できたと致しまして、目標利益の達成も同時に可能になるかといいますと、そうとはなりません。

♠損益分岐点分析を利用

この事象を理解するにはQ80で述べた損益分岐点分析の考え方が非常に役に立ちます。

結論を先にいってしまいますと、売価を引き下げることにより引下げ前の場合の売上よりそこから獲得できる限界利益（売上高－変動費）が減少してしまうので、当然同じ売上でも最終的な利益は減ってしまいます。

♠計算例（損益分岐点算出）

例として、価格100万円の商品を年間1000台販売する計画としましょう。その商品には、生産に必要な材料費や外注費すなわち変動費が、価格の60%かかるとします。さらに設備使用料や人件費などの固定費が、3億円かかります。

この場合の損益分岐点を求めると、

売上 100 万円× 1000 台 = 10 億円

変動費 売上の 60% = 6 億円

固定費 3 億円

利益 売上－変動費－国定費 = 1 億円

損益分岐点 固定費÷ (1 －変動費率) = 3 億円÷ 40%= 7.5 億円

損益分岐点数 750 台

となります。

♠値引をしたときは

これが値引交渉によって販売価格が 1 %低下して 99 万円になったとします。

変動費の額は変化しませんから元の価格の 60%の 6 億円、固定費も変動しませんから 3 億円のままです。したがって利益は、

9.9 億円－ 9 億円 = 0.9 億円

となります。

値引を 1 %したことによって利益は 10%落ち込んでしまいました。

この場合の変動費率は、

6 億円÷ 9.9 億円 = 60.6%

したがって、損益分岐点は、

3 億円÷（1 － 0.606） = 7.624 億円となります。

同じ利益を得るためには販売数量を 1025 台、2.5%増加しなければならなくなってしまうのです。

このように売上高増加のため売価引下げ政策を採用する場合、同じ売上高でもそこから獲得できる利益は引下げ前より小さくなるということを理解していただきたいと思います。

ですから、そのような場合に同額の利益を確保するためには固定費削減等の新たな政策が必要になってきます。短期的な話ですので固定費の中でも比較的動かしやすい費用から検討していく必要があるでしょう。

固定費削減が実施するのが困難な場合には目標利益についての見直しが必要になってきます。

Q83 固定費が増減した場合の留意点は

Answer Point

♤油断すると急激に増えてしまうのが固定費です。

♤過大人件費、在庫ロスが存在しないかチェックが必要です。

♠変動費が増加したときは

費用のうち、変動費が増加した場合どのようなことに留意すればいいでしょうか。

変動費は、売上の変動に伴って変動する経費ですから、理論上は変動費の売上比（変動費率、原価率）はほぼ一定になります。

ですから、変動費の増加は売上の増加を意味していますので、それほど気を使う必要はありません。

ただし材料費の値上げ等変動費率や原価率そのものがアップしてしまった場合には、目標利益を達成するため売価を引き上げるか販売数量を増やすか、他の製品に販売重点をシフトするか等の対策が必要になります。

♠固定費が増加したときは

これに対して固定費はどうでしょうか。

固定費は売上の変動にかかわらず固定的にかかる経費ですから、売上に対する比率（売上高固定費率）は絶えず変動します。

特に

・売上が増加する以上に固定費率が増えている

・売上が変わっていないのに固定費率は増えている

ような状態でしたら、かなり注意が必要になります。

売上が上がっている以上に、商品の廃棄関係の費用や、人件費が増加している可能性が考えられるからです。

♠月次決算検討会議で検討

固定費といっても、やはり売上が大きく変動すればやはり多少は変動します。

次の事項を月次決算検討会議にて議論の対象にする必要があります。

(1) 人件費と労働分配率の比較

(2) 廃棄予算と実際廃棄額の比較

(3) 棚卸ロスの増加額とその程度

♠固定費に関する注意事項

固定費は、気持ちが緩む短期間に増加してしまう経費であり、その分だけ確実に利益が減少します。

【図表86 固定費が増えた場合の検討事項】

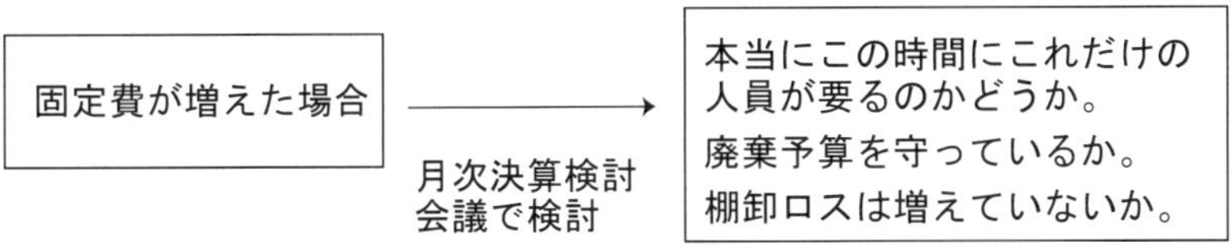

固定費が増えた場合	→ 月次決算検討会議で検討	本当にこの時間にこれだけの人員が要るのかどうか。 廃棄予算を守っているか。 棚卸ロスは増えていないか。

♠損益分岐点も上昇する

さらに忘れてはいけないのは、固定費が増加することにより、固定費を回収する限界利益もさらに大きいものが要求されるため、最終的に損益分岐点売上高も上昇してしまうことです。

例えば、限界利益率0.6（変動費率1－0.6＝0.4)、固定費3,000万円の会社があったと致しますと、当初の損益分岐点売上高は3,000÷0.6＝5,000万円と計算されます。

今、固定費が500万円増加して3,500万円になったと致しますと、損益分岐点売上高は3,500÷0.6＝5,834万円になり、5,834－5,000＝834万円増加することになります。

このように固定費が増加することにより損益分岐点売上高は押し上げられることになるため､利益計画についても当然見直しを迫られます。そのため、固定費管理については絶えず細心の注意を払っていくことが必要です。

Q84 回収サイト・支払サイト変更時の留意点は

Answer Point

♤利益とキャッシュをつなげるのがこのサイトの問題です。

♤支払条件の緩和には業界平均との比較が効果的です。

♠回収サイト・支払サイト変更で起きること

売上や費用の構造が変化しなくても、例えば売掛金の回収サイト、買掛金の支払サイトが変更されますと利益が資金化する時間が変動してきます。

資金の流れにおいて注意すべきことは、商品を仕入れた際には仕入時期と資金支出時期とのズレが発生し、商品を販売した際には売上時期と資金回収時期のズレが発生することです。

このズレは、企業間の信用による掛取引や手形取引によって生じています。この商品売買におけるズレの期間をそれぞれ「仕入債務支払サイト」「売上債権回収サイト」といい、営業活動による資金繰りへの影響を分析するうえで重要な指標とされてます。これをまとめると、図表87のようになります。

【図表87　回収サイト・支払サイト】

仕入債務支払サイト	商品などの仕入債務発生時から資金決済までの期間
売上債権回収サイト	商品などの売上債権発生時から資金回収までの期間

この仕入債務支払サイト・売上債権回収サイトと資金繰りとの間には、図表88のような関係があります。

♠実務例

例えば、100万円で仕入れたものが200万円で売れたとします。その販売のために諸経費が40万円かかったとします。利益は60万円ですから、

【図表88　仕入債務支払サイトと売上債権回収サイトと資金繰りの関係】

仕入債務支払サイト	サイトが短くなると資金繰りが苦しくなる。 サイトが長くなると資金繰りが楽になる。
売上債権回収サイト	サイトが短くなると資金繰りが楽になる。 サイトが長くなると資金繰りが苦しくなる。

それが資金繰りのプラスとして残ります。

しかし、それは売上代金が販売先から入金された後の話です。通常、仕入や経費の支払いが先になるので、この取引にかかる資金繰りは売上代金が回収されるまでの間は、先払いとなった仕入や経費の額だけ資金不足となります。利益と資金の間には、一般的に

・売上代金回収前は、利益≠資金となり資金は営業支出の額だけ不足する
・売上代金回収後は、利益＝資金となり資金は利益の額だけ増加する

という関係が成立します。

このことから、利益が獲得できているからといって、資金繰りに常に余裕があるとはいえないことがおわかりいただけると思います。

しかし、最終的（売上代金回収後）には、利益と資金の増加量とは一致するはずですから、利益は資金の源泉であり、利益がないところに資金繰りの改善はない、ということができます。

♠資金繰りの悪化を防ぎ、さらに改善するためには

資金繰りの悪化を防ぎ、さらに改善するためには、受取手形のサイトの延長要請などには厳しく対応し、応じざるを得ない場合でも一度限りの例外として取り扱うようにすべきです。

とくに営業担当者は、立場上、得意先からの要請をそのまま受入れがちです。得意先からの支払条件の変更要請については、営業担当者のみの裁量に任せず、会社として対応ルール（承認権限者の特定、承認基準、金利相当額の上乗せ方法など）を決めておく必要があります。

♠資金繰りを楽にする買掛金・支払手形

商品の仕入による買掛金、支払手形はいまだ資金が支出されていないので

資金繰りを楽にする効果があります。仕入は支払いがこちらサイドなので、売上のようにいつの間にか決済条件が不利になることは通常ありません。

しかし、業界平均に比して会社の支払サイトが短い（決済条件が悪い）場合などは、普段から支払条件の緩和（現金払いから手形払いへ、手形サイトの延長など）を要請・実行することで資金繰りに強い企業体質にすることができるでしょう。

ただし、資金繰りに余裕があり、業界平均より短いサイトで支払うことで仕入価格の割引をしてもらっている会社の場合には、そのような仕入先を除いたところで仕入債務支払サイトのチェックをすることになります。

ただ、支払手形についてはQ66の資金繰り改善のポイント⑦と矛盾いたしますので説明しますが、支払手形を発行した場合は、図表89のようなデメリットがあることを前もって理解しておくべきです。

【図表89　支払手形を発行した場合のデメリット】

項　目	説　明
(1)　作成に時間がかかる	所定の用紙に金額振出日等所定の事項を記載し、支払相手先の枚数を作成しなければなりません。
(2)　手渡しで渡さなければならない	現金にかわる手段ですが、用紙を手渡しすることは変わりません（郵送も可能ですが貴重品扱いであるため費用がかかります）。
(3)　印刷代がかかる	手形は、記載金額に応じて手形用紙に印紙を貼り付けなければいけないことになっています。
(4)　代金決算に時間がかかる	手形は銀行がつくっている交換所を通して決済するため、受取者がもらってから現金化するまでに時間がかかります。
(5)　帳簿が複雑になる	支払手形については通常の帳簿以外に別途期日まで管理する帳簿が必要となります。

ですから、これらのデメリットが支払手形発行による資金繰り改善（支払サイトの延長）のメリットを上回ると考えられる場合は、支払手形の発行は控えたほうがよろしいと思います。

また、資金繰り改善が緊急を要する場合も第3、第4番目くらいの策として考えておいたほうが無難でしょう。

Q85 借入返済に必要な月次売上高を求めるには

Answer Point

♤目標税引後利益を借入返済額におきます。

♤借入体質の会社にとっては重要な経営指標です。

♠借入金を返済できる売上

Q80 にて赤字にならないための必要最低限の売上高である「損益分岐点売上高」について述べました。

それでは、借入金を返済できる売上はどのようにして求めるのでしょうか。

♠借入返済額を目標利益にして考えたときの計算式

借入金は、トータルで見ると、税金を支払った後の利益から返していることになります。

仮に、借入返済額を目標利益にして考えてみると、次の計算式になります。

（固定費＋借入返済額×２）÷限界利益率（簡便化のため税率 50%と仮定）
※限界利益率＝限界利益（売上高－変動費）÷売上高

こうしてみると、借入返済できる売上高がいくらなのかが理解できます。

ちなみに、繰越欠損がある会社は借入返済額に２倍をする必要はありません。２倍をするのは、税金を支払うことを見越しての計算なので繰越欠損がある会社は、そのままでいくという考えになります。

【図表 90　借入返済額を目標利益にして考えたときのポイント】

借入金を返済できる売上  税引後目標利益を借入金返済額において損益分岐点分析の考え方で計算する

Q86 月次決算の数字を経営計画に活かすには

Answer Point

♤月次決算は経営計画（予算）の数字と比較検討することにより活きてきます。

♤比較検討は月次決算検討会議の場で行うことが適切です。

♠経営計画の策定目的は

経営計画の策定目的とは、「中小企業経営者が、経営計画書を生き残るための道具として使いこなし、利益を蓄積していくために、企業の成長・拡大の安定的な実現に貢献すること（数字に強い経営者を育てること）」です。

つまり、中小企業の社長は、経営計画書を道具として使いこなすために、数字にも強くなり、会社をよくするためのしかけを工夫し明文化することによって、会社を発展させる必要があるのです。

♠経営計画書を運用するうえで重要なポイントは

経営計画書を運用するうえで重要なポイントは、計画と実績を比較検討することです。

そのために、しかけた営業努力を明確に確認するために、月次で、業種によっては日次で決算を行う必要があります。それが月次決算です。

♠月次決算と経営計画の関係は

月次決算と経営計画の関係は、次のとおりです。

(1)　会社の状態を把握するために、月次決算で一部年1回の決算と同様の項目も処理する必要があります。

(2)　社長がつくった経営計画書に書き込まれた、企業存続のために必要の売上高・粗利益額と、(1)でお渡しする月次決算とのチェックを行うことにより、利益計画・販売計画との全体的な比較を行い、目標達成の場合・未達成の場合、それぞれその理由、問題点を把握して対策を打っていただきます。

もちろん、日次または週単位で、部門別・担当者別・商品別・得意先別の個々の数字の結果、重点強化すべき地域・商品、例えばA 商品はA社ではよく売れていて、B社では売れない原因は何か、A社の販売先は工務店で、B社の販売先はホームセンター、この場合工務店へのルートを開始すべきか、などとなります。

♠予実比較と月次決算検討会議

さらに月次決算と経営計画（予算）との比較は月次決算検討会議にて実施するのが合理的です。予算未達の場合、それが環境変動によるものであり、変動が今後も続いていくようならば、翌月以後の月別予算を減少を考えます。

また、月次決算で細分化した予算を担当者ごとに得意先別の実績や行動実績について検討することで、適切な販売活動がされていなかったことがわかることがあります。その場合は、早めに手を打つことで年次予算への悪影響を取り除くことができます。

さらに目標が過大であったことがわかれば、次年度の予算にフィードバックさせて予算の質を高めるか、また実行する担当者の質を高めるかの対応を実行します。

月次決算は経営管理目的で行われているものであるため、年度決算と比較すると会社の裁量で決めることができる部分が多いです。ですから、この点がマイナスに作用して毎回相違するルールで行われてしまうことにより月次決算のメリットを生かすことができない状況になることも考えられます。

そうならないためにも、次の点に留意して月次決算制度を構築するようにしてください。

(1) 事前に業務フローチャートにより月次決算作成にあたっての関係資料の送付ルートを明確にする。

(2) 毎回の月次決算で発表すべき一般的事項をあらかじめ決めてマニュアルとして記載する。

(3) 財務表以外の資料は月次決算関連でかつ必要十分なものを用意する。

月次決算を営業戦略に活かすには

Answer Point

♤マーケティングの基本から月次決算を考えます。

♤月次決算でみえない部分は補足資料を利用します。

♠マーケティングの基本は

マーケティングの基本は、「どんな商品」を「どの地域」で「どんな客層に」販売するかを決めることです。

【図表 91　マーケティングの基本】

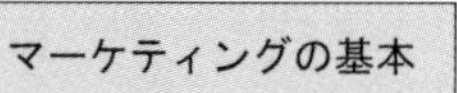

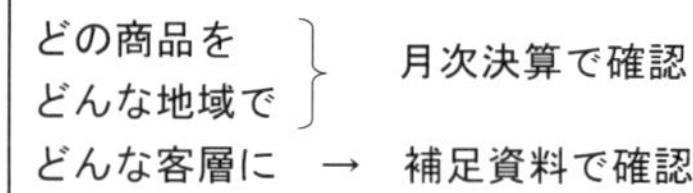

♠月次決算でみえる部分は

どんな客層に販売しているかを損益計算書より読み取るのはなかなか困難なのですが、「どんな商品」を「どんな地域」でまでは、事業所別・商製品別損益計算書を利用することにより月次決算で確かめることができます。

この場合でも変動損益計算書を利用します。なぜなら販売管理費の中にも、固定費であっても特定の商製品に帰着できる経費が含まれている場合があるからです。

♠収益性の分析は

限界利益が大きく、収益力が高い商製品があってもそれにかかる固定営業費が大きい場合は状況を検討する必要があります。

その商製品を販売している地域がまだその商製品に対する認識が薄く、広告宣伝費を多額にかけたとしたら、その広告宣伝費を回収し、なおかつ利益が出る時期を見極めるため中長期的にその商製品の収益力を確かめる必要があります。

♠追加資料による検討は

さらに「販売地域」と「客層」をもう少し詳細に分析するために追加資料を用意します。これらについて月次決算検討会議で内容を確認し改善点があるならそれを検討します。

♠売上債権回転期間の分析は

そして売上が掛売上であるなら売上債権回転期間を分析します。場合によっては、地域になじみが薄い商製品であるため債権回収につき不利な条件で販売を行っている可能性があります。これも月次決算（貸借対照表と損益計算書）をみただけではわかりません。

このような分析を通じ、初めて収益力の高い商製品を持つことが可能になります。

♠経営計画との比較検討は

月次決算を営業戦略に活かす場合、当然そこには経営計画が存在しているますので、計画達成度についての細かいチェックが必要になっています。

商製品別売上高や商製品別粗利益の予算実績比較、いわゆる実数値についての比較検討も重要ですが、粗利率の検討も収益力の高い商製品をチェックするために必要です。

営業戦略については、財務に関する数値のほか販売地域に関する知識や販売先の年齢層、職業、性別といった知識も重要になっています。

顧客満足度調査を行い、そこから営業戦略に重要なヒントを得ることもあります。

したがって、月次決算だけではみえてこない部分について十分認識し、みえない部分については別途資料を用意して検討することにより、誤った経営判断を行わないようにすることが大事です。

経営計画に記載される目標は数字ですが、その達成のためには数字以外の様々な情報が有用になってくることを理解していく必要があります。

Q88 月次決算を商品戦略に活かすには

Answer Point

♤商品別利益貢献度を測定することが重要です。

♤月次決算のほか棚卸も重要になります。

♠経営データが提供するもの

中小企業においては、人手やＩＴ関連投資の不足などにより様々な経営データが収集・活用されていないことが多いです。

しかし、売上をはじめとする様々なデータは、刻々と変化する市場環境に適応していくための指標を提供してくれます。あたかも、船が航海に乗り出すときに必要な『海図』に該当します。

ここでは、輸入食品卸商社であるＡ社の例からデータ活用について検討してみましょう。

♠Ａ社の課題

Ａ社は創業30数年経つ輸入食料品卸商社です。商品倉庫を関東圏内に数箇所持ち年間５億円程度の売上を計上しています。

しかしワンマン社長による人脈と実績がベースであり、200件を超す取引先（中小スーパーと食品専門店）を持つものの、最近は店頭の売上不振の影響から苦戦を強いられています。

特に昨年は営業利益でマイナスを計上し、経費を賄いきれず1,000万円近いの赤字決算となりました。例年のことですが、決算時になってはじめて黒字か赤字か判明するという月次決算不在の状況になっていました。

♠月次決算を商品戦略に生かす具体例

そこで、ある日突然災難にあい対策法も思いつかないという悲劇を避けるためにも、「海図なき航海からの脱却」を課題として取り組むことになりました。

⑴　棚卸と月次決算を実施する

Ａ社では、月別（若しくはシーズン別）の営業成績を早期に把握し、次シーズンの方針を立て販売・仕入戦略に生かし、経営の舵取りをしたいと考えました。

⑵　交差比率を応用することにより利益貢献度を理解する

得意先別の売上は把握できていますが、利益貢献度のデータは皆無です。

同様に商品別のデータも売上以外には把握できていない状況です。

Ａ社の主要商品は「一般食品」、「スイーツ」、「飲料水」の３つです。従来の「勘」から「データ」に基づく数値把握を目指し方針の柱を組み立てることにしました。

【図表 92　交差比率】

売上総利益率（粗利益率）×　棚卸資産回転率　≧　200
〔売上総利益÷売上〕　〔売上÷平均棚卸月額〕

♠月次決算を商品戦略に生かした結果

食料品卸業の平均は売上総利益率 22%、年間商品回転率 9.6 回転、よって、交差比率は 211 となり、業界における目安としては 200 以上を確保することが必要になってきます。

Ａ社の決算書では、商品回転率は 14.2 回転と良好ですが、売上総利益率が５％と低いため、前述の指標（200）をクリアーするためには売上総利益率を 15%以上確保しなければなりません。

♠月次決算と商品戦略

このように、月次決算において必要な指標を算出することにより、商品戦略に生かせるデータをつかむことができます。

商品にかかわる情報は、細かい滞留度以外は売上高、売上原価、利益率、回転期間とかなりの情報を財務数値からとってくることが可能になります。

主力商品やその候補となる商品については、財務数値の効果的な分析により以後の商品戦略にそれを活かしていくことが望まれます。

Q89 月次決算を財務戦略に活かすには

Answer Point

♤金融機関は、近年は企業の財務状態や今後の成長性等を重視した融資へとシフトしつつあります。
♤月次決算は、対金融機関にも極めて効果的です。

♠事業で無視できない資金調達

事業を行ううえで無視することができないのが資金調達です。決算書上でいくら利益が出ていたとしても、資金繰りに行き詰まってしまうと事業を継続することができません。

♠企業の状況を重視した融資姿勢へ転換

昨今の不況下において、財務状態の悪化している中小企業は金融機関からの資金調達が困難となってきています。

また、従来は担保の提供や役員の個人保証をもとにした融資が中心となっていましたが、近年では企業の財務状態や今後の成長性等を重視した融資へとシフトしつつあります。

♠重要な財務戦略

そこで、自社の置かれている状況を財務面で客観的に把握し、企業の経営戦略に則った財務戦略をとることが今後の事業の継続・発展に大きな影響を及ぼします。

♠月次決算での分析

月次決算で収益性分析などの各種指標分析の実施、同業他社比較、キャッシュ・フロー分析等をすることにより、「売上が１円伸びた場合収入は「いくら増えるのか」「収支バランスする売上はいくらなのか」「どのくらいの設備投資ならフリーキャッシュフローの範囲で収まるのか」といった資金面からの会社の実像が見えてきます。

特に重要なのが損益分岐点分析や運転資金にかかわる勘定科目（売上債権、在庫、買掛債務）の回転期間分析です。利益は資金化されて初めて生きるものですから、これらを定期的に把握することによって必要十分な借入額を見極め、余計な金利負担を回避します。

♠財務改善等に欠かせない月次決算

財務改善や資金調達を円滑に行うには、月次決算が欠かせません。

また月次決算が適時に行える仕組みづくりや、試算表の内容をご理解いただくために決算書の読み方や経営分析の手法などもある程度マスターする必要があります。

適切な月次決算の実施	⇒	資金面からの会社の実像が把握できる

財務戦略は、それだけでは利益も何も生み出しませんので、他の戦略（営業戦略や商品戦略、組織戦略、人事戦略等）と比較すれば優先順位は低くなります。

ただし、利益を早期に資金化するための知恵、資金ショートしないための（必要売上高に関する情報提供等を含めた）事前準備は財務戦略を通じてでなければ実現することはできません。

①売上が伸びてきているときや落ちてきているとき、②また大きな設備投資を行うとき、③在庫が過大になってきたとき、④様々な理由により借入依存度が高まってきたとき、⑤手元流動性（手持ち現金預金）が低くなってきたときは、黒字であっても資金繰りに十分注意していく必要があり、資金に関する細かい情報を経理以外の該当部門に対して伝えていく必要があります。

さらに特に経費関係について資金のバランスを財務戦略上考えていくことが重要です。一般的には会社が大きくなるにつれ管理費用も増大する傾向にありますので、なるべく営業関連経費と管理関連経費の割合は８：２で収まるよう管理していきましょう。

Q90 月次決算を節税に活かすには

Answer Point

♤月次決算の精度を高めポイントごとに限りなく年次決算に近づけることが必要です。

♤当期の利益予測と納税額の見積もりを正しく実施することにより効果的な節税策が見えてきます。

♠月次決算のブラッシュアップ

月次決算をブラッシュアップしていくことにより、月次決算は「利益を出す経営」と「お金を残す経営」を実践するうえで最高の道具になります。

半年に１度や年１回の決算時に業績を把握するだけでは、的確な経営判断ができません。

現在の財務状況を考慮せず、やみくもに行動を起こすことはとても危険で無謀な行為です。

♠月次決算をしている企業は黒字の割合が高い

実際、全国の法人の中で、月次決算をしている企業は黒字の割合が高いです。１日でも早く月次決算書を作成し、会社の現状を的確に捉え、問題点を正確に見極めることが重要なのです。

そのためには自社の経営状況をタイムリーに把握することが必要となってきます。

♠重要な月次決算

だからこそ月次決算に力をいれ、現状分析をしっかりとやり、日頃、目先の仕事に追われ、気づかなかった問題点を発見し、対策を講じていかなければいけません。

また自社の経営データを社長自らしっかりと把握することが安定、安心経営の構築につながります。

♠月次決算のメリットは

毎月試算表を作成することで当期の利益予測と納税額の見積もりを行うことが可能となります。

これにより、節税効果のある決算対策の検討や納税資金の準備を行うことができます。 更に、税務調査において予期せぬ修正事案が発覚し、多額の納税が発生するなどのリスクを最小限に抑えることが可能となります。

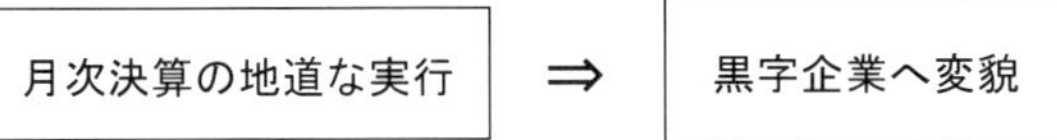

Q73でも述べましたが、月次決算検討会議で節税が議題に上るのに一番いいタイミングは10か月目の会議になります。

10か月目になりますと、残り2か月についての損益予想もかなり実現度の高いものになってくるため､年度決算における着地点も見えてきますので、最終的に納付する税金もはっきりしてくるからです。

そこで節税対策というわけになるのですが、ここでは一般的な対策を箇条書にしてあげるのみにしておきます。

【図表93　節税対策のポイント】

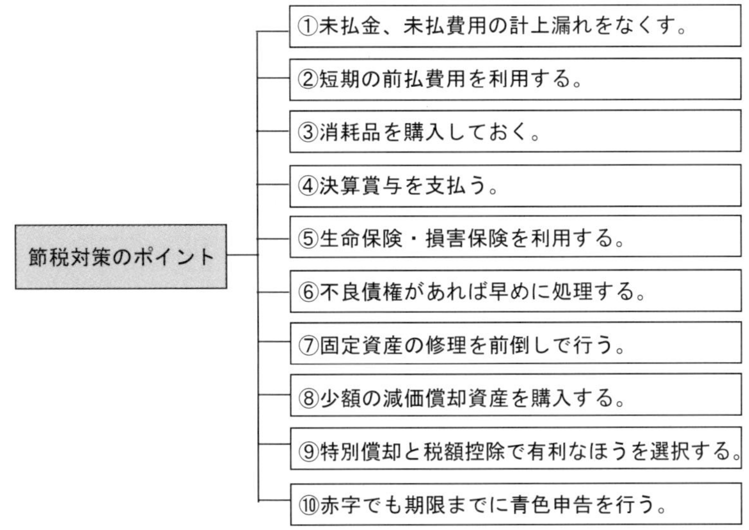

Q91 月次決算のさらなる活用のための週報の導入は

Answer Point

♤月次決算の課題解決に週報が有用な場合があります。

♤適宜改善を要する対象につき週次管理が必要かどうかを見極めます。

♠週報が必要なときは

月次決算で改善点の発見ができた場合、その改善点を望ましい状態に持っていくまでに週報を導入しなければ間に合わない場合があります。

♠週報が効果的な場合は

このように週次決算、日次決算とまでいかなくても、月次決算において把握された課題は、場合によってはその課題にかかわる対象のみ週次で追っていくほうが改善に効果的な場合があります。

課題解決については月次の報告にこだわらず、弾力的に対応することが求められます。

毎日動く勘定科目		週報の利用が効果的

♠在庫に問題があった場合は

例えば、在庫に問題が見い出された場合、在庫は毎日動くものでありますので、月次の管理だけでは思うような改善が図れないことがあります。

そのような場合には在庫管理を月次から週次に変更したところ、在庫削減に成功した事例はたくさんあります。

むしろ、毎日動く在庫の場合、月次で在庫管理しながら、在庫削減するのは極めて困難だともいえます。

在庫に問題があり、入出庫が毎日のように行われていて週報でもさらに足りない場合は、日報を用意します。日報や週報については、月次決算のような会計の縛りはなく、目的達成のためという条件で自由にその様式を定められます。

例えば、図表94、95のようなデータを入れた在庫日報や週報が考えられます。

在庫評価に月別総平均法（(当月期首棚卸資産金額＋当月仕入金額）÷（当月期首棚卸資産数＋当月仕入数）で在庫単価を決める方法）を採用します。

【図表94　在庫日報の例】

商品名	前日在庫	入庫	出庫	当日（帳簿）在庫	備考
	数量	数量	数量	数量	

【図表95　在庫週報の例】

商品名	週初在庫	入庫	出庫	週末（帳簿）在庫	備考
	数量	数量	数量	数量	
					実際数量 ○○ （該当商品だけ週次棚卸をするとする）

上記のように、例えば月次で月末在庫の予算と実績に大きな乖離がある場合、週報や日報で商品の週次、日次の動きを追っていき、特に異常な動きがある週や日に焦点をあてて注文書や出荷指図書等の確認をとることにより注文ミスや出荷ミス、場合によっては商品の横流しや盗難等の発見をすることができます。

これは月次の動きだけを追っていたのではわからないものです。

Q92 製造業の月次決算の特徴は

Answer Point

♤製造業の月次決算では製品の原価を計算する（原価計算）作業が必要になります。

♤目的に適った適切な原価を如何に簡潔な原価計算方法で計算するかがポイントです。

♠製造業の月次決算の特徴は

製造業の月次決算の特徴は、他の業種と異なり自社内で棚卸資産の評価を行うことになるため原価計算が必要になるということです。

原価計算とは、製品やサービスの原価を計算すること、または、その方法のことで、狭義では、工業簿記のシステムに組み込まれており、複式簿記に基づき、製品原価を分類・測定・集計・分析して報告する手続のことです。

製造業以外の業種では顧客に提供する商品を外部から仕入れて販売するため、その商品の原価に関する情報を外部から入手することが可能であるのに対し、製造業の場合は内部で製品を製造することになるため、その製品の原価を社内で計算しなければなりません。

商製品は仕入れたものやつくったものがすべてが必ず売れるものではないため、在庫が月末や期末には必ず存在します。この在庫は（売れていないので）貸借対照表の資産に計上されるもので、当月の費用を構成するものではありません。ところが、製造業では、内部で製品原価を計算しないと在庫の金額が幾らかわかりません。仮に製造業で原価計算を実施しなかった場合、本来在庫になるべき費用も収益から控除されてしまうため利益が過少計上されてしまいます。月次決算で原価計算を実施しないと本来在庫になるべき費用がそのまま費用に計上されてしまうため、売れた製品により稼得した収益（売上）にまだ売れていない製品にかかった費用を対応させることになり、損益に歪みが生じます。

また、在庫であった製品が実際に売れたときにはすでにその在庫に対応する費用は費用として計上されているため、仮にそのときに製品を製造していなかったら売上に対応させるべき費用（原価）が存在しないことになり、これもやはり計算される損益がおかしくなります。ですから、月次決算においても正しい意思決定に資するために原価計算は必要です。実際の実務では、中小企業のほとんどが原価計算をしていないという話もあります。仮に生産管理ソフトで工場原価を管理していても、生産管理ソフトから来る原価データを財務管理ソフトに直接取り込んでしまうケースが殆どのようです。

つくったものはすべて売れてしまい、月中に殆ど棚卸資産が発生しないケース、あるいは在庫が一定額しか発生せず在庫の評価替えの必要がないケースはともかく、そうでない場合は損益の判断を誤らせないレベルでの簡便的な原価計算制度を導入する必要があります。

♠月次決算における原価計算のポイントは

月次決算における原価計算でポイントになるのが、前述したとおり月次決算の目的にかなうレベルでの適切な原価を如何に簡潔な原価計算方法で計算するかということです。原価計算を行う上で参考になるのは、1962 年に大蔵省企業会計審議会が中間報告として公表した会計基準であり、原価計算に関する実践規範となっている「原価計算基準」ですが、非常に難解で実務にはあまり役立ちません。また、固定費配賦（その発生が一定単位の製品の生成に関して直接的に認識することができない費用（固定費）をある基準で配分処理すること）が絡んでくるので時間がかかるうえ場合によっては月次決算の目的にあまりそぐわない可能性があります。

そのため原価計算基準の制度の枠にとらわれず、経営意思決定を最大限支援するような独自の原価計算のやり方を導入する必要があります。ポイントとなるのは次の 3 つです。

① 仕掛品の進捗度の測定方法（Q94 参照）
② 固定費・変動費の取り扱い（Q101 参照）
③ 固定費の配賦計算の取り扱い（配賦計算を月次決算ではしないという選択も含む）（Q94 参照）

Q93 製造業の月次決算の目的は

Answer Point

♤製造業の月次決算の目的も、一般の月次決算と同じく月次の損益を早期に把握し今後の経営活動に生かすことがメインになります。

♤原価計算作業の工夫がキーポイントです。

♠製造業の月次決算の目的は

製造業の月次決算の目的も基本的には一般の月次決算と同じく月次の損益を早期に把握し今後の経営活動に生かすことがメインになります。ただし製造業の場合、Q92で挙げたように他の業種とは異なり在庫を評価するのに原価計算という作業が別途必要になりため、この作業を如何に適切かつスピーディーに行うかがカギになります。

また、月次決算の目的は経営管理目的にあるため状況によっては全部原価計算(製品の製造に要したすべての原価要素で製造原価を計算する原価計算)ではなく直接原価計算（すべての原価を変動費と固定費に分解し，生産量と比例的に変動する製造原価だけをもって製品原価とする原価計算）を利用するほうが適切な場合があります。

最近ではさらにスループット会計（売上高から原材料費や外注費などの変動費の中でも真の変動費と呼ばれる費用を引いたもので、限界利益と近い意味をもつ利益であるスループットを主体として考えた会計）というものも生まれてきており、それぞれ一長一短がありますので、どれが月次決算に最も適切な原価計算なのか考えていく必要があります。

♠原価計算作業の工夫がキーポイント

直接原価計算は全部原価計算の場合のように固定費を生産量で割って、生産在庫に均等に負担させるのではなく、発生した期の費用として処理する方法であるため、固定費配賦の恣意性が元々なく、売上に直接かかった費用を売上高から控除するので製品の利益への貢献度がよりダイレクトに理解でき、経営意思決定においては、理想的な原価計算方法と言われております。

しかし、固定費と変動費の分類は予想以上に難しく、例えば最小二乗法による固変分解を試みますと固定費の増減を変動費扱いしてしまう可能性が常にあるため、固定費の変動が激しい企業においては場合によっては固定費がマイナスになってしまうことがあります（固定費の過小評価）。

勘定科目法によれば、このような現象は避けることができますが、勘定科目によっては、変動費と固定費が混じり合っている場合があり、きめ細かな分析ができず科学性に欠けるところがあります。

特に企業規模が大きくなるにつれ従来の方法による固定費・変動費の分解の問題点は顕著になってまいりますので、仮に最小二乗法の適用により上記のような現象が現れてしまう企業では、次のような方法を採用するのが次善の策といえるのではないかと思います。

① 勘定科目法をメインとしつつ、金額的に重要な費目でさらにその中で固定費と変動費が混じり合っているものについては個別に分類を行う。

② 勘定科目法上固定費に分類される費目で大きな変動があったものは除外しそれ以外の費目にて最小二乗法を適用する。

③ 売上高から原材料費や外注費などの変動費の中でも真の変動費と呼ばれる費用を変動費とし、他は固定費と考える。

いずれにせよ、固変分解で誤りを犯してしまうことは月次決算を活用するうえで致命的な問題になってしまいますので慎重に対処することが望まれます。

また、最近、固定費と変動費の分類は、Y（費用）=a（変動費率）X（売上高）＋b（固定費）のような直線（１次関数レベル）で導き出せるものではなく、例えば経済学においても（平均）費用は生産量の規模が最適水準に近づくにつれ逓減し、それを上回ると逓増するというように、２次関数以上、識者によっては指数関数的にとらえるのが正しいやり方なのではないかという説も出てきております。

詳細はQ100、Q101に譲りたいと思いますが、実務では分類についてはあまり深入りせず、①〜③を試してみて、どうしても分類に困るものについては社内的な議論の中で考えていくのが無難かと思います。そのような方法が可能なのもその前提に月次決算があるからです。

【図表 96　損益分岐点図】

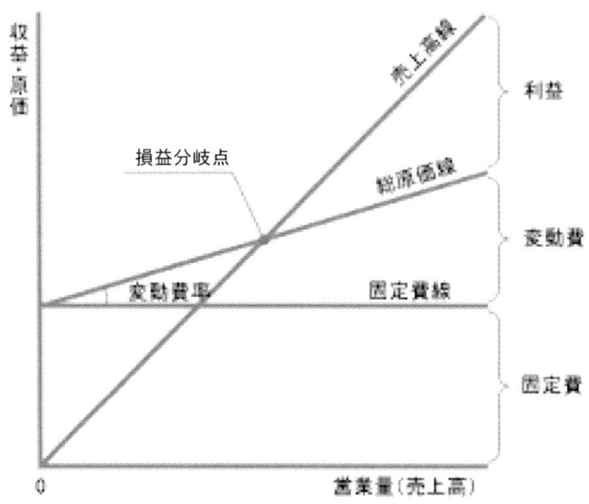

【図表 97　経済学における費用曲線】

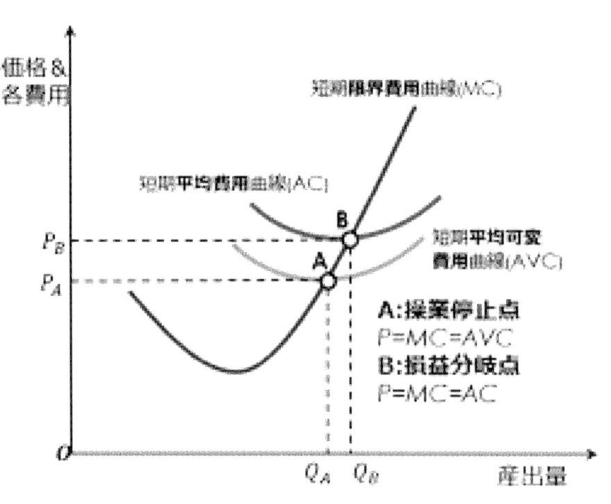

Q94 製造費の月次決算と年度決算の違いは

Answer Point

♤製造業の月次決算においては経営者の意思決定に資するためスピードが要求されるのに対し、年度決算では期間利益を正しく算出するため正確性が要求されます。

♤年度決算で改めて原価計算を見直すことのないよう、若干の調整で数値の正確性を目指す年度ベースの原価計算に繋げることのできる工夫が必要です。

♠スピードが要求される月次決算と正確性が要求される年度決算

製造業という業種に限った話ではないのですが、基本的に年度決算は、その１年間でどれだけ儲かったかどうかを集計すると同時に、翌期に繰り越す資産や負債の金額を確定させることを目的として行います。

また、作成した決算報告書は、外部の利害関係者（株主、債権者、税務署等）に提出します。外部の利害関係者に提出することになるため、公平性を期すという意味で、そこには一定のルール（会社法や税法等）が存在します。

これに対して月次決算は、年度決算のように会社法や税法などの制度に縛られたものではなく、月次決算を実施する主体の問題解決手法の問題の発見、見直しのフェーズで変化の兆しをタイムリーに把握することが重要な目的であるため、まずどんな決算を組むかを自社で決定しなければなりません。

ここからは若干月次決算の一般論になってしまいますが、変化の兆しをどうやったらタイムリーに把握することができるのか？　このためにはまずどんな数値を管理する必要があるのか？　という点を明らかにする必要があります。

月次決算については、法制度で決められているわけではないので、年度決算と比較して精度を多少落とすことはできますが、売上、売上原価のようなメインの科目についてはその後の支払い、回収にも関わってくるので実際の数字を計上すべきです。

一方で月次決算はスピード勝負であるためそれ以外の勘定科目で省略できるものを考えていく必要があります。

P/L から考えていくと、売上原価以外の費用のうち金額の少ない経費が月ズレをしては変化を見逃しかねないので、経費計上もしっかりしておかなければならず、これとスピードのバランスを図るため、例えば月初３営業日以内に、売上伝票、支払伝票などを提出しなければ売上計上や仕入計上、ひいては支払い、回収処理しないというルールにしてしまうのも１つのやり方です。

こういったやり方は営業現場などの反論があることがあるとは思いますが、これを説得するには月次決算において、それだけの付加価値を月次決算作成側が出せるかどうかというところにもかかっているといえます。

単にルールをつくて、決算書ととってつけたような経営指標の羅列の月次決算を組んでいるだけですと、なかなか現場から思うような理解を得ることはできません。

異常値の強調や場合によっては説明を付加するなどして、月次決算に現場を説得できるだけの付加価値を付けていくことが重要です。

♠月次の原価計算を年度の原価計算につなげるには

月次決算において実際原価を使用した通常の原価計算を行っている場合は特に問題ないですが、次の①～③のケースでは期末において棚卸資産を実際原価に置き換えるための配賦計算が必要になります。

① 標準原価計算制度を採用している場合

② 実際原価計算の一部に予定価格を採用している場合

③ 月次決算において直接原価計算を採用している場合

①、②は実際原価との差額は原価差額に該当致しますので、実際原価が①もしくは②で計算した原価を上回る場合は原価差額が少額（総製造費用のおおむね 1% 相当額以内の金額）である場合を除き調整計算を行わなければなりません。

調整計算には図表98の算式による簡便法も認められています。

【図表98　原価差額計算の簡便法】

$$原価差額 \times \frac{期末の製品、半製品、仕掛品の合計額}{売上原価 + 期末の製品、半製品、仕掛品の合計額}$$

また、③の場合でも、固定費配賦につき

$$製品への配賦率 = \frac{期末製品棚卸高の変動費}{変動費合計} \times 100$$

$$仕掛品への配賦率 = \frac{期末仕掛品棚卸高の変動費}{変動費合計} \times 100$$

という計算式により配賦率を求め、それぞれの配賦率を固定費に乗じることにより期末製品及び仕掛品に含まれる固定費の金額を求めればいいかと思います。

♠仕掛品への配賦率は

仕掛品への配賦率は、期末仕掛品棚卸高の変動費を計算する必要があります。

これには仕掛品の進捗度を測定する必要がありますが、進捗度を正確に測定することは実務上非常に難しいため、特に進捗度測定の重要性が高い場合を除き50%で統一してしまうのも1つの手だと思います。

あるアンケート調査によりますと、実際の実務でそれぞれの仕掛品について実際加工進捗度を測定すると回答しているのは22.3%にすぎず、そこでも例えば、25%・50%・75%といった形で4分割している企業、あるいは工程のあちこちに仕掛品がちらばっているので仕掛品の全量に対して50%としている企業など、かなりアバウトな設定を行っているようです。

製造業の月次決算体制構築の方法は

Answer Point

♤製造業の月次決算体制は原価計算と原価管理が ポイントになります。

♤さらに自社にフィットしたなるべく簡潔な原価計算体制及び原価管理方法を構築することが肝要です。

♠製造業の月次決算体制というのは

すでに述べたとおり、製造業の月次決算では他の業種と異なり自社内で棚卸資産の評価を行うことになるため原価計算が必要になります。

原価計算を実施しない場合、当月の売上高に対して当月の売上原価でなく製造原価が対応してしまうことになり正しい損益計算が成り立ちません。

毎月決まった量だけ売れ、原価もあまり変動しない場合は別かもしれませんが、実際はそういうケースは稀と思いますので、自社において可能なレベルで規模・製造形態などにあわせた原価計算を採用し、実施することが必要です。

とは言え、原価計算基準にあるような原価計算を中小企業に適用するのは非常に難しいところがありますので、また、原価計算基準自体、ある程度複雑な原価計算が必要な工場を想定していますから、そこまで複雑な工程を有していない場合は月次では期首在庫数量＋当月製造数量－当月払出数量から求めた理論期末在庫数量に予定単価を乗じることでよいのではないかと思います。

月次棚卸を実施している場合は、数量は実地棚卸数量を用います。

予定単価は、例えば前期に実際消費した製造原価を集計し製造個数で割って実際単価を求め、これに将来的な傾向と現状の変動要因を加味して修正し予定単価を算出すればよいでしょう。また、月次決算において標準原価計算を用いるという考え方もあるかもしれません。

♠標準原価計算のメリット・デメリットは

標準原価計算のメリットは、次のようなものがあります。

① 原価に対する予算を立てられる

② 前年との対比ではなく、標準原価との対比で各所の原価の増減を把握できるので、原価増減の要因も突き止めやすい

③ 生産現場の意識改革や、会社の利益への貢献度の指標にもなる

④ 具体的な数値目標の設定と予算から無駄な部分をなくすための材料にもなる

反面、デメリットとしては次のようなものがあります。

① 標準原価は半年又は1年間の計画（予算）、品種別生産量、工程毎の労務費、生産費等に基づいて品種別に原価を積み上げ生産するもので、生産する数量や品種構成の数値変動が比較的少ないライン向きの原価計算方法であること

② 標準値の精度が低いと、期末に多額の原価差異が発生するなど信頼性が低くなること

また、そもそも標準原価計算における標準原価は1次関数を前提としているため（Q93参照）操業度により特に固定費において標準のブレが出てくるというお話もあります。そのようなときは変動費のみ標準原価を用いる直接原価計算やスループット会計を適用するのも一考です。

♠自社にフィットした原価計算体制の構築は

製造業を営む会社の場合は、何度か既述しましたように、まず、適正な製造原価を把握し、損益状況・財務状況を確定するための原価計算制度が確立されている必要があります。

原価計算制度のレベルには、単にトータルの製造原価を集計する簡便なものから、原価管理や予算統制などの経営管理のために、費目別・製造部門別・製品別に原価を把握するものまでありますが、会社の規模・製造形態などにあわせて選択すべきです。

この場合でも、専門家に相談して、会社の業種や規模に見合った最適な原価計算制度を採用すべきです。中小規模で原価計算体制にあまり大きな費用

をかけられない場合はスループット会計を導入するのも１つの手です。

スループットとは、売上高から原材料費や外注費などの変動費の中でも真の変動費と呼ばれる費用を引いたもので、限界利益と近い意味をもつ利益です。

このスループットを主体として考えたのが、TOC スループット会計です。

スループット　＝　売上高　－　直接材料費（＋外注費）

利益　＝　スループット　－　業務費用

この場合、売上原価を構成するのは材料費や外注費等変動費（売上数量に比例して発生する費用）としての性格が真に明確なものだけになります。

ただし、本来社内でできるのに人手が足りないことによる外注費は実質人件費（固定費）ですし、あらかじめ購入する量が決まっている場合の材料費はどちらかというと固定費的な性格を有しています。

直接原価計算の場合のような固変分解が必要にならない分直接原価計算より導入が容易です。

個々の製品についてこのスループットの最大化を目指すことを考えれば、損益分岐点分析の場合のような、「利益がマイナスの場合は売上を増やせ」というとおり、一遍の回答しか出てこないということはありません（ただしスループットがプラスであれば業務費用の回収に貢献するので、業務費用の抑制に繋がらず業務費用（固定費と言い換えてもいいかと思います）の低減には不向きという意見もあります）。

スループット会計についてはQ96で説明いたします。

【図表 99　直接原価計算とスループット会計の比較】

	直接原価計算	スループット
性　格	費用を変動費と固定費に分類	直接原価計算の発展形
費　用	変動費…売上に比例して発生する費用 固定費…変動費以外の全ての費用	（直接）変動費を、材料費のみにしている
特　徴	労務費、経費も変動費と固定費に分類する	あいまいな変動費議論を排除

注）スループット会計誕生の背景には、間接費用の比率が増大しているのに直接費用等と連動させ間接費用を配賦している現在の原価計算の問題があります。

Q96 製造業の月次決算の一般的な留意点は

Answer Point

♤製造業の月次決算の一般的な留意点は他の業種と変わりません。

♤月次決算における原価計算で固定費の配賦計算が複雑で採用が難しい場合、直接原価計算やスループット会計を採用するのが適する場合があります。

♠月次決算の一般的な留意点

製造業の月次決算の留意点は原価計算を除けば一般的な月次決算の留意点と大きく変わりません。ここでは一般的な留意点についてみましょう。

① 売上の計上は、請求書の発行のタイミングに合わせる（ただし Q94 参照）
② 原価や費用の計上は、請求書の到着のタイミングに合わせる
③ 商品や材料の棚卸をして、それを月次決算にも反映させる
④ 減価償却費を毎月計上する
⑤ 未払費用（未払賞与、未払法定福利費、未払利息等）を計上する
⑥ 前払費用を利用して費用の月割計上をする
⑦ 仮払金・仮受金等の未決算勘定の残高をゼロにする
⑧ 重要性を考えて①から⑦の処理の適用度合いを調整する
⑨ 締めのルールを徹底する
⑩ データ連携で作業を簡略化する

⑥は数か月分の費用をまとめて支払う場合を想定しております。

⑧は重要性の原則（重要性の乏しい取引については、本来の厳密な会計処理によらないで他の簡便な方法によることも正規の簿記の原則に従った処理として認めるというルール）を想定しております。

⑨は Q94 を参照してください。

⑩は、例えば標準的な会計ソフトには作成したデータをインポートすることで仕訳を追加する機能が用意されていますが、この機能を利用して、会計ソフトに手入力する手間を省くことで月次決算作業の効率化と正確化を実現することです。

♠直接原価計算やスループット会計の採用

全部原価計算によりますと、固定費の配賦計算という厄介な作業を毎月実施しなければならなくなりますので、直接原価計算やスループット会計の採用をしたほうが月次決算の目的にかなうことがあるのは既述したとおりです。

スループット会計の例を挙げますと、ある会社の製品部のAさんは、B製品と、C製品のどちらかを新規目玉製品に加えようと考えました。値段はB製品が200円、C製品が600円です。材料費はどちらも売り値の25%でB製品が50円、C製品が150円です。この場合どちらを売り出したほうが利益が見込めますでしょうか。

単純に値段から材料費を引いた粗利は、B製品が150円、C製品は450円です。

それぞれつくるのにかかる時間を測ると、B製品は1分、C製品は5分でした。従来の原価計算では、人件費を生産時間に基づいて製品ごとに配賦して、利益を計算します。人件費は時給600円なのでB製品では1品当たり10円、C製品は50円です。

すると、1杯当たりの利益は、B製品が粗利の150円から10円を差し引いた140円。同様に、C製品は400円です。原価計算では、C製品を薦めたほうが利益が出そうです。

これが、スループット会計では次のような計算になります。

B製品は1時間当たり60個、C製品は12杯つくれます。1時間当たりの利益を計算すると、B製品は(200円−50円)×60杯−600円=8400円。

同様に、C製品は4800円になります。実際にはB製品のほうが利益が出ます。

従来の原価計算では「キャッシュを生むスピード」という概念がありませ

ん。売上が不調でも、生産現場が稼働率を上げれば、製品1個当たりの固定費の配賦額が減るので原価が減り、利益拡大に貢献するとの錯覚に陥ることがありました。

このような意思決定の誤りを排除したのがスループット会計ですが、スループット会計にもQ101であげるような批判があります。

スループット会計は京セラが開発したことで有名なあのアメーバ経営にかなり酷似しております。アメーバ経営は、経営管理の仕組みの側面から見ると、「時間当り付加価値」という利益効率指標を中核に置いた部門別採算管理手法ですが、その時間当たり付加価値というのは、次の式で求められます。

$$\text{時間当たり付加価値} = \frac{\text{売上}-\text{人件費を除いた費用}}{\text{総労働時間}}$$

その組織単位ごとに時間当たり採算をみていくので、その点スループット会計と似て非なるところがあります。

アメーバ経営には導入失敗事例も数多くありますが、失敗事例で総じてわかったのは「自分で経営を考えて、頑張れば報われる」というモチベーションを如何に持てるかが重要、ということだそうです。

つまり、各アメーバの幸せな将来像を描かせてやれるかどうか、が重要だったとのことです。

スループット会計も、のちに述べるバランストスコアカードとうまく組み合わせ全体的な戦略の中の位置づけを明確にしつつ進めることが重要と考えます。

アメーバ経営は、現京セラ名誉会長・稲盛和夫が考案し、自身が自ら創業した京セラ、および第二電電（現・KDDI）などで適用されている管理会計手法です。

メンバーの数が少なく、成果が数字にすぐに表れるので、当事者意識を引き出しやすい、計数管理能力を備えたリーダーを育成しやすい、というメリットがある反面、アメーバが自らの採算にこだわりすぎると、会社全体よりアメーバだけの利益を追求してしまう、「時間当たり採算」の計算には意外と手間がかかる、というデメリットがあります。

Q97 月次決算での棚卸の手順は

Answer Point

♤製造業に限らず、在庫を抱える企業では決算を組むにあたり棚卸が必要になります。

♤月次決算では毎月、四半期ごと、半期ごとや期末だけしか実施しない等、棚卸資産の重要度に合わせて棚卸の実施時期を決定する必要があります。

♠棚卸の必要性は

棚卸の対象資産である商製品等は金額的に大きい重要な項目ですが、現金・預金等のように現金そのものや銀行の残高証明などの外部証拠との突合による一致の確認が通常できません。

また、評価の客観性が保証しにくいという特性があり、粉飾決算に利用されがちな項目です。

もちろん粉飾の意図がない場合でも、実地棚卸を誤計上したときは利益に直接的な影響が出るため、利益をもとに計算する税金はもちろんのこと、経営計画にまで影響を与えることになります。

同時に、棚卸には資産の管理方法等の業務改善に役立つ情報を得るという側面もあり、効率的な棚卸のできる会社ほど正確性が高いものです。

適正な棚卸を行うためには、棚卸方法を具体的に定めるとともに、日程、人員等のスケジュールや商品等配置図を作成し、担当者全員に周知徹底する必要があります。

具体的には、図表100のような目的の帳票を必要に応じて作成・利用する必要があります。

なお、税務調査においては棚卸高（在庫）は必ずチェック、聞き取りの対象になりやすいので、どのようなやり方で、どのような根拠で算出しているかを必ず説明できるようにしておくことが必要です。

【図表 100　目的別に作成する帳票】

PLAN	５Ｗ１Ｈの明確化	棚卸計画表
DO	責任の明確化	棚卸組織票
	網羅性の確保	棚卸見取図
	実在性の確保	棚卸原票配付回収一覧表
SEE	数量差異等の把握	棚卸増減修正表

♠棚卸についての注意点は

棚卸についての一般的な注意点としては、次のことがあげられます。

・棚卸原票（商品現物にあらかじめ添付し、棚卸時に回収する票）については、記入にはボールペンを用い、訂正には検印を押印し、書き損じも含めすべてを回収する。

・数量カウントはできれば２度、担当者を代えて１度目の結果を見ずに行い精度を上げる。

・不良品、長期滞留品については、棚卸しに先立ち良品と別管理するとともに管理の責任者を明確にする。

・倉庫業者等への預け品に関しては、棚卸日の在庫証明等を入手する。

・棚卸当日の入出庫については、保管場所を設けて別管理し、棚卸対象か否かの区分を明確にする。

♠重要性を前提に棚卸を実施するかの判断

製品ライフサイクルの短縮化、短納期化といった成熟社会においては、在庫管理の重要性が増大しています。

商品（資材）を必要とする時期、必要量、適正価格で購買し出荷することが全社的なコストダウンの決め手になります。在庫管理制度を利益獲得に貢献するツールとするために、棚卸情報を活かすことが重要となってきます。

同時に棚卸品の管理を効率的に行うために、ＡＢＣ（パレート）分析を行い、重要性の高いＡ品目は定期発注方式、重要性の低いＣ品目には簡易なダブルビン方式（ビンを２つ用意しておき、１つが空になったときに１つ分発注する方法）、中間のＢ品については定量発注方式で対応することなども棚卸情報から読み取る必要があります。

どの業務にも共通のことですが、問題意識を持ち重要性のあるものに経営資源を投入することが業務改善の要諦です。

また、棚卸の実施時期についても、金額的重要性や月次決算の完了時期や精度との兼ね合いで毎月、四半期ごと、半期ごとや期末しか実施しない等決定すればよいでしょう。

さらに、在庫管理が必要なアイテム数が増えてきた場合、経験者の判断ではミスが多くなり、出荷実績をもとにしたABC分析が必要になってきます。

これを実現するために、多くの場合ITシステムの導入が必要になってきます。投資対効果が得られるかどうかをしっかり判断した上で、ITシステム導入によるABC分析を検討していきましょう。

【図表101　パレート図】

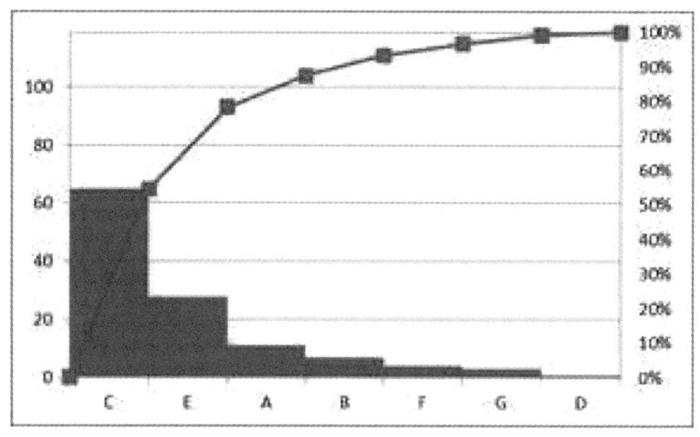

（注）ＡＢＣ分析は、イタリアの経済学者の報告によるパレートの法則から導き出されました。

「大勢は少数の要因によって決定される」という経験則で、２：８の法則ともいわれ、例えば「売上の80％は、上位顧客20％で占める」「売れ筋商品２割で、全売上の８割を占める」で、遠からず正鵠を射ていると考えられ、比率が３：７や１：９になることもありますが、少数の要因が大勢に影響するという考え方です。

この２：８の２区分を３区分にして、２：３：５にしてＡＢＣに３分類します。

Q98 製造業の月次決算早期化の方法は

Answer Point

♤月次決算の早期化の進め方は、非効率業務の省略、入力仕訳の簡素化、入力時間の短縮などがポイントになります。

♤原価計算の早期化は、材料費、労務費、外注費、製造間接について考えてみます。

♠月次決算の早期化の進め方

月次決算の早期化を進める上で重要なのは一般的には次の６点です。

① 決算作業に要する時間を短縮するため非効率な業務を省き、必要な業務のみに集約する。

② 会計データへの入力仕訳を可能な限り簡素化する

③ 会計、原価、給与等のソフトを同じソフトに統一しデータ連携する。

④ 個別に作成しているエクセルデータから会計データへの取込み機能をフル活用し入力時間を短縮する。

⑤ 決算作業の着手を早めるため、売掛・買掛サイトの見直し、給与の支払時期の見直し等を再度検証する。

⑥ 決算作業の項目を列挙し月のスケジュールで月初に集中する作業を期中に分散するよう試みる。

これらは個別に進めても思うような成果を得ることはできませんので、次のような手順で早期化の阻害要因を洗い出し解決を図ることが重要です。

ヒアリングによる現状調査 → 調査結果分析 → 阻害要因の検証 → 解決策の検討

特にヒアリングにおいて「例外処理」の存在が月次決算遅延の要因となっている場合があるので、例外処理の存在も確認する必要があります。

♠原価計算の早期化は

原価計算を早期化するにあたってのポイントは次のとおりです。

①材料費計の早期化

⑴　材料消費数計上のポイント

通常、材料消費数は実地棚卸を基に月次で一括計上されますが、これでは間に合いません。棚卸による材料費計上をやめ、払い出し記録による材料費計上の方法を取ります。上記の運用が難しい場合は、部品表を基に工程毎の出来高から理論値で材料の消費数を計上します。

⑵　材料購入費計上のポイント

材料費は、取引先からの請求書を基準に行う企業を多く見受けます。

しかし、月末締めの場合、取引先からの請求書が届くのは翌月の実働数日経ってからとなることが多く、この請求書を待っていると材料費の確認が遅くなってしまいます。材料費は取引先からの請求書は待たず、取引の都度、自社検収ベースで、計上とします。

⑶　材料の単価

材料費の単価は総平均などの平均法を取らず、予定単価、または標準単価を採用します。

②労務費計算確定の早期化

⑴　給与計算のタイミング

給与計算の締め日は月末とします(締め日が月末ではない場合、締め日から月末日までの未払給与の発生額を原価計算に反映する必要があり、実績収集に時間がかかるため)。

ただし、給与システムでは、勤務実態を日次で計上し、原価計算基幹に対応した給与計算を仮で実施できるようにします。

⑵　生産部門要員の工数

生産部門要員の他部門への応援実績は、内容別に日々計上していきます。

これにより部門別の労務費が短期間で計算できるようになります。

⑶　労務費の計算

労務費も給与計算の結果を待つと、遅くなってしまいます。予定賃率又は標準賃率で計算し、計上します。

③外注費計算確定の早期化

外注先からの請求書が翌月の、さらに遅いタイミングで届くことが多々あります。外注費の計上は外注先からの請求書に頼らず、自社の発注と検収ベースで都度計上することで、期間短縮ができます。

④製造間接費計算確定の早期化

(1)　共料金の費用計上

公共料金の請求書到着が翌月の、さらに遅いタイミングで届く事が多いです。やはり請求書に頼らず、自社のメーター検査ベースで予定単価を掛けて予定額を計上します。差額が発生した場合は、翌月に調整します。

(2)　諸経費の計上

諸経費は外注費同様、請求書到着が翌月遅くになることが多いです。同様に自社の発注と検収ベースで都度計上することで回避できます。

♠早期化実現には業務改善と他部門の協力が必要

このような形で、取引発生時に自社で数値を積み上げることで、今まで発生していた「待ち時間」を省くことができ、より短い時間で原価計算に必要な情報を集めることができます。

ただし、上記を実現する場合は、業務プロセスの見直しや、社内ルールの変更、評価法の変更による税務署への申告など、様々な検討事項があるのも事実です。全社的なプロジェクトを立ち上げ、じっくりと検討することをおすすめします。

月次決算早期化には少なからず業務改善が伴います。その場合、経理部門以外の部門の協力が不可欠です。一般的には次のことが重要になります。

①目標を明確にする

目標が明確でなければ、メンバーはついてくることができません。リーダーが自らの言葉で目標を語り、率先してやってみせることが必要です。

②価値基準を高める

すべての価値判断基準を、部門ではなく会社に置くことが必要です。

③目標と行動をつなぐ

大きな目標は、中規模、個人の行動目標まで落とし込むことが必要です。

Q99 月次決算での原価計算の方法は

Answer Point

♤月次決算で用いる原価計算の方法には全部原価計算、直接原価計算及びスループット会計があります。

♤いずれのやり方もメリット・デメリットがあります。

♠全部原価計算、直接原価計算及びスループット会計というのは

⑴　全部原価計算

変動費、固定費全部を含んだ製造原価すべてをもって期末棚　卸資産の評価を行うものです。固定費配賦の問題があるほか、製造数量を増やすほど1製品当たりの負担する固定費が低減するため製造するほど製造単価が安くなるという錯覚に陥ります。

⑵　直接原価計算

製造原価を変動費と固定費に分け、変動費のみで売上原価及び棚卸資産の計算を行うものです。

固変分解に決定的なものがない他、期末に棚卸資産を直接原価から全部原価に置き換えるための固定費の配賦計算が必要になります。

⑶　スループット会計

次の３つの指標のうちスループットを増加させ、同時に在庫、業務費用の減少を目標とする原価計算です。

①　スループット：販売を通じて入ってくるお金（入ってくるお金）
　＝売上－材料費、外注費

②　在庫：販売しようとする物を購入するために使ったお金（寝ているお金）
　＝材料、仕掛品（材料費、外注費）、完成品

③　業務費用：在庫を販売するために費やすお金（出ていくお金）
　＝材料費、外注費以外のすべてコスト、製造原価の人件費、減価償却費

等のの製造間接費、一般管理費も含みます。

それぞれの原価計算による損益計算書は、図表102のようになります。

【図表102　原価計算による損益計算書】

全部原価計算		直接原価計算		スループット会計	
売上	××	売上	××	売上	××
製造原価	△××	変動費	△××	材料費、外注費	△××
売上総利益	××	貢献利益	××	スループット	××
一般管理費	△××	固定費	△××	業務費用	△××
営業利益	××	営業利益	××	営業利益	××

また自社の経営データを社長自らしっかりと把握することが安定、安心経営の構築につながります。

♠万能ではない直接原価計算とスループット会計

直接原価計算は企業の固定費・変動費区分が正しいという前提のもと行うことになりますが、固変分解の方法としてあげられる勘定科目法にせよ最小二乗法にせよQ93であげたような欠点があります。

一方、スループット会計はどうかといいますと、まずスループットは制約資源（例えばある設備の稼働可能時間）の時間当たりスループットと制約資源の利用時間を掛け合わせて算定されますが、このような制約資源、即ち生産工程の中でボトルネックとなる工程の能力が企業全体のスループットとなり、ライン全体の能力を定めることになると考え、ネック工程の時間当たりスループットの大きい製品が企業に大きいキャシュフローをもたらす製品と考えます。時間単位当たりスループットがスループットを生み出す評価尺度として活用されます。

多品種の製品を生産する製造企業ではネックの工程時間を100％使い切るまで、時間単位当たりスループットの大きい製品から順次生産することがスループットの最大化をもたらすと考えます。

そうなると、制約資源の時間当たりスループットの増大は、売価のアップや原材料費のダウンだけでなく、小ロット化による生産リードタイムの短縮や標準作業の改善等を実施してモノの流れを速め、制約資源の使用時間を削減すること（すなわち製品化までの時間を短くすること）で可能とすることができます。

このように、単位時間当たり利益に着目するのがスループット会計であり、これを採用することで同じ売上高でも単位時間当たりスループットがより大きい製品に生産シフトすることにより、より大きな最終利益を計上できると考えます（Q96参照）。

スループット会計の問題点についてはQ101をご覧ください。

（注）戦略MQ会計：スループット会計の概念を実務でより使いやすくした会計メソッドにMG（マネジメントゲーム）で採り入れられている、元ソニーの西順一郎先生が発明した「戦略MQ会計」というものがあります。

戦略MQ会計では売上、変動費（売上数量に比例する費用）及び固定費を単価×数量に分解し、業務改善を図るにあたって売上単価P、売上数量Q、変動費、単価V、固定費Fのうち利益感度（増減が利益に与える影響）の高い順に実現可能性の観点から様々な増減の組み合わせを考えることによって目標利益を達成しようとするものです。この考え方によれば損益分岐点分析より実践的な形で目標利益を達成するための商製品の組み合わせや変動費、固定費の削減額を考えていくことができます。売上をPとQに分解して時系列で比較していくことにより２年前、３年前と比較して売上が増加または減少している理由が売上単価Pにあるのか、売上数量Qにあるのかがわかると思います。

すると例えば、売上減少の原因は、売上単価Pはあがっているのに、売上数量Qが減少していて、売上高が減少しているということがわかるかも知れません。その場合安易にPのアップという戦略に走るのを回避することができます。

また、これらをMG（マネジメントゲーム）を通じて行うことにより生産工程中のボトルネック（処理能力が必要な仕事量より小さいリソース）を見つけ、ボトルネックを最大限増加、活用し、MQ(=PQ − VQ)を最大化し、非ボトルネック（処理能力が必要な仕事量より大きいリソース）のコントロール方法、リードタイムの短縮をどうするかを考えていくことができるそうです。

Q100 製造業の月次決算に最適な原価計算は

Answer Point

♤短期的な経営意思決定という観点からは直接原価計算やスループット会計および部門別計算をおすすめいたします。。

♤固定費が変動するケースは別途工夫が必要です。

♠月次決算の目的に合わせて原価計算を考える

月次決算に全部原価計算を適用する場合、配賦の問題がどうしてもつきまといます。特に本社経費の配賦については、次のようなやり方があります。

①配賦方式

発生した本社費あるいは発生が予定されている本社費予算額を各ライン部門に設定した基準に基づいて按分して割り掛け負担させる方式。一般的には、この配賦方式が採用されています。

②納付方式

納付方式または納付金方式といわれる本社費の負担方法では、ライン部門が毎月または四半期ごとに所定の基準で計算した金額を本社に納付します。

本社部門はこの納付された金額を収益源として発生する費用を負担します。事業部制組織で有名な松下電器産業では、各事業部が売上高の３％を本社に納付する方式を長年に渡って採用していました。つまり各事業部の売上高の３％の範囲内で、本社各部門は経費予算を立てることになるのです。

この納付方式では､納付基準となるライン各部門の売上高や資産残高など、一定の範囲内に本社費がおさえられることになります。本社部門が１人歩きして肥大化することを防止できます。

上記のように予算額を配賦する場合は、実際額を配賦する場合のような時間のロスは防止できますが、どうしても期末において原価差異の調整という作業が出てしまいます。

そこで、製造業の月次決算で提案したいのが直接原価計算やスループット会計です。特にスループット会計の場合、直接原価計算の場合のような面倒な固変分解が必要なく、変動費は材料費や外注費等変動費（売上数量に比例して発生する費用）としての性格が真に明確なものだけになりますので、直接原価計算よりも導入が容易です（Q95 参照）。

さらに部門別計算を行えば事業ごと又は事業所ごとに損益等を把握することができ、管理者の責任が明確となり、その上、採算部門・不採算部門の把握と原因究明が可能となり、戦略的な意思決定を行うことができます。

♠固定費が変動するケースは

売上高の増加に固定費の増加が伴う固定費型ビジネスの場合や、中長期の場合は固定費管理に工夫が必要です。固定費を仮に製品別に割り振る場合、その製品の製造工程の特徴 (活動単位という）ごとに一番影響を与える基準（コストドライバーという）を用いて固定費（間接費）を割り振る活動基準原価計算（ABC）が一頃もてはやされましたが、次のようなデメリットがあるということで今１つ実務で定着しておりません。

① 情報収集や計算の手間がかかる

② 実施することによってコスト増となる可能性がある

③ 配賦基準が現実に即していなければ結局現実との乖離が発生する

ABC を使用することにより確かに固定費の管理精度は上がるかもしれませんが、どうしても配賦になじまない固定費も実務上存在するので、ABC を活用するなら例えば水道光熱費や電気代のような変動費的性格を有する固定費については機械動作時間で割り振る等のように固定費の性格毎に ABC を使い分けることが必要と考えます。

変動費と固定費の分類が難しいケースは、管理側がその費用を変動費として管理したいかどうかで変動費か固定費の区分を行うのも１つの手です。その場合、やはり月次決算が重要で、費用の推移を見つつ、勘定科目法をベースにその中身を確認し、予算でその費用の将来的な動向をチェックして分類していくことが必要でしょう。また、固定費とされる費用が大きく増減している場合、それを除いたところで最小二乗法を適用するのもいいでしょう。

Q101 月次決算での固定費と変動費の取扱い・管理は

Answer Point

♤直接原価計算を利用する場合、すべての製造原価を固変分解するのに対し、スループット会計を用いる場合は売上に直接関連しているのが明確な費用のみ変動費とし、それ以外は業務費用として扱います。

♤最近は変動費と固定費の関係は１次関数レベルでは捉えられないという説も出てまいりました。

♠完璧な変動費・固定費の分解方法は今のところ見当たらない

現状の原価計算実務における変動費・固定費の分解方法は、次のとおりです。

(1)　勘定科目法

(2)　最小二乗法

(3)　真に変動費と認識できる費目のみ変動費とする方法（スループット会計）

最小二乗法につきましては、設備投資を多く繰り返し固定費が大きく動いているケースでは固定費を変動費としてとらえてしまい場合によっては固定費がマイナスになってしまうことがあるのはQ93で述べたとおりです。

勘定科目法によれば、そのようなデメリットを回避することができますが、やはり科学性に欠けるという難点があります（人によってはある費目について固定費か変動費か意見が分かれることがあります）。

その点スループット会計では真に変動費と認識できる費目のみ変動費として扱うので勘定科目法の難点も克服することができますが、一般的に次のような難点があるといわれています。

①　IEやQCなどの生産管理手法に比べ、個別の問題を解決するための手法が少ない。

②　スループット会計の導入時に、標準原価計算との混乱が生じる。

③　思考プロセスとQC手法・ナゼナゼ分析（「なぜ？」という問いを繰り返すことによって、「真の原因」を探るという方法）などが、混同されやすい。

④　生産性や稼働率などの評価基準から、なかなか脱却できない。

要するに現場の理解を得るまで時間がかかるということですが、スループット会計はまず利益最大化という観点から始まり、そこから時間当たりスループット最大化という見地より分母の時間を縮小するためボトルネックとなっている工程を改善するという考え方ですので、部分最適になりがちな生産管理手法に対し、全体最適の立場からは一考する価値があるといえます。

♠１次関数レベルでは捉えられない変動費・固定費の関係は

スループット会計には前述した難点のほか操業度を加味していない（生産＝販売と捉えている）点で若干問題があります。これは直接原価計算にも当然当てはまりますが、要するに売上高についても価格や季節変動でブレがでてくるため、時間当たりスループットも一様に求められないケースがあるということです。

また、最近では変動費と固定費の関係を指数関数的にとらえる考え方も出てきており、実務における固変分解は多彩なやり方が存在することになります。「目標の75％あるいは80％という最適値を超えるや、得られる成果は指数関数的に小さくなり、必要とされるコストは指数関数的に大きくなる」ドラッカーの「イノベーションと企業家精神」にある言葉ですが、これは実務でも実際に言える現象だそうで、これを管理会計の考え方に当てはめると、費用の増え方は直線ではなく、売上高が損益分岐点（目標の75％あるいは80％）を超えるとコストは指数関数的に増大するようです。

逆に売上がそこから落ちていく場合には固定費等の存在により費用の減少はなだらかになります。そのような関係を一次関数による従来の損益分岐点分析では捉えることができません。

しかし、企業内部で月次決算を行う場合には外部からでは知りえない細かい費用の事情がわかるわけですから、仮に固変分解に取り組む場合は勘定科目法をベースに上記のような費用の特徴を加味して１次関数では捉えきれない部分を補完していけばよいかと思います（Q100参照）。

Q102 製造業の月次決算で注目すべき経営指標は

Answer Point

♤スループット会計では単位時間当たりスループットが重要になります。

♤単位時間当たりスループットにとどまらず、会社ごとに業績評価指標（KPI）を工夫します。

♠単位時間当たりスループットが重要なスループット会計

仮に月次決算において企業がスループット会計を導入しようという意思決定をした場合、大変重要なのが「時間の概念」です。すべての人間や組織にとって等しく、かつ有限なのが時間です。同じ24時間をどのように有効に使うかによって企業業績は左右されます。

したがって、スループットを考えるときに重要なのが、利益に時間の概念を加えた「時間当たりの利益」です。それは、同じ1万円の利益を生み出すにも、1時間で生み出すことが可能なのか、24時間を必要とするのかを認識しなくてはいけないということです。

この「時間当たり利益」を認識することは今までの原価計算ではあまり取り上げられなかった部分です。しかし、例えば資材を調達・加工し、最終的にお客さまにお届けして代金をいただくというプロセスが、スループットを生み出しています。言い換えれば「資材に形を変えたお金」がシステムの中に投入されることになります。

そして資材という「お金」は加工され、製品に姿を変えて顧客に販売され、本来の「お金」に戻ります。それを考えると時間当たり利益という概念が重要なことが認識できます。

スループット会計では、

Step 1．システムの制約条件を明確にし、プロセスを制約するボトルネックを特定する。

Step 2．その制約条件を徹底的に活用し、同条件の効率性、改善を行う。
Step 3．制約条件以外のプロセスを制約条件に従わせる。
Step 4．制約条件を強化する。つまり、ボトルネックを能力を拡大させる。
Step 5．惰性に注意して、ステップ1に戻り、繰り返す。

という5つのステップを繰り返すことにより

⑴　スループットを増大させる。
⑵　在庫（原材料、仕掛、製品など）や投資を低減する。
⑶　業務費用（資材費以外の総経費、直接人件費も含む）を低減する。

⑴〜⑶は実行する順序関係も示しています。その理由は、スループット増大には売上増大も対象となるため理論的な限界がないのに対し、総投資や業務費用はゼロ以下には低くできないためです。

月次決算でスループット型損益計算書（Q99参照）を利用する場合、製品ごとの単位時間当たりスループットの計算することによりスループットの最大化への道程が見えてきますので、実際の実務では製品ごとに工程をチェックし制約条件を適切に抽出することが肝要です。

♠成長する会社が持つ業績評価指標（KPI）というのは

スループット会計の観点から月次決算で考慮すべき指標を挙げていきましたが、それから離れて一般的な経営指標を挙げていきますと、損益計算書の重要な勘定科目（例えば売上高と売上原価）ごとの予算実績比較、前年同月比較、同一期の他月との比較、各種利益率（売上利益率、営業利益率、経常利益率等）の予算実績比較、前年同月比較、同一期の他月との比較を行います。

また、キャッシュフローも重要ですので、資金繰り実績は資金繰り実績表で、翌月以降の予定値については資金繰り予定表で資金繰りに問題ないか確認します。資金繰り実績値が予定値を下回る場合、運転資本を構成する売上債権回転日数、在庫回転日数、及び買入債務回転日数に異常がないか確認します。

その他、会社ごとに各種の業務プロセスにおいて独自の業績評価指標（KPI）を設定し、財務で出てくる数字とは別に業績改善を図る方法もあります。

KPIについてはQ112で詳述しておりますが、製造業の主なKPIをバランストスコアカード（BSC）（Q112参照）の戦略マップに絡めて図式化したものが図表103になります。

【図表103　戦略マップにＫＰＩを書く】

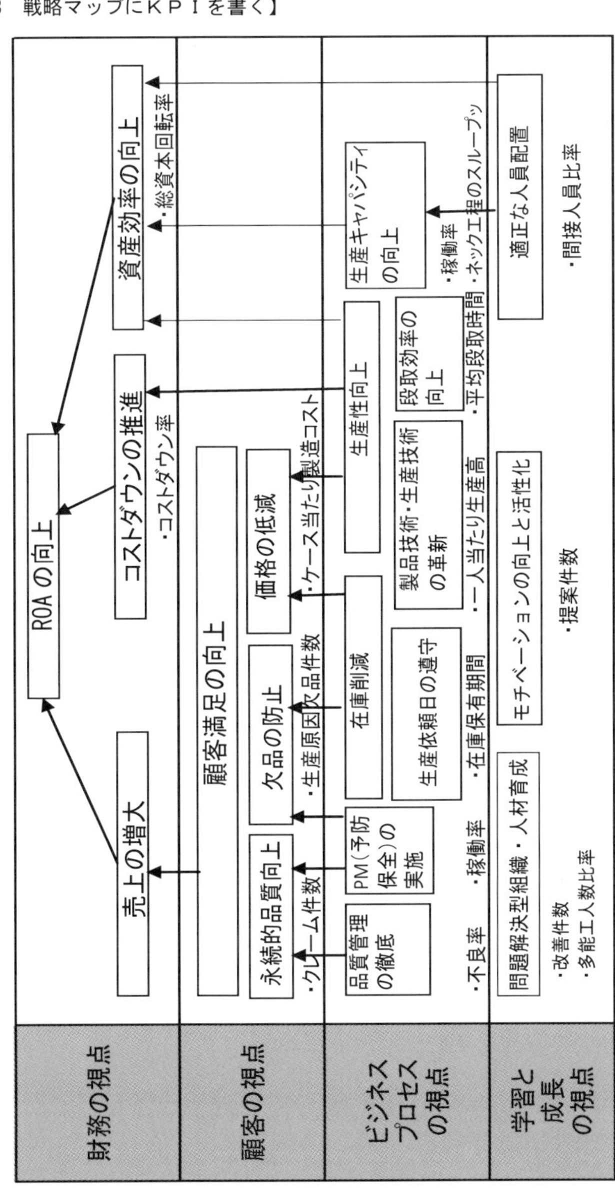

Q103 製造業の月次決算を戦略的に活用するポイントは

Answer Point

♤月次決算の検討で異常値を発見した場合、素早くアクションを起こせるかどうかがポイントです。

♤経営上大きな問題が発生しそうなときにすぐに警報を出す仕組みを組み込み、関係するすべての部門にただちに働きかけられるようにすべきです。

♠異常値発見とアクション

月次決算におけるそれに限らず、一般に問題解決は本質的問題の発見→仮説の構築→仮説の検証→問題解決案の立案→実行→見直し、といった流れを踏むことになりますが、月次決算で重要なのは、このうち、本質的問題の発見、見直しのフェーズになります。

下記の警報システムの活用により異常値を発見した場合、予定と異なる事象がおきているときは、それをすばやく経営者、関係者に提供します。

その際に、例えば売上が減少している場合、ただ売上が減っています、というだけでは不十分で、当初の予算と比較して、こういう変化が起きています、ということを正確に伝える必要があります。

この場合、スピードも重要になります。変化が生じて数か月経ってからこんな変化がありました、対策を立てましょう、といっても既に手遅れであることも多いです。

したがって、月次決算にあたって重要なことは異常値を発見したときには原因をつかみ、必要であればアクションをすぐに起こせるようにできるかぎり早く月次決算を締める必要があります。

また、異常値を発見した際に何が問題なのかを迅速にレポートできる体制の２つが大きなポイントとなります。

♠異常値発見の基準を組み込む

例えば、製造業の場合、生産管理のため個々の工場において不良品や事故が発生したときに即座にその製造ラインが止まったり、ラインのランプが点滅したり、ラインに設置したブザーが鳴ったりするなどと同じように、危機を知らせるため異常値発見の基準を月次決算においても設定することで月次決算を単なる数字の報告から中身のあるものに変貌させることができます。

その「異常値が出た」と判断するのが予算管理部門です。

判断基準は、まず会社ごとに例えば売上につき計画と何%下の方向にずれが出てきたら要注意かを決め、月次でマイナスその設定した%以上計画と異なっていたら、すぐに原因を分析し、対策を検討し実行します。それも可能な限り早く警報を発するために、月末近くなったら実績を予測できるようにすべきです。

売上高だけでなく、仕入高、粗利、貢献利益や在庫高なども重要な管理ポイントになります。

また、このような会計数字だけでなく、受注数、歩留り率、顧客からのクレーム数などの非会計数字を把握することも非常に重要です。

この辺はQ102で述べたKPIの話になりますが、これらの数字の計画値（目標値）を立てておいて、実績値と毎日比べて変化をつかみ、実績が計画値を超え異常値を示したときに関連部門にすぐに注意を促し、対策を立てるきっかけとするのです。

非会計数字をKPIとして管理（マネジメント）する場合のポイントは、次のとおりになります。

① 日次・週次など一定期間ごとに実績数値を計測しメンバーに公表する。
② データは他の関連事項と合わせて記録・保存する。
③ 一定期間ごとにＫＰＩの設定自体を見直す。
④ メンバーについて理解度、関心、モチベーションに温度差がないかどうか確認する。
⑤「平均への回帰」「見せかけの回帰」が起こっていないかどうかについて確認する。

Q104 製造業の月次決算業務のフローとその改善方法は

Answer Point

♤月次決算フローの改善も会社業務の一環と位置づけ会社業務の全体最適を前提に改善を図ります。

♤ワークフロー（電子化された申請書や通知書をあらかじめ決められた作業手順（決裁ルート）に従い、集配信する（デリバリーする）、決裁処理を行う導入の流れを説明します。

♠会社の業務フローの一環として月次決算の業務フローの改善を考える

月次決算業務フローとその改善といいますと、経理部の業務フローのみに話が傾きがちですが、Q110にあるように、経理業務以外の部門に協力を仰ぐことにより、結果としてそれが月次決算の早期化に繋がるケースも多々あります。ですから、特に億単位の売上を有する企業が月次決算の早期化に取り組む場合には各部門の事業責任者を巻き込んだ形で取り組むことをおすすめいたします。

最近は業務フローの見直しについてビジネスの手続を自動化するか、手続の処理手順を規定することで、関係者の間を情報や業務が円滑に流れるようにするワークフローシステムの導入と併せて行う例が増えております。

月次決算業務の劇的な短縮化を狙う場合、システムの見直しを必要とすることがありますので、その際全体最適の観点からワークフローシステムの導入を考えていくのも必要かと思います。

♠ワークフローシステム導入の流れ

ワークフローシステム導入の流れは、次のとおりです。

(1)　現状業務の確認・分析

ワークフローシステムを導入するには、まず現状の業務がどうなっているかを確認することが必要です。どんな申請書があるのか、それぞれの承認ルートはどうなっているかなどを確認し、紙運用での承認順序をシステム上で再現するために承認ルートの整理を行います。これを機会に承認ルートの見直しを行うのもよいでしょう。

他にも組織階層の確認、各ユーザーの上長情報の有無、兼任ユーザーの有無、組織図上にないグループなどを作成する必要があるか確認します。

準備するものとして、決裁権限規定または承認ルートの確認ができるもの、組織図・ユーザー情報、申請書のイメージが挙げられます。

⑵　組織・ユーザー情報、承認ルート、申請書の設計

組織の階層、所属、役職など必要な項目を定義し、システムに登録するユーザーを洗い出します。承認ルートは決裁権限規定に従い、承認者・決裁者を定義します。申請書はすでに紙の申請書が存在する場合が多くあります。

システム化する際に申請書内の項目が本当に必要なのか、不要なものはないか、使いづらい箇所はないか再検討してみるのもよいでしょう。

⑶　ワークフローシステムの構築

組織の階層、所属、役職、ユーザー情報の登録、承認ルートの設定、申請書の作成など、設計情報をもとにワークフローシステムを構築していきます。

外部システムと連携を行う場合は、外部システムの設定変更なども合わせて行います。

⑷　ワークフローシステムの検証

登録しているユーザーでログインできることや、申請・承認が正常にできることを確認します。他にも各申請書に設定された承認ルートどおりに申請書が渡っていくか、印影や採番が正しいタイミングで表示されるかなどを確認します。

機能の拡張や外部システムとの連携を行っている場合は、特に慎重に検証を行います。機能が設計内容を満たしているか、データの受け渡しが正しくできているのかなどを確認します。

⑸　ワークフローシステム運用開始の準備

ワークフローシステムの運用をはじめる前に、予期しない事態に備えてバックアップを行っておく必要があります。他にも、組織変更や人事異動、決裁権限規定の改訂があった場合の操作手順を確認しておくと安心です。

Q105 卸小売業の月次決算の目的・特徴は

Answer Point

♤卸小売業の月次決算の目的は、一般の月次決算と同様、経営者の意思決定に有用な会社の月次業績に関する情報をタイムリーに作成・提出することです。

♤損益管理のほか運転資本管理、及び在庫の多い会社は月次の棚卸管理も重要です。

♠卸小売業の月次決算の目的

月次決算の目的は、経営者の意思決定に有用な会社の月次業績に関する情報をタイムリーに作成・提出することですが、さらに利用の観点を含め詳細に目的を羅列すると次のとおりになります。

① 早期に経営の現状を把握して、迅速な対策をとること。

② 年度計画の売上高、営業費、純利益を目標とした進捗管理を行うこと。

③ 年度決算の利益を早期に予測し、精度の高い決算見込を立てること。

④ 月々の帳簿の整理を確実に実施することにより、年次決算をより適切に行うこと。

月次決算は予算管理の土台ですから、実績ができ上がってから各部門別の予算と比較し、大きく差異の出た部署は内容の分析をしたうえですぐにでも手を打たなくてはならないので、その仕上がりは早ければ早いほどよいということがいえます。

月次決算制度をある程度確立させ、今後の経営戦略に生かしていきたいと考えている会社は、まず翌月10日の仕上がりを目標に月次決算のスケジュールを組んでいけばよいでしょう。

「翌月15日以降でないとできない」、あるいは「決算を顧問税理士に任せているので、月次決算書は翌月末近くならないと受け取れない」という状況になっている場合は、特に億単位の売上を持つ会社では月次決算と予算管理の重要性を再考する必要があるのではないかと考えます。

♠損益管理のほか運転資本管理及び棚卸管理も重要

損益管理に負けず劣らず重要なのが運転資本管理や棚卸管理です。運転資本について説明いたしますと、小売業のような現金商売を除けば、売上はひとまず売掛金という債権のかたちをとります。

また、そもそも販売に先立っては、製品や商品といった在庫を抱えておく必要があります。一方、仕入先に対しては、通常すべてが現金払いというわけではなく、買掛金や未払金などの買入債務が発生します。この日常の事業活動の中で生じる資産・負債の純額（売上債権＋棚卸資産－買入債務）を「運転資本」といいます。

「流動資産の残高－流動負債の残高」というのが本来の定義ですが、それぞれの主要項目に着目して、一般に、「売掛金・受取手形と在庫の合計から、買掛金・支払手形の残高を差し引いたもの」として定義されています。売上が急拡大しているときは要注意で、大抵仕入関連の支出のほうが売上債権の回収より早くなっている可能性が高いです。

最近では売上債権回転日数＋棚卸資産回転日数－仕入債務回転日数のことをキャッシュ・コンバージョン・サイクル（CCC）と呼び、このCCCを厳しく管理する会社も増えてきているようです。同業他社比較、前年同期比較によりCCCが相対的に大きいと感じる会社は資金繰りに問題があると判断したらその短縮に取り組むことも必要です。

しかし売上が急成長し、CCCの短縮が早期では容易でない場合もあるかもしれません。その場合は（ファクタリング等を行う場合を除き）必要資金を金融機関からの借入れに頼らざるを得ません。

必要運転資金は「運転資金要調達率」（運転資金 / 売上高）を使って計算します。過去のデータからこの運転資金要調達率を計算し、増加見込みの売上高に算式で求めた運転資金要調達率を乗じて必要運転資金の金額を求めることができます。

さらに図表104を加えて金融機関との交渉に応じるとよいでしょう。

棚卸管理についてはQ97をご参照してください。

【図表104　金融機関への説明時に提示したい資料】

■過去のCCCを示すグラフ（縦軸；日数　横軸；期）

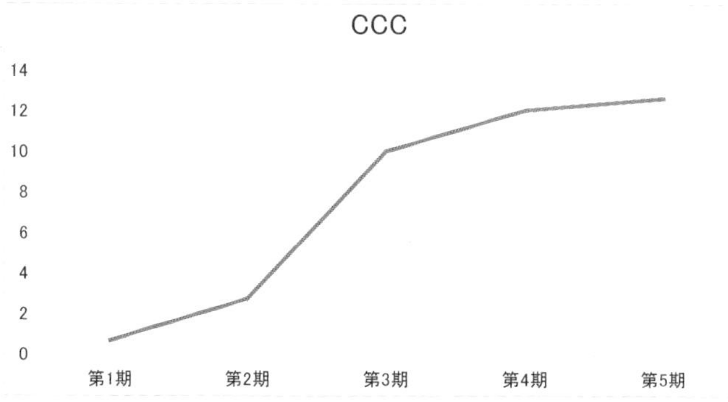

■CCCの算定根拠となった各項目の金額と運転資金要調達率を記載した管理票

（単位；千円）

項目	第1期	第2期	第3期	第4期	第5期
	金額	金額	金額	金額	金額
1. 売上高	×××	×××	×××	×××	×××
2. 売上債権	×××	×××	×××	×××	×××
3. 棚卸資産	×××	×××	×××	×××	×××
4. 買入債務	×××	×××	×××	×××	×××

項目	第1期（基準年）	第2期（基準年）	第3期（基準年）	第4期（基準年）	第5期（基準年）
	日数	日数	日数	日数	日数
1. 売上高回転日数	×××日	×××日	×××日	×××日	×××日
2. 棚卸資産回転日数	×××日	×××日	×××日	×××日	×××日
3. 買入債務回転日数	×××日	×××日	×××日	×××日	×××日
4. CCC（1 +2 −3）	×××日	×××日	×××日	×××日	×××日
5. 運転資金要調達率	×××%	×××%	×××%	×××%	×××%

ところでCCCと利益の関係を考えますと、仮にCCCが短縮されたとしても資本利益率を上げることができない場合があります。

資金繰りは、売上債権回転日数と棚卸資産回転日数を短縮し、買入債務回転日数を長くすれば改善しますが、回収した資金を内部留保しているので、その分資産が膨らみ会社資産全体の回転率が低下してしまうです。

ただ資本利益率を高めるため不必要に買入債務回転日数も短縮することは、多かれ少なかれ資金繰りを圧迫することに繋がりますので、資本利益率を検討する場合は資金繰りに問題ない程度にどの程度買入債務回転日数を短縮することが可能になるか、棚卸資産回転日数と売上債権回転日数とのバランスの中で考えていくことが重要です。

Q106 卸小売業の月次決算と年度決算の違いは

Answer Point

♤卸小売業の月次決算も、製造業の月次決算同様経営者の意思決定に資するためスピードが要求されるのに対し、年度決算では期間利益を正しく算出するため正確性が要求されます。

♤発生主義会計、月次棚卸の実施、年払経費の月次引当をどの程度の制度で行うかが月次決算のポイントになります。

♠月次決算と年度決算の違いは

決算というと、会社の計算期間の期末を基準日として行う年度決算のことをイメージされると思いますが、経理部に配属されますと毎月の役員会や経営会議のための資料として決算を組みます。これが、いわゆる「月次決算」と呼ばれています。

年次決算は、その１年間でどれだけ儲かったかどうかを集計すると同時に、翌期に繰り越す資産や負債の金額を確定させることを目的として行います。また、作成した決算報告書は、外部の利害関係者（株主、債権者、税務署等）に提出します。

これに対して、月次決算は、経営者がタイムリーに経営管理に有効な情報を入手できるようにすることを目的として行われます。月次決算の結果を通じて、目標への進捗状況の確認を行うとともに、具体的な対策を講じることもできます。より迅速な行動が求められる最近においては、月次決算をいかに早く終わらせることができるかどうかが重要な経営課題となっております。

月次決算を締めるにあたっては、もちろん発生主義ベースで行うことが原則となっておりますが、精緻な金額を算出するので時間がかかるようであれば、見込みの数値で計上する等正確性よりもスピードを重視することが実務上は必要になります。

1円単位で数値を合わせることの重要性があること、と同時に迅速に完了させることの重要性があるということを認識していただければと思います。

♠発生主義会計、月次棚卸の実施、年払経費の月次引当がポイント

「毎月の試算表を12か月合計して決算書となる」というのが、正しい月次試算表のあり方といえますが、目的が違う以上、経営意思決定を誤らせない程度で精度よりもスピードを重視した月次決算の仕組みをつくることも可です。

具体的には月次決算において減価償却費の概算計上、税抜経理、発生主義会計、月次棚卸の実施、年払経費の月次引当などのうち月次で精度を追求する重要性が乏しいものについては簡略化したやり方によることも認められます（Q94、Q96参照）。

ただし月次棚卸を実施するかしないかについては注意が必要です（Q97参照）。

棚卸の目的を整理しますと、

① 利益を計算するため

② 帳簿上の在庫を実際の在庫に修正するため

③ 滞留在庫や品質をチェックするため

ですが、手続が面倒なため中小企業では年度末の棚卸さえ十分に行われていないケースが少なくありません。

ＰＯＳシステム等の販売、在庫管理システムを入れていない場合、売上原価は、在庫の金額を把握しなければ、わかりません。

また、滞留在庫や品質のチェックが年に1回では顧客満足度の高い商品の提供や仕入コストの適切な削減は難しいでしょう。

場合によっては、既に在庫がある商品にもかかわらず二重で仕入をしてしまうという過ちを犯してしまうこともありますので、在庫が多く、適切な在庫管理システムを導入していない会社は中間と期末の年2回棚御を行うことをおすすめします。

卸小売業の月次決算体制構築の方法は

Answer Point

♤月末締め後翌月 10 日、可能であれば 5 日までに決算ができる体制を目指します。

♤全体最適の観点から月次決算体制を構築することが必要です。

♠５日までに決算ができる体制を目指す

月次決算は月末締め後翌月 10 日、可能であれば 5 日までに決算ができる体制を目指すべきです。月次決算が早いほど会社業績について次の効果が得られることが実証されています。

①　決算が早い企業は一般的好業績を達成

営業利益が 5 期連続で前年を上回った会社（105 社）と、3 期連続で前年割れした会社（105 社）を比較すると、増益基調の会社のほうが「決算が圧倒的に早い」という調査結果も出ています。

何故かといいますと、1 つは、月次決算を 1 日早めることができれば、戦略決定から実施まで事業スピードが 3 ～ 5%向上し、それが収益アップに貢献するからです。

優れた仕組みは、日々の意思決定に必要な経営情報をタイムリーに提供します。月次決算が早い企業は、当月分にできることは当月に処理します。例えば、仕入の処理等、翌月、仕入先からの請求書が届いてから仕入処理を始めるのではなく、当月に入った商品の納品書に基づいて当月のうちに仕入処理を始めます。こういう地道な工夫の積み重ねがその月の途中で得られている情報量に大きな差をもたらします。

しかも、この情報は経営者だけが使うものではありません。部長・課長クラス、現場担当者も使います。全社の意思決定や行動が違ってきます。

②間接コストが削減される

一見、月次報告の前日に経理部が毎回徹夜し、残業代が増えるだろうと思いがちですが、実はそうではありません。決算は人を増やせば早くなるようなものではなく、むしろマンパワーに頼ってきた部分は大幅に減らさないとダメです。IT化・自動化、加えて、業務プロセスを徹底的にスリム化します。その結果、決算早期化の仕組みが整うと人件費は抑制されます。

♠全体最適の観点から月次決算体制を構築する

月次決算早期化に向けた一般的な改善のやり方は、次のとおりです。

⑴　ヒアリングによる現状分析

業態、業務内容による細かな違いを踏まえて現状を分析し、問題点を洗い出します。

⑵　月次決算の改善に向けた検討会実施と実行

⑴によって浮き彫りとなった課題を解決するために必要な改善策を検討します。担当者はこの案を実施し、効果を判断します。

⑶　効果検証と更なる改善

⑵による効果を検証し、月次決算が滞りなく実施できる体制に近づいていることを確認します。その上で次のステップに向けた改善を重ねます。

⑷　⑶の繰り返しによる体制構築

⑵、⑶を一度行っただけでは完璧な体制をつくることはできません。

目安として3回程度このやり取りを繰り返すことで、月次決算の体制が構築できると考えます。

上記につきましては、Q104でもワークフローシステムの観点から触れておりますので、ご確認ください。

月次決算の早期化にあたっては、卸小売業に限らず経理部門以外の部門の協力が不可欠になります。月次決算の早期化が課題として直結している経理部門と異なり経理以外の部門では「余計な仕事が増えるのではないか」という意識よりなかなか期待通りの協力を得ることが難しくなるかもしれません。それを克服するため、月次決算体制の構築には経営トップの号令のもと、プロジェクトチームを編成するような場合は、経理部門のほか問題意識の明確化のため経理以外の各部門のキーマン、及び財務担当の役員にも欠かさず参加してもらうことが必要です。

Q108 卸小売業の月次決算の一般的な留意点は

Answer Point

♤基本的な留意点はQ96で述べたとおりです。

♤他月、前年同期、３か年等と比較して異常な数値はマークすべきです。

♠基本的な留意点は

基本的な留意点はQ96で述べた通りですが、おさらいの意味で述べてみます。

⑴　平準化のための留意点

① 賞与、減価償却費など毎期固定的に発生する費用は、年額をあらかじめ見積り、等分して月次決算に計上する。

②　実地棚卸を行い月次の在庫を計上する。棚卸品の受払記録から期末棚卸高を計算し計上する。しかしながら受払記録も作成していない場合は、見積粗利益から逆算し棚卸高を計上する。

③　経過勘定経費（長期火災保険料、保証料等）を計上する。

④　未払費用（月末銀行休日の場合の社会保険料や電話料等）を計上する

⑵　スピード化のための留意点

①　その日のうちに処理する。

②　現金は日々照合する。

③　当座預金や普通預金もこまめに記帳する。

④　経過勘定（仮払金・仮受金等）はできるだけ使わず、迅速に整理する。

⑤　残高内訳を補助科目コードで管理する。（預金、保険未収金、買掛金、借入金、預り金等）

⑥　消費税のチェック（課税・非課税・課税対象外の区分）。

⑦　月割経費（賞与・減価償却費）見積計上する。

⑧　請求が遅れる場合、見積計上する。

♠他月、前年同期、3か年等と比較して異常な数値はマークする

予算をつくって管理する部門だけが行い、毎月の役員会で報告すれば完結するというものではありません。経営上大きな問題が発生しそうなときにすぐに警報を出す仕組み、つまり「アラートシステム」を組み込み、関係するすべての部門にただちに働きかけられるようにしなければ意味がないのです。工場でよく行われていますが、不良品が出たときにすぐに「ラインが止まる」「ランプが点滅する」「ブザーが鳴る」などの危機を知らせるための経営管理の仕組みをつくることです。その「不良品が出た」と判断するのが予算管理部門です。

判断基準（アラート基準）は、例えば月次でプラスマイナス5%以上計画と異なっていたら、すぐに原因を分析し、対策を検討し実行します。それもできるだけ早く警報を発するために、月末近くなったら実績を予測できるようにすべきです。売上高だけでなく、仕入高、粗利、貢献利益や在庫高なども重要な管理ポイントです。このような会計数字だけでなく、受注数、歩留り率、顧客からのクレーム数などの非会計数字の把握も非常に重要です。

非会計数字については会計数字と比較して果たしてその数字が問題なのかどうか明確でない場合があります。

また、数字の改善が会社の戦略に結び付いていないと改善そのものにあまり息がなくなる場合があります。

したがって、月次決算においても非会計数字を単に数多く並べるだけではなく、どの数字を改善することが会社の戦略の重要成功要因となるかどうかを明確にすることが必要です。SWOT分析等で改善すべき非会計数字及びその改善の優先度を明確化することが前提として欠かせません。

SWOT分析を実施する場合の留意点を2点挙げますと、次のとおりです。

① 強み、弱み、機会、脅威それぞれの項目について、1つの枠に10以上書き出す。

② 1つのことは、必ず1つの枠に分類する（弱みに「ワンマン社長」と書くのはNG）。

さらに、強み、弱み、機会、脅威の2×2のマトリクスについてそれぞれの戦略を書き出すのが、クロスSWOT分析です。

Q109 月次決算での棚卸の手順は

Answer Point

♤月次決算で行う棚卸は、商品の保管状況や、紛失・陳腐化の有無の確認など、本業を円滑に遂行するための手続であることに留意すべきです。

♠棚卸の意義と手順

棚卸の基本的な手順はQ97であげたとおりですが、ここではもう一度その意義も含め整理しておきます。

⑴　実地棚卸とは

実地棚卸とは、決算期末の棚卸資産の残高を確認するために、実際に現物を点検・計量する手続のことです。

商品の品種、性能、保管状況などを調査します。

⑵　実地棚卸の目的

次の３点を挙げることができます。

①商品管理の維持向上

②資産の保全

③財務諸表における資産の表示の適正化

一般に実地棚卸は、決算業務の一環として実施されることが多いため、財務諸表作成目的のイメージが強いですが、決してそれだけためのものではなく、特に月次決算で行う棚卸は商品の保管状況や、紛失・陳腐化の有無の確認など、事業を円滑に遂行するための手続であることに留意すべきです。

⑶　実地棚卸の手順

実地棚卸は、棚卸の準備、棚卸の実施、棚卸の集計・整理の３つのステップで行います。

ステップ１・棚卸の準備

①倉庫見取図の作成、棚卸のタイムスケジュール、棚卸担当者の組合せ等

の事前準備

② 商品・倉庫の整理整頓

③ 棚卸票の確認

④ 商品受払台帳の整備

⑤ 売上・仕入の締切

ステップ２・棚卸の実施

① 緊急入出庫を除外

② 棚卸の実施

ステップ３・棚卸の集計・整理

① 棚卸票の回収

② 商品受払台帳への記帳

実地棚卸は、顧客に提供する商品を、十分な品質で保持できているかをチェックする重要な業務です。

実地棚卸を疎かにする会社は、ほぼ例外なく事業の姿勢の緩みに繋がります。実地棚卸は決して決算のためだけに実施しているものではないという認識をもつ必要があります。

♠棚卸における留意点

⑴ 営業サイドのメンバーは参加すべき

（理由）

① 商品に詳しくない者だけでカウントすると、品種間違いなどが起き、作業が非効率になりがち。

② 商品の状態の判定は、商品に通じた者でないとできない。

③ 在庫の処分性の判断は、営業視点が必要である。

（在庫処分キャンペーンや販促品としての利用価値も踏まえた判断は営業サイドでしかできない）

⑵ 棚卸前に事前の整理整頓をしておく

（理由）

① 棚卸の途中に商品を移動させると、計数済みの商品と未計数の商品が

ゴチャゴチャになる

② 棚札 No が散在してしまい、棚札の回収や、現物在庫の所在を後から確認することが煩雑になる

③ 商品の移動作業のタイムロスは大きく、時間通りに終わらない原因になる

⑶ リスト方式でなくなるべくタグ方式で実施すべき。

① リスト方式だと、複数人でカウントすると、重複カウントを起こしやすい

② リスト方式だと、分散して保管する商品はカウント漏れを起こしやすい

③ リスト方式は、正しくカウントされているか、第三者がチェックしにくい。

④ タグ方式は、計数者は、とかく順番にカウントしていけばよいため、手待ちロスが少ない。

※タグ方式とは、計数者が、品目・個数を確認し、棚札を現物に貼付するとともに、現物に棚札が貼付されているのを視認することで、網羅的に計数したことを確かめる方法

※リスト方式とは、事前に品名が記載された棚卸表に、数量を記入していく方法 (自動倉庫など、重複カウントを起こしにくい状況に用いられる)

⑷ 売れる見込みが薄いと判断したものは、積極的に処分・評価減の対象とする。

(理由)

① なんとかすればと言っても、追加の営業努力に見合った収益が得られるわけでなく非現実的。

② 下手にキャンペーンなどで在庫を売りぬこうとしても、需要の先食いを恐れ、実際には売れないことが多い。

③ 保管費用はタダではない。

④ 在庫の廃棄も、節税効果を考えるとマイナスというわけではない

Q110 卸小売業の月次決算早期化の方法は

Answer Point

♤月次決算の早期化のポイントを実例に基づき挙げてみます。
♤経理業務以外のところがボトルネックになっている可能性があります。

♠月次決算の早期化のポイントは

一般的な月次決算の早期化のポイントはQ98で挙げたとおりですが、ここでは早期化の実例を挙げてみます。

⑴　経理ではなく、部門の現場で伝票入力したケース

M&A等により入力業務が急増したあるアパレル業では、①ワークフロー機能により、現場部門からの支払依頼や経費精算書がそのまま仕訳データに反映される仕組みを構築、②紙伝票でのチェックから電子承認へ変更、③バーコードを用いて申請書の承認を行うことで、証憑の確認と仕訳データの同時生成を実現により現場で入力できる仕組みを構築し、経理部の負担を大幅に軽減しました。

⑵　役職や立場によって"利益"の考え方が異なるために生じた手作業による数字の組み替え処理を撤廃したケース

ある飲食業では、①勘定科目体系を見直し、複数の集計方法ができるように工夫し、パート・アルバイトなどの労務費や一部の店舗経費を「管理可能費」、固定費や突発的に発生する修繕費を「管理不能費」と分類し、店長やエリアマネージャなど、役割と責任の範囲に応じて集計できる範囲を指摘できるようにする、② 部門体系⇒店舗の属性（業態や規模、出店時期など）によって、複数の角度から集計が行えるように設定を行いました。

併せて、部門体系の履歴管理が行える仕組みを導入することで組織の統廃合にもスムーズに対応できる仕組みを構築し作業による数字の組み替え処理を撤廃しました。

⑶　入金日の債権消込を実現するなど、入金管理を効率化したケース

ある電子部品卸売業では、売掛債権管理システムにつき銀行の入金データを取り込み、入金額と振込依頼人名を元に得意先を自動で特定する機能があり、同様に、電子記録債権についてもデータを取り込むことで得意先と期日を管理する機能が使えることがわかり、入金時には、「仮払金」に計上し、銀行残高を一致させた後にこの「仮払金」と債権を消込むことができるので、入金日にすぐに消込作業を行う必要がなくなり、業務負荷のピークを分散しつつ細かな債権管理が行えるようになりました。

♠ボトルネック要因の追及

前述したように、ボトルネック要因が経理以外のところにあることも少なくありません。ボトルネック要因の探索は、業務フローを効率的に利用することで可能になります（業務フローについてはQ104及びQ114を参照)。

♠月次決算の早期化の手順は

月次決算の早期化については、一般に図表105のような手順でプロジェクトを進めることが効果的です。

【図表105　月次決算の早期化の手順】

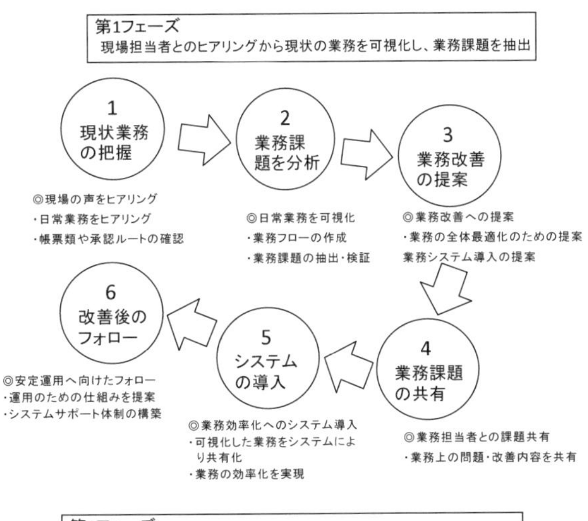

Q111 月次決算での固定費と変動費の取扱い・管理は

Answer Point

♤卸・小売業では一般的に売上原価≒変動費が成り立ちます。

♤大量仕入による値引を狙ったケースや、顧客のため定常的に一定の在庫を抱えておかなければいけないケースなどの取扱いが問題です。

♠原価計算がない卸・小売業

卸・小売業の場合、製造業のように原価計算というものがなく、製造原価の代わりに商品仕入高が大きな割合を占めます。

商品仕入高は、完成品を左から仕入れて右へ転売するという「真の変動費」としての性質を有しますので、仮に月次決算において変動損益計算書を活用する場合、販売管理費以降の固変分解が煩雑な場合は、単純に売上原価のみを変動費と考えることも可能になります。

この場合は一般の損益計算書が変動損益計算書になるため特に変動損益計算書を月次決算において意識して作成する必要はありません。

むしろここからが重要で、例えば卸売業の場合、利益管理について、担当者別、営業部門別、販売地域別、商品別毎という把握単位ごとに、売上高、仕入原価、粗利益、販売コスト(販売手数料、旅費交通費、接待交際費など)、間接費(共通費)及び金利コストを把握して貢献利益を算出し業績評価の基準とするやり方もあります。

小売業の場合、一般的には商品別の利幅の把握と在庫の把握が重要です。いわゆる「売れ筋商品」の把握と商品の品揃えの兼ね合いです。

利益管理表としては、商品別販売効率表があります。把握単位としては商品別がベストですが、商品群あるいは店舗別と捉えることも可能です。

また、商品ごとに、売上高、粗利益、売り場面積、購売客数、購売点数、在庫残高、従業員数などのデータを取って、1人当たり売上、1平方メートル当たり売上、粗利益率、在庫回転率、売上構成比率、交差主義比率などを算出して、商品の販売効率を見極めることで、商品別の利益管理を行うというのが商品別販売効率表になります。

卸・小売業の場合真の変動費が仕入原価とわかりやすいのでそこから商品の1単位当たり（可能なら注文から販売までの単位時間当たり）スループットを算出し､それを最大化するのを考えることも必要ではないかと考えます。

♠仕入が固定費になるケース

例えば、大量仕入による値引きを狙ったケースとか、顧客のため定常的に一定の在庫を抱えておかなければいけないケース等は仕入の一部は売上とは連動していないため固定費と考えることができます。

また、大手スーパーやドラッグストアでは商品は日々めまぐるしく入れ替わりながら棚卸資産から売上原価の振り替えが行われているわけですが、これなどどちらかというと振替作業そのものは商品補充と合わせて固定費のイメージがあります。

このような場合、商品個別というよりもう少し大きな括り（例えばドラッグストアなら粗利の大きい医薬品とそうでない日用品という風に）で採算分析を行い、売価還元原価法（売価から原価を還元する（導き出す）という意味で、例えば、売価が100円で原価率が60％なら、原価は100×0.6で60円とする方法です）で売価を先に決め、それに値入率や原価率を掛け、原価を計算する方法で在庫金額を把握するのもいいでしょう。

固定費と変動費の分類についての考え方として、損益分岐点の考え方でもわかるとおり、通常は売上金額に比例するものを変動費と考えますが、実務上はQ 99で述べたように売上個数に比例するという考え方のほうが正しい場合が多数あります。

商品は定価で売ろうが値引して売ろうが売上量が増えれば仕入量も増えますし、売上量が減れば、仕入量も減ります。

売上高10%減った場合も売上単価が10%落ちたのか、売上数量が10%落ちたのか、それともその両方の組み合わせなのかを正しく分析しないと売上高減少の真の原因が見えてこないことに留意する必要があります。

Q112 卸小売業の月次決算で注目すべき経営指標は

Answer Point

♤ここではKPI（重要業績評価指標）とKGI（業績目標達成指標）という観点から経営指標を説明したいと思います。

♤卸小売業のKPIの実例を考えます。

♠KPI（重要業績評価指標）とKGI（業績目標達成指標）

卸・小売業に限らず、企業の業績改善において、バランストスコアカード（以下BSC）やKPI（重要業績評価指標)、KGI(業績目標達成指標)というものが活用されるようになってきました。

バランストスコアカードとは、財務評価だけに偏った従来の経営管理手法を、顧客や人材など非財務評価を加えて多角的な指標でバランスを取る、現代経営に適合する論理的な管理手法です。

経営分析や経営計画では、売上高や経常利益など財務指標だけに偏った評価や目標のオンパレードになりがちですが、それだけにとどまらず、経営資源を構成するヒト・モノ・カネの動機づけとバランスで考えるべきという観点より開発されました。

♠BSCとKPIとKGIの関係は

ここではBSCの詳細を語ることはできませんが、BSCとKPIとKGIの関係、卸小売業におけるKPIとKGIの活用について説明します。

BSCは、企業活動を①財務的視点、②顧客の視点、③社内ビジネス・プロセスの視点、④学習と成長の視点の4点で評価しますが、この4分野において戦略目標やKGI、KPIが設定されます。

KGIは、企業における経営の最大目標を数値で評価するものです。

「利益率10％達成」、「売上高2倍の必達」という経営の目標数値で、KPIは、

KGI を達成するために具体的なアクション・プランにおいて、業績評価指標として詳細に細分化します。

経営のモニタリング・パラメーターといえるものです。

KPI は、4 つの視点において、相互に整合性を持たせながら、各々に様々なものを設定します。　それらの総和として KGI の達成につながる必要があります。

卸・小売業の KGI や KPI の実例は次のとおりです。

【図表 106　バランススコアカードによる KGI、戦略視点別 KPI の構成例】

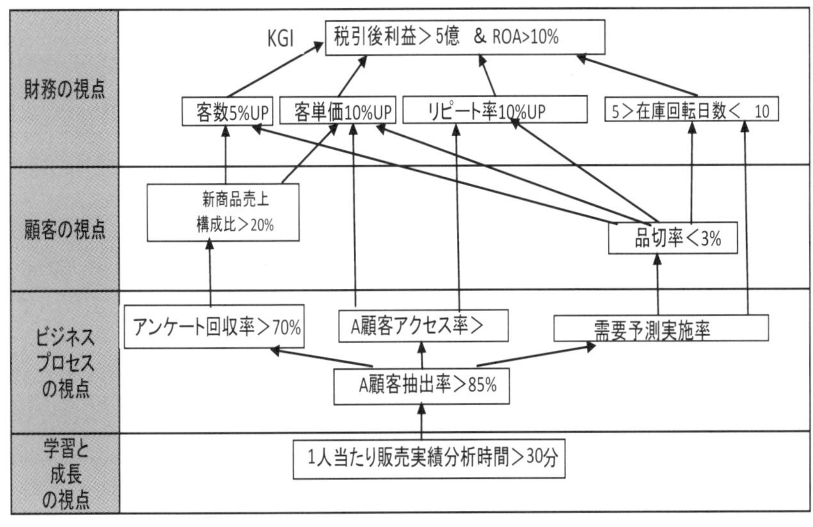

♠バランストスコアカード導入でよくある失敗は

バランストスコアカード導入でよくある失敗は、

(1) 一度決めたら修正しない

(2) 作成に時間をかけすぎる（いつまでも実施しない）

(3) とにかくトップダウンで実施する

(4) 全社→部門→個人で作成する

(5) すべての人事評価を BSC で実施する

の 5 つに大きく絞ることができるそうです。

会社戦略全体が BSC 一色に染まらないよう必要な場合は部門レベルに一任する等柔軟な利用が望まれます。

♠卸小売業のKPIの実例

卸小売業のKPIの実例について検討いたします。まず卸売業では荷主サイドと物流事業者サイドの指標があり、どちらの立ち位置かで指標の種類に相違があります。

ただし、基本的な切り口は同じ、大きくは①コスト指標、②在庫指標、③サービスレベル指標、④返品指標、⑤物流条件指標の5つに分けることができます。

①のコスト指標の代表的なものが、売上高物流コスト比率です。これは企業の物流コストの総計を売上高で割り算した比率です。指標として一番の基本になるものです。

②在庫指標では、商品・製品在庫（在庫日数）が代表的です。分母を売上高と売上原価にする場合の二通りありますが、1日の売上高の何日分の在庫を保有しているかという方向でチェックする場合は売上高を用います。

③は、納期遵守率、配送件数（配送1件当たり売上）や配送先数になります。

④の代表的なものは、返品率（返品数÷（販売数＋返品数））です。

⑤は、出荷ロットや納品先待機時間が該当します。

これらの指標を月次決算資料に加え、比較検討することにより改善を図っていきます。

♠KPI・KGIの設定における留意点は

次に、KPI・KGI設定における留意点を5つ挙げます。

① 指標は、最初は経営目標に対して1本の「指標の流れ（CSF→KGI→KPI）」で設定してください。経営目標の「要件の数」に合わせて、いくつかの「指標の流れ」を待つ場合も指標の数は要件の数までです。

② 視点の長さは、「次の経営段階に進むまでの長さ」に合わせます。

③ 経営目標に沿った、指標を設定します。うまく行かな場合仮説→検証を復習します。

④ KGIで成果を測定し、KPIで行動を測定、そこから予測をたてられるよう指標を設定します。

⑤ 行動者に指標に対する責任を与えます。

Q113 卸小売業の月次決算を戦略的に活用するポイントは

Answer Point

♤月次決算を戦略的に活用するには、会社ぐるみの協力が必要となります。
♤社長が最低限見るべきチェックポイントがあります。

♠戦略的活用のための月次決算の前提と異常値の見方

月次決算の戦略的活用を図るためには、経理担当の努力だけでできるものではなく、会社ぐるみの協力が必要となります。

そのための前提となる条件は次のとおりです。

- 前提1・・・月次決算の目的の明確化
- 前提2・・・経営計画の制度化
- 前提3・・・全体最適からの経理部門以外の改善。
- 前提4・・・無理なく段階的に進める。
- 前提5・・・日々完結に徹する。
- 前提6・・・ワークフロー等情報システムを活用する
- 前提7・・・図表化、グラフ化による“見える化経営”を行う。

さらに、Q103で挙げたような異常値発見の基準と異常値を発見した場合のアクションプランを明確化することにより、月次決算が実りあるものになってきます。

ここまでは会社一般にあてはまることと思いますが、これ以降は会社ごとに重要な資料を工夫し、月次決算資料に加えていけばよいのではないかと思います。

次に、月次決算の戦略的活用のため月次決算で最低限社長が見るべきポイントは次のとおりです。

損益計算書からは、会社の売上・利益を把握し、貸借対照表からは、資産と負債のバランスより現在､未来の資金繰り状況を把握することができます。

月次決算書における最低限のチェック事項は、図表107のとおりです。

【図表107　月次決算書の最低限チェック事項】

項目	チェック事項
①　売上の変動（前年･前月比較）	前年、前月、計画と比較し、差異原因をチェックする。
②　粗利益(率)の変動	前年、前月、計画値と比較し、差異原因をチェックする。
③　在庫の変動	在庫が極端に増えていないか、また欠品が出ていないか、長期滞留品が存在しないかをチェックする。
④　経費の変動	異常に増えている経費がないかをチェックする。
⑤　売掛金の残高	売掛金の回収が遅れていないかをチェックする。
⑥　キャッシュフロー	キャッシュの残高とフロー（営業C、投資C、財務C）の動きをチェックする。

上記は異常値発見の基準と併せ確認すべきもので、時間制限もあることですから、適切な基準（例：5～10％）を定めることにより、月次決算検討会議を時間的に短くとも実りあるものにしていただければと思います。

月次決算活用にあたって、例えば、月次決算において売れると思ってある商品について大量の在庫を抱えたが、計画に反して売れ行きがよくないことが判明したとします。その場合、次のような対処方法が考えられます。

・売れ筋商品やその関連商品（ついで買い商品を含む）についての仕入を増やすようにする。

・死に筋商品の仕入をやめると同時に、在庫商品を値引してただちに売り切るようにする。

・営業方法を変える…直接営業から代理店方式へ根本的に切り変える。

このような戦略の転換は、月次決算の早期化や異常値の早期発見のための月次決算書のフォーマットの工夫により初めて可能になります。

Q114 卸小売業の月次決算業務のフローとその改善方法は

Answer Point

♤よい業務フローを作成するためには、開始条件や流れを明確にするなどに留意しましょう。

♠よい業務フローを作成するための留意点

よい業務フローを作成するためには、次の３つに留意してください。

⑴　開始条件を明確にすること

その業務が、何をきっかけに開始されるのかを明確にすることです。例えば「メールが届く」、「システムからアラートが発生する」、「定期的に実施することが決まっている（日次、週次等）」といったものです。

⑵　流れ（時系列）を明確にすること

接続線ができる限り交差しないように各図形を配置するのは勿論のことですが、時系列の関係性が明確にわかるように意識して書くことが大事です。

⑶　分岐条件を明確にすること

業務の流れが分岐する場合は、その条件を明確にする必要があります。

分岐条件が明確でない場合、フローの読み手にはその業務にどういうパターンがあるのか把握することができません。

♠典型的な失敗例とその克服策は

業務フロー改善においてワークフローシステムを導入した場合の典型的な失敗例を次に挙げてみます。

⑴　親会社から部長が配属されると、ワークフローシステムの承認ルート変更で、毎回100万円のコストが請求される。しかも、変更作業が土日も含め３日３晩も続く。

⑵　ワークフローシステムを開発した業者なのでちょっとしたことならカスタマイズが可能と判断した。ところが、すべての申請書がカスタマイズの

対象となり、自動仕訳機能は１から手づくりとなった。

その結果、設計後の開発見積もりは当初予定の３倍にもなり、さらにＳＥに業務知識がないため、受入テスト以降の機能修正で納期も１年遅れ。

(3) そもそもワークフローシステムは、業務をサポートするシステムでありながら基幹業務システムへ繋がらない。手作業でデータ投入をしなくてはならない。

このような失敗を犯さないためには、やはりQ104で述べた形でワークフローシステムの導入を図っていくことが必要です。さらに、ワークフローでは製品選びや十分なリサーチが不可欠です。

併せて、強いリーダーシップが重要なことも認識する必要があります。

システム化には、ボトムアップで成功できるものとトップダウンで成功できるものがあります。

ワークフローは後者です。現場の意見に従っていると、ワークフローの導入はなかなか進みません。

♠わかりやすい業務フロー作成と改善のポイント

最後に、わかりやすい業務フローを作成するためのポイントと業務フロー改善についての留意事項を挙げておきます。

(1) わかりやすい業務フローを作成するための３つのポイント

① 分岐はむやみに多用しない

② 目的に合わせて分岐が必要かどうか考える

③ 細かい処理は分岐ではなく、箇条書きなどで横に説明として記述する

(2) 業務フロー改善にあたっての留意事項

① 業務プロセス改善の主体者と各業務の問題点の明確化

② ミーティングにはそれぞれのプロセスの関係者を参加させる

③ 関連するプロセスは同時に改善を行う

④ 改善案はわかりやすく図式化する

⑤ 新しい業務フローの導入が失敗するケースを想定しておく

⑥ １つの問題点はすべてにおける問題点として捉える

手書きの請求書や領収書を使い続けることの可否は

Answer Point

♤手書きで請求書や領収書を使い続けることは、インボイス（適格請求書）の記載事項の要件を満たしていれば認められます。

♤手書きで領収書を使い続ける場合は、記載ミス防止などについて注意を要します。

♠適格請求書（インボイス）は、手書きで使い続けることが認められる

適格請求書は、次の①～⑥の事項が記載されていれば、手書きでも使い続けることができます。なお、⑥の記載事項が省略されている適格簡易請求書についても、手書きのものを使い続けることができます。

① 適格請求書発行事業者の氏名又は名称および登録番号

② 取引年月日

③ 取引内容（軽減税率の対象品目がある場合はその旨）

④ 税率ごとに区分して合計した税抜き又は税込み対価の額及び適用税率

⑤ 税率ごとに区分した消費税額等

⑥ 書類の交付を受ける事業者の氏名または名称

♠インボイス対応の正しい請求書の記載例

受け取った請求書や領収書が誤っていたときの処理ですが、下記がインボイス制度適用後の請求書の記載例になります（図表108参照）。

まず、①として、請求書を発行した会社名と登録番号の記載が必要です。②として、取引日付の記載が必要です。③が取引内容です。軽減税率対象となっているものに※が付されています。次に④として、10％対象の本体価格、また、8％対象の本体価格を入れる必要があります。そして⑤として、10％の消費税額いくらか。8％の消費税がいくらになっているかを記載すること

【図表 108　請求書の記載例】

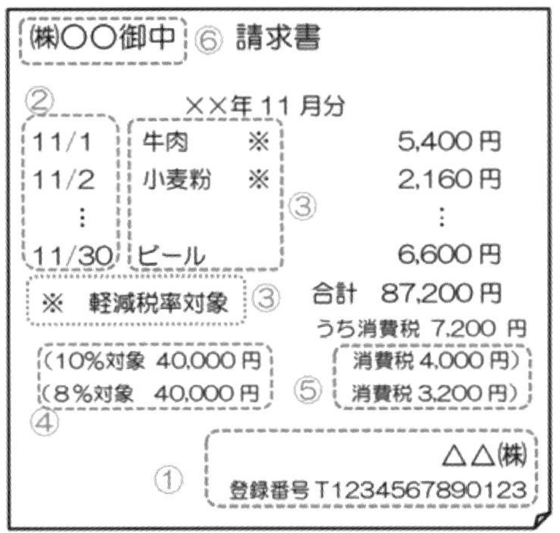
㈱〇〇御中 ⑥ 請求書
②
××年 11 月分
11/1 牛肉 ※ 5,400 円
11/2 小麦粉 ※ 2,160 円
⋮ ③ ⋮
11/30 ビール 6,600 円
※ 軽減税率対象 ③ 合計 87,200 円
うち消費税 7,200 円
(10%対象 40,000 円 消費税 4,000 円)
(8%対象 40,000 円 ⑤ 消費税 3,200 円)
④
△△㈱
① 登録番号 T1234567890123

（引用；国税庁）

が必要です。最後に⑥として、請求書の宛先の企業、つまりお金を払う側の企業名を記載することになります。

次の３点がインボイス制度後、新たに記載が求められるようになった事項になります。

- ①のインボイス番号
- ④の税率別の本体価格
- ⑤の税率別の消費税額

♠電子化ができる体制も整えておく

電子帳簿保存法が改正され、今後ますます電子請求書での取引が増えると予想されます。そのため、手書きで請求書を作成した場合であっても、取引先からデータで請求書を送って欲しいと要求されるケースもあるかと思います。

よって､スキャナを導入して手書きの請求書を読み取れるようにするなど、対処法を事前に考えておくことをおすすめします。

また、手書きの請求書は、ファイリングして保管しておくためのスペースが必要となるため、自社だけでなく、取引先にとっても負担となることも考慮して、電子化への移行も検討しておくのがよいでしょう。

♠インボイス制度対応の領収書とは

登録番号を手書きするケースが一番多いのは、小売業や飲食店業などで使用する領収書になるかと思います。記載例は図表 109 のとおりです。

【図表 109　領収書の記載例】

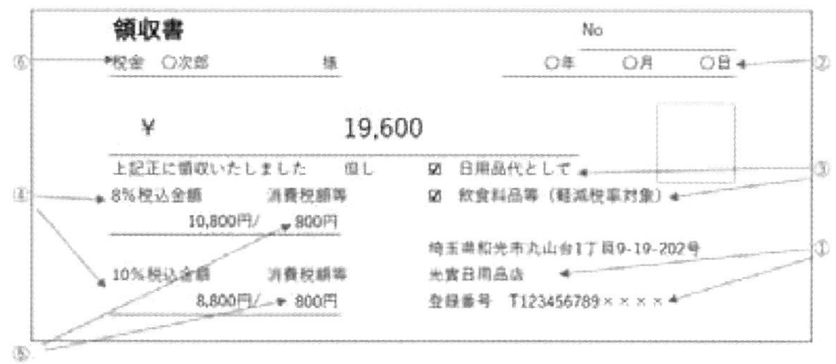

領収書　No

⑥ 税金 ○次郎　様

○年　○月　○日 ②

¥　19,600

上記正に領収いたしました　但し　☑ 日用品代として ③

☑ 飲食料品等（軽減税率対象）

④ 8%税込金額　消費税額等

10,800円/　800円

10%税込金額　消費税額等

8,800円/　800円 ⑤

埼玉県和光市丸山台1丁目9-19-202号 ①

光雲日用品店

登録番号　T123456789××××

領収書には、適格請求書の必要な記載事項の番号①～⑥を振っています。インボイス制度対応の領収書が、既に各社から販売されています。ですので、そちらを使用すれば、記載事項を充たした手書き領収書を作成することが可能です。

また、登録番号の項目がない領収書を現在使用している場合も、登録番号をちゃんと記載しており、インボイス記載要件が充たされていれば、現在のものを使い続けることも可能です。

♠手書き領収書を使い続けるときの注意点は

手書き領収書の場合、注意点として、手書による記載ミスをする可能性があります。

その場でミスに気づいた場合には、直ちに修正すればいいのですが、受け取った側で気づいた場合には、受取り側で追記などの修正ができませんので、再発行が必要となります。

登録番号について、領収書と同時に登録番号を毎回手書きで記載するのは、ミスの原因になりますし、時間もかかります。なので、登録番号のゴム印を用意しておいて、領収書へあらかじめ印字しておくなどの方法も可能です。

Q116 請求書や領収書のメール添付を使い続けることの可否は

Answer Point

♤領収書や請求書をメール添付で使い続けることは特に問題ありませんが、領収書をメールで送ることも法的には特に問題ありません。

♤電子帳簿保存法に配慮する必要があります。

♠領収書をメール添付で使い続けることは問題ない

領収書をメールで送ることは法的には特に問題ありません。領収書のフォーマットは法的に定められている訳ではなく、下記の必要事項①～⑤が記載されていれば、PDFなどのファイルやメールの本文に領収内容を記載して送っても、税務上は領収書として有効です。メールに限らず、チャットツールといった電子的な方法で領収書を送付することもできます。

① 受領日
② 受領金額
③ 但し書き
④ 支払者の宛名
⑤ 発行者の住所・氏名

これまでは領収書などの税務上必要となる文書は、書面で送付する方法が一般的でしたが､電子帳簿保存法の改正などにより､今後は領収書を電子データとして送付する方法が主流になることが予想されます。

なお､送付時には事前に送付先へ確認し、了承を得ておく必要があります。

♠領収書を電子的に送付する主な方法は

領収書を電子的に送付する主な方法は、次の①～④の４つです。

①紙の領収書をスキャンして送信する

書面で作成した領収書をメールで送信する場合は、スキャナやデジタルカメラ、スマートフォンなどを利用して書面をPDF化すると都合がいいです。ただし、領収書をスキャンして送信する場合は、電子帳簿保存法の「スキャナ保存」の適用要件に注意が必要です。

先方が読み取れる鮮明な画像を送信することや、内容の訂正・削除が行われた事実を確認できるようにすることが要件とされています。

② WordやExcelなどで作成した領収書をPDF化して送信する

WordやExcelを利用して領収書を作成する場合は、ファイルをそのまま添付するのではなくPDF化して送信するといいです。

WordやExcelのファイルをそのまま送信してしまうと取引先のソフトウェアやOSのバージョンによっては文字化けしてしまう可能性があるほか、領収書が改ざんされる可能性あるからです。

③領収書作成システムで発行して送信する

多くの企業と取引を行っている場合は、領収書作成システムを活用して領収書を発行すれば効率的です。

作成した領収書がそのままメールで送信できるほか、領収書の送付履歴などが確認できるようになるからです。

④領収書代わりになるメールを送信する

WordやExcel、領収書作成システムで領収書を作成するほかに、メール本文に領収内容を記載してメール自体を領収書として送信することも可能です。

領収書としての要件を満たす記載があれば、書面やPDFでなくても領収書として認められます。また、メールであれば内容を改ざんできないため、証憑書類としての要件も満たしています。

♠請求書のメール添付で送るときの留意点は

請求書をメール添付で送る場合は、次の(1)～(5)に留意する必要があります。

(1) 請求書をメールで送付してよいか送り先に確認する

請求書をメールで送る場合は事前に送付先へ確認し、了承を得ておかなければなりません。商取引で請求書の原本送付をマストとしている企業は多く、原本がないと取引自体ができないというケースもあるので注意が必要です。

請求書の原本が必要な場合は、まずメールで請求書のデータを送り、その後に原本を郵送します。初めて取引をする企業に対しては、請求書の送付方法を事前に確認しておくと未然にトラブルを防止できます。

⑵　請求書のデータ形式をPDFなどの改ざんできないものにする

請求書のデータはWordやExcelで作成するのが一般的ですが、取引先にメールで送る際は編集制限をかけたPDFや画像データなど、つくり替えにくいデータ形式で送るようにします。

また、メールの誤送信やファイルの流出などにも備える必要があります。リスク軽減のため、送付するファイルにはパスワードを設定しておき、請求書とパスワードが記載されたメールを別々に送るようにします。

⑶　押印が必要か確認する

「会社が承認した正式な書類」の証明として、請求書には会社の印鑑を押すケースが一般的です。

しかし、書類に押印する印鑑は法的な効力を持つわけではないので、なくても問題はありません。なかには「押印のないものは受け付けることができない」という会社もあるため、押印が必要かどうかは事前の確認が必要です。

⑷　件名で請求書の添付がわかるようにする

メールで請求書を送るときは、メールの件名や本文に請求書を添付していることがわかるように記載します。

なお、取引先のメールボックスには膨大な量のメールが届いていることを想定し、メールボックスの一覧の時点である程度内容がわかるよう、件名に「自社名」「要件の要約」「請求書を添付している旨」など要点を書いておくといいです。

⑸　電子帳簿保存法に対応した電子請求書を作成する

請求書をデータでやり取りする方法は電子取引にあたり、「電子帳簿保存法」にその要件が定められています。請求書をメールで送る際は、次の点に留意を要します。

・検索しやすいファイル名にする

電子帳簿保存法の要件の中には、「検索性（データの探しやすさ）の確保が必要」と定められています。そのため、ファイル名を「取引年月日」「取引金額」「取引先名（自社名）」を含んだ形式で統一し、税務署より提出を求められたら一括でダウンロードできるようにしておく必要があります。

・いつでも誰でも読める状態にする

請求書のデータは、「見読性（いつでも閲覧できる状態、あるいは誰でも明確に読める状態）」を確保する必要があります。モニターの画面上で表示したり、プリンターで紙に出力したりするための設備を用意しておきましょう。

・改変や削除などがないことを明確にする

請求書を電子化して保存する際は、故意に改変や削除などがされない「完全な状態」であることを証明できなければなりません（真実性の確保）。具体的な方法としては、タイムスタンプ機能や訂正・削除の履歴が残るシステムを用いるケースが一般的です。

・電子ファイルの保存に関する社内規定を設ける

電子取引で発生した電子データは、発行した側も受け取った側も原本を一定期間（法人：7年間／個人：5年間）保存しておかなくてはなりません。自社の運用に合った事務処理規定を作成したうえで、データの紛失や改ざん等のトラブル回避のため管理を徹底します。

・トラブル発生時のマニュアルを整備する

電子化処理に慣れていない電子化導入初期は、「正しいファイル形式で保存できていない」「スキャンした画像データが要件を満たしていない」「保存したと思っていたファイルが保存できていない」といったトラブルが考えられます。電子化導入初期は「ミスがある前提」でマニュアルを作成し、トラブル解決も業務内容に含めた責任者を置くとよいでしょう。なるべく早く現場が電子化を常態化できるよう、修正作業が迅速に行える作業工程を業務に組み込みます。

なお、メールで請求書を送る際は、送信先の宛先の間違いに十分注意します。ミスがあると、外部に請求情報が漏洩します。自社の他請求先の企業にも迷惑をかけるので慎重に対応する必要があり、「メールアドレスをアドレス帳に登録しておく」「メール送信ボタンをクリックする前に警告を出すシステムを利用する」等の対策が必要です。

受け取った請求書が誤っていたときの処理は

Answer Point

♤インボイス対応の請求書に基づいて考える必要があります。

♤不備あるインボイスを受け取った際の対応につき原則と但し書きがあります。

♠不備あるインボイスを受け取ったときの対応は

Q115 で説明しました、インボイス制度後から必要になった次の項目については、記載漏れや不備があるケースが多いです。

・①のインボイス番号

・④の税率別の本体価格

・⑤の税率別の消費税額

♠買い手側の対応＝原則的な扱い

買い手の対応は次のようになります。

例えば請求書にインボイス番号の記載が漏れていた際に、原則としては、買い手サイドで相手企業のインボイス番号がわかっていたとしても、それを請求書に、追記・修正することは認められていません。

そのため、売り手に請求書を改めて出し直してもらう必要があります。これが原則になります。

♠買い手側の修正個所を売り手側の確認を受ける方法でも可

ただ、売り手に請求書を出し直してもらうのは、手間がかかり面倒で、売り手にも負担です。そこで、2023 年 11 月 13 日に国税庁から新たな情報が出ました。

「消費税の仕入税額控除制度における適格請求書等保存方式に関するQ＆

問や既存問の改訂等として整理し、集約したものとして「多く寄せられるご質問」という資料がアップロードされました。

そこでは、先ほど記載した原則的な扱いの例外として、「買手がインボイスを自らの手で修正し、修正した内容を売り手に確認を受けることでも、インボイスとして成立する」という取扱いが出されています（国税庁のホームページの『お問い合わせの多い質問』の本文）。

つまり、買い手が請求書を修正しても、売り手の確認を受ければ、自社として不利な処理とはならないということです。原則的な取扱いと比べると、かなり手間が減ることになるので重要です。

売り手の確認を受ける方法ですが、電話で確認を受ける行為についても特に否定はされていません。

もちろん、取引数量など重要な部分の修正であれば、やり取りが残るメールなどで修正したほうがよいと考えられますが、修正する内容の重要性やその取引先との普段からの連絡手段によっては、電話が適している場合もあると思います。

♠買い手側が再発行するときの売り手側の注意点は

買い手が自ら修正する方法を適用する場合、売り手側には次の点に注意する必要があります。

・当初交付した適格請求書の写しを保存すること
・売上税額の積上げ計算（※）を行っている場合は、買い手から受領した仕入明細書を適格請求書の写しと一緒の期間・方法で保存すること

(※)「積上げ計算」とは、適格請求書に記載された消費税額をもって消費税を計算する方法です。もう1つの「割戻し計算」（課税期間の税込売上金額から適用される税率の金額を引いて税抜の売上金額を計算し、さらにそれに税率をかけて消費税額を計算する方法）との違いは、適格請求書ごとに端数処理が入ることにあります。領収書についても請求書同様に考える必要があります。

Q118 発行した請求書や領収書を修正したときの処理は

Answer Point

♤発行した請求書や領収書を修正する方法は、①再発行する方法と②仕入明細書を作成して、売り手側の確認を受ける方法の２つがあります。

♤②仕入明細書の確認を受ける方法については、国税庁 Q&A で3つの方法が例示されています。

♤適格請求書や適格簡易請求書の記載事項に誤りがあった場合、買い手側がその請求書から仕入税額控除を正しく適用するには、誤りのある適格請求書等について正しい修正対応を行う必要があります。

♠対応方法１：売り手から買い手に修正した書類を交付（再発行）する方法

売り手が修正した適格請求書や適格簡易請求書を作成し、買い手に改めて交付する方法で、修正した適格請求書等の作成・交付方法には、次の２つの方法があります。まず、当初の適格請求書（誤）に対して、すべての記載事項を記載した書類を改めて作成・交付する方法（図表 110）と、もう 1 つは修正した部分を明記した書類を作成・交付する方法（図表 111）です。

後者の場合、当初の適格請求書（誤）との関連性を明らかにし、修正事項を明示する必要があります。「関連性を明らかにする」とは、例えば書類に「○月○日付けの請求書について、下記のとおり誤りを修正いたします」のような一文を添えて（図表 111）、修正した部分のみを記載した書類を交付することなどです（国税庁 Q&A 問 33）。

どの適格請求書の修正にかかるものか、相手に明確にすることが必要です。

♠売り手側が保存するもの

売り手側は、当初に交付した適格請求書（誤）の写しと、修正した適格請求書の写しの両方を保存します（国税庁 Q&A 問 33）。

【図表 110　すべての記載事項を記載しなおした書類を改めて作成・交付する方法】

適格請求書（誤）

○年○月○日

12月分請求書

○○株式会社御中

××株式会社
T123456…

品名	数量	税抜価格
A商品	10	2,000
B商品	10	3,000
C商品	10	5,000
合計		10,000

適用税率	税抜価格	消費税額等
8%対象	2,000	160
10%対象	8,000	800

→

適格請求書（正）

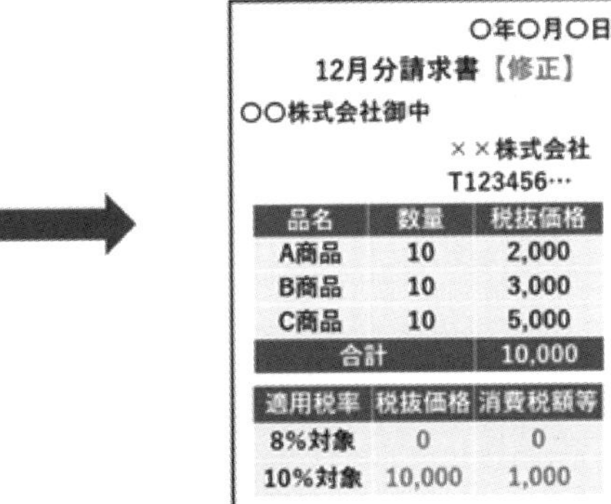

○年○月○日

12月分請求書【修正】

○○株式会社御中

××株式会社
T123456…

品名	数量	税抜価格
A商品	10	2,000
B商品	10	3,000
C商品	10	5,000
合計		10,000

適用税率	税抜価格	消費税額等
8%対象	0	0
10%対象	10,000	1,000

合計金額の集計に誤りがあった
・8%対象　2,000円→0円
・10%対象8,000円→10,000円

【図表 111　修正部分を明記した書類を作成・交付する方法】

適格請求書（誤）

○年○月○日

12月分請求書

○○株式会社御中

××株式会社
T123456…

品名	数量	税抜価格
A商品	10	2,000
B商品	10	3,000
C商品	10	5,000
合計		10,000

適用税率	税抜価格	消費税額等
8%対象	2,000	160
10%対象	8,000	800

→

適格請求書（正）

○年○月○日

請求書

○○株式会社御中

××株式会社

○年○月○日付12月分請求書について
下記のとおり誤りがありましたので、
修正いたします。

【正】

適用税率	税抜価格	消費税額等
8%対象	0	0
10%対象	10,000	1,000

【誤】

適用税率	税抜価格	消費税額等
8%対象	2,000	160
10%対象	8,000	800

合計金額の集計に誤りがあった
・8%対象　2,000円→0円
・10%対象8,000円→10,000円

♠対応方法 2：買い手で仕入明細書を作成し、確認を受ける

対応方法の２つめは、買い手側が自らその取引の「仕入明細書」を作成し、その内容について売り手側に確認を受けてから、その仕入明細書を適格請求書の代わりに保存するという方法になります。

売り手側の修正対応を待たずに買い手側から行動できるため、企業間の関係や取引の態様によってはこちらのほうが対応しやすいケースがあると考えられ、この方法2の場合、「仕入明細書とはどのように作成すればよいのか」「売り手側が先に確認を受けるとは、どのようなやり方なら法的に認められるのか」「売り手側は何を保存すればいいのか」といった点が問題になります。

♠仕入明細書の作成方法

買い手側が作成する仕入明細書においても、適格請求書のように記載しなければならない事項が下記①～⑥のとおり定められています。

① 作成者の氏名または名称
② 仕入先の氏名または名称と、その登録番号
③ 取引年月日
④ 取引内容（軽減税率対象の取引があればその旨）
⑤ 税率ごとに合計した支払対価の額とその適用税率
⑥ 税率ごとに区分した消費税額

♠仕入明細書の確認を受ける方法

確認方法については、国税庁Q&Aで次の3つの方法が例示されています。

(1) 仕入明細書の記載内容を、通信回線等を通じて相手方の端末機に出力し、確認の通信を受けた上で、自己の端末機から出力する
(2) 仕入明細書に記載すべき事項に係る電磁的記録につきインターネットや電子メールなどを通じて課税仕入れの相手方へ提供し、相手方から確認の通知等を受ける
(3) 仕入明細書の写しを相手方に交付するか、仕入明細書の記載内容に係る電磁的記録を相手方に提供した後、一定期間内に誤りのある旨の連絡がない場合には記載内容のとおり確認があったものとする基本契約等を締結した場合で、送付後にその期間の経過を待つ

♠売り手が保存するもの

売り手は、当初に交付した適格請求書の写しを保存します。

また、売り手が売上税額の積上げ計算を行っている場合は、買い手から受領した仕入明細書を、適格請求書の写しと一緒の期間・方法で保存します。

Q119 自動販売機の利用などインボイスを入手できないときの処理は

Answer Point

♤インボイスを入手できないときに備え自動販売機特例という制度があります。

♤自動販売機特例で仕入税額控除する要件は煩雑な内容になっています。ただし令和６年税制改正で要件が緩和されました。

♤自動販売機特例とは、３万円未満の自動販売機及び自動サービス機により行われる商品の販売等については、インボイスの交付を免除する、というものです。

♠自動販売機特例の対象になるものとは

次のような取引が自動販売機特例の対象になります。

① 自動販売機による飲食料品の販売

② コインロッカー

③ コインランドリー

④ 金融機関のATMや両替機を利用した場合の手数料

いずれも「機械装置のみにより代金の受領と資産の譲渡等が完結する」という点がポイントになります。つまり、機械装置のみにより代金の受領が行われているだけでは駄目で、それに加えて機械装置のみにより資産の譲渡等が完結する、という要件を満たしていなければなりません。

♠自動販売機特例の対象にならないものとは

「自動販売機特例に該当するのでは？」と思われるものでも、実際には該当しないものとして注意すべき取引として次の取引が挙げられます。

① スーパーやコンビニなどのセルフレジ

② コインパーキング

③ 自動券売機

④　インターネットバンキングを利用した場合の手数料

これらの取引が自動販売機特例に該当しない理由は、「機械装置のみにより代金の受領と資産の譲渡等が完結しているか」という点に照らして考えると整理できます。つまり、スーパーやコンビニなどのセルフレジは確かに機械で代金の受領が行われていますが、それは単にお会計の精算をしているだけであり、資産の譲渡が機械装置を使って実施されているわけではありません。

また、コインパーキングの場合は、駐車場に設置された機械で代金の受領と駐車券の発行などが行われているものの、資産の譲渡等についてはその機械を通じて行われているわけではありません。自動券売機も自動券売機も同様です。インターネットバンキングについても機械装置で資産の譲渡等が行われているとは言えません。

♠自動販売機特例で仕入税額控除する方法

ここまではインボイスの発行側における免除規定についてまとめてまいりましたが、インボイスの受領側においても仕入税額控除の要件を確認しておく必要があります。

インボイス制度下においては、原則として適格請求書（インボイス）の保存がないと仕入税額控除を行うことができません（ただし様々な例外はあります）。

自動販売機特例においては、インボイス発行側の交付義務が免除されていることから、仕入側の事業者においては仕入税額控除の要件として「帳簿への記載」のみが要件とされています。

自動販売機特例の帳簿の記載事項は次のとおりです。

①　課税仕入の相手方の氏名・名称
②　取引年月日
③　取引内容
④　対価額
⑤　課税仕入の相手方の住所・所在地（記載不要となる見直し案あり）
⑥　特例の対象となる旨

♠仕入税務控除を受けるための帳簿の追加記載

帳簿への記載のみで仕入税額控除を受けるためには、通常必要な記載事項に加えて、図表112の内容を追加で記載する必要があります。

【図表112　仕入税務控除を受けるために必要な帳簿の追加記載】

No.	追加で記載が必要となる内容
1	帳簿のみの保存で仕入税額控除が認められる仕入に該当する旨 ➡具体的には「3万円未満の自動販売機特例」などと書く。
2	仕入の相手方の住所又は所在地 ➡具体的には「XX市の自動販売機」「XX銀行XX支店のATM」のように書く。

これらの記載を帳簿に追加しなければ仕入税額控除が認められないこととされており、非常に煩雑で、事務処理の増大を招く制度となっています。

♠令和6年税制改正で住所等の記載が不要に

自動販売機特例は当初は経理実務を煩雑化する懸念があったものの、令和6年税制改正で住所等の記載が不要となる見直しがされています。では、実際にどのように記載を行うのでしょうか。

改正前は自動販売機の利用時に、「○○市　自動販売機　飲料　自動販売機特例」というような記載が必要でした。これについて国税庁が記載例を示し、自動販売機で飲料を購入した場合は「自販機　飲料」の記載でよいことになります。

所在地の記載が不要となっただけではなく「課税仕入の相手方の氏名又は名称」「特例の対象となる旨」についても「自販機」の記載のみでよいということです。

また、入場券など、券面が回収されてしまうものについても「○○施設入場券」と記載を行います。こちらも回収特例といった「特例の対象となる旨」の記載は省略が可能となりました。

♠1回の取引金額の判定と仕訳

これらの特例の適用については、1回の取引金額が税込み3万円未満に限るとなっています。

例えば「1本150円の飲料を20本(3,000円)自動販売機で購入した」場合、1回の取引金額の判定は「150円」と「3,000円」どちらになるかといいますと、判定基準はあくまでも1回の商品購入金額となるので、150円で判定をすることなります。

また、仕訳は （借方）会議費／（貸方）現金　3,000円　とまとめて記載して問題ありません。

【図表113　1本150縁の飲料を20本自販機で購入した場合】

取引金額：3,000円
摘要：「自販機　飲料」

総勘定元帳（会議費）				(株)○○
XX年		摘要	借方	貸方
月	日			
2	8	自販機　飲料※	3,000	
⋮	⋮	⋮	⋮	

入場券などについても考え方は同じで、「1枚2,000円の入場券を4枚(8,000円)購入した」場合の判定基準は1回の使用金額8,000円になります。

【図表114　1枚2.000円の入場券を4枚購入した場合】

取引金額：8,000円
摘要：「○○施設入場券」

総勘定元帳（福利厚生費）				(株)○○
XX年		摘要	借方	貸方
月	日			
2	8	○○施設入場券	8,000	
⋮	⋮	⋮	⋮	

出典：国税庁「令和6年度税制改正の大綱について（インボイス関連）」より

インボイス制度が開始されてから今まで摘要欄に詳細に記載していた仕訳について緩和された要件に合わせて、令和5年10月以降、すでに摘要に「○○市　自動販売機　飲料　自動販売機特例」などと記載されているものについて、特段の修正は必要ありません。今後もそのまま記載しても問題はありません。また、インボイス制度開始後から税制改正が入る前のものについても「自販機　飲料」という記載でよいとされました。

Q120 免税事業者などインボイス発行事業者以外の取引先との処理は

Answer Point

♤免税事業者や消費者は、適格請求書発行事業者登録を済ませていない課税事業者、以下、免税事業者等といいます。課税仕入は、仕入税額控除を適用できません。

♤売り手側にとっては、仕入税額控除の対象外分は全額自社負担となるため、一定割合の仕入税額控除ができる経過措置（Q121 参照）が設けられています。

♤経過措置による仕入税額控除を受けるときの処理はQ121 をご覧ください。

♠インボイス制度の概要がなければ仕入税額控除ができない

インボイス発行事業者以外の事業者、つまり免税事業者（または適格請求書発行事業者登録を済ませていない課税事業者）からの課税仕入は、仕入税額控除を適用できません。仕入税額控除のために必要な適格請求書を受領できないためです。

♠仕入税額控除の対象外の仕入分消費税は全額自社負担になる

適格請求書発行事業者に登録できるのは課税事業者であるため、免税事業者のままでは適格請求書発行事業者になることができません。適格請求書を交付できない事業者からの課税仕入は、仕入税額控除の対象外になるため、仕入分の消費税も自社で全額負担する必要があるのです。

【図表 115　消費税額の計算方法】

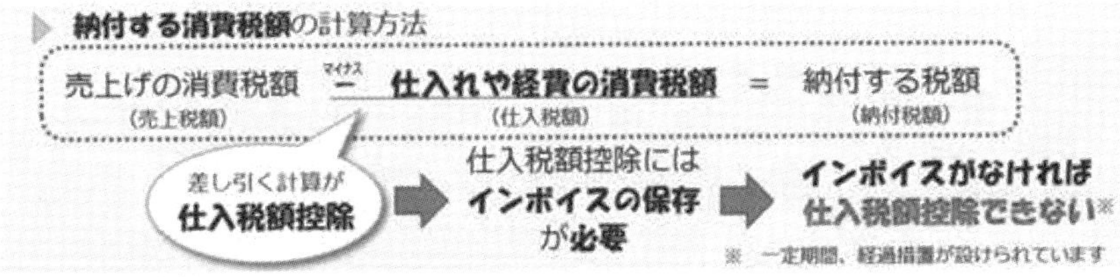

（引用：国税庁）

売り手側の負担を減らすため、免税事業者等からの仕入税額の一定割合を仕入税額控除ができる経過措置（Q121 参照）が設けられています。免税事業者の方はインボイスを交付できませんが、売上先には経過措置があり、当面は免税事業者からの仕入税額の“80%”は、仕入税額控除が可能です。

ただし、免税事業者が課税事業者になる場合、適格請求書発行事業者の登録を受けた後、簡易課税制度を選択して消費税の計算を行うことで、納税の事務作業負担を軽減できることもあります。

♠免税事業者が課税事業者になるメリット・デメリットは

免税事業者が課税事業者になるメリットとデメリットを考えてみましょう。

① 免税事業者のままでいるメリット：

消費税の納付が免除され、確定申告も不要です。

② 免税事業者のままでいるデメリット：

インボイス制度導入後、適格請求書がないと仕入税額控除が受けられない可能性があります。取引先との調整が必要です。

③ 免税事業者が課税事業者になるメリット：

取引の継続が可能で、仕入税額控除が問題なく受けられます。

適格請求書発行事業者からのインボイスにより、取引が円滑に進みます。

♠消費税の免税事業者が課税事業者になるために必要な手続

免税事業者がインボイス制度に対応するには、課税事業者となるための「消費税課税事業者選択届出書」と、適格請求書発行事業者となるための「登録申請書」を、納税地所轄の税務署長に提出します。ただし、2023 年 10 月 1 日から 2029 年 9 月 30 日までの日の属する課税期間中に登録事業者として登録する場合、免税事業者は、消費税課税事業者選択届出書の提出の必要はなく、登録申請書のみで課税事業者となる経過措置が設けられています。

提出方法は、書面または e-Tax の 2 通りになります。

課税業者になる必要があるときは、インボイス制度は開始済なので、速やかに対応するためにもなるべく早く登録申請をするのがいいでしょう。

Q121 経過措置による仕入税額控除を受けるときの処理は

Answer Point

♤経過措置を適用した場合の会計処理に留意します。
課税事業者にとって、免税事業者からの仕入は、仕入税額控除が適用できず税負担が増えますので、免税事業者からの仕入については経過措置が設けられています。
♤経過措置の期間や割合、仕訳例についても確認しておきましょう。

♠経過措置の概要は

インボイス制度導入後、免税事業者との取引については、経過措置の適用が可能です。経過措置とは、インボイス制度の導入から6年間、現行の「区分記載請求書等」でも一定割合の仕入税額控除が認められる仕組みです。

仕入税額控除についての段階的な経過措置がとられ、適用期間とその割合は、下記のとおりです。

① 2023年10月1日～2026年9月30日：仕入税額相当額の80％
② 2026年10月1日～2029年9月30日：仕入税額相当額の50％

ただし、2029年10月1日以降は、免税事業者との取引については完全に仕入税額控除が不可能となるため注意が必要です。

経過措置が適用されるには、「免税事業者から受領する区分記載請求書等と同じ事項が記載された請求書」と「インボイス制度の経過措置適用を受ける旨を記載した帳簿」を保存する必要があります。

♠経過措置を適用した際の帳簿への記載事項例

① 課税仕入の相手方の氏名または名称
② 課税仕入を行った年月日
③ 課税仕入にかかる資産または役務の内容（課税仕入が他の者から受けた軽減対象資産の譲渡等にかかるものである場合には、資産の内容および軽減対象資産の譲渡等にかかるものである旨）及び経過措置の適用を受ける

課税仕入である旨

④　課税仕入にかかる支払対価の額

「経過措置の適用を受ける課税仕入である旨」の記載については、個々の取引ごとに「80％控除対象」、「免税事業者からの仕入」などと記載します。

「※」や「☆」といった記号・番号等を表示し、かつ、これらの記号・番号等が「経過措置の適用を受ける課税仕入である旨」を別途「※（☆）は80％控除対象」などと表示する方法も認められます。

♠経過措置を適用した場合の仕訳例

仕入税額控除の経過措置を適用したときの仕訳例は、次のとおりです。

（仕訳例） 免税事業者から本体価格１万円、消費税率10％の商品を現金で仕入れた場合

①**（該当費用に上乗せする方法）**

経過措置適用時、消費税額の80％分が仕入税額控除を適用できます。

・取引時（支払い時）

（借方）	仕入	10,200円	（貸方）	現金預金	11,000円
	仮払消費税等	800円			

②**（雑損失で処理する方法）**

決算時に改めて仕訳する場合は、雑損失での処理が可能です。取引時（支払い時）は現行どおりに計上し、決算時に改めて「雑損失」という形で仕入税額控除を受けられない分（20％）を仕訳します。

・取引時（支払い時）

（借方）	仕入	10,000円	（貸方）	現金預金	11,000円
	仮払消費税等	1,000円			

・決算時

（借方）	雑損失	200円	（貸方）	仮払消費税等	200円

なお、仕入と経費のいずれも、免税事業者へ支払った金額は摘要欄に「免税事業者」などの記入が必要になります。課税事業者との取引と同様に税抜仕訳を行い、決算時に「免税事業者」で仕訳を抽出します。その支払総額に対し控除されない税額（20％）を掛け決算仕訳を行います。

Q122 インボイスや帳簿の保存の正しいやり方は

Answer Point

♤適格請求書や領収書等の保存については、令和６年１月より施行された電子帳簿保存法を踏まえて、対応することが必要です。

♤経理業務に最も影響がある「請求書・領収書」から取り組む必要があります。

♠経理業務に最も影響がある「請求書・領収書」から取り組む

インボイス制度及び電帳法に対応することは、社内全体で取り扱うさまざまな書類の電子化・ペーパーレス化につながります。一度に企業内のすべての書類を対応するのは大変なので、まずは、受領した請求書・領収書から取り組むことをおすすめします。

請求書・領収書は、経理業務に最も影響があり、経理業務から支払業務へとつながるため、優先的に取り組んだほうが効果が出やすいと考えられます。

次に、取り扱う枚数が多く、また経理業務に影響が大きい請求書・領収書の対応方法について詳しく説明します。

♠猶予措置後に必要となる保存要件を先に押さえる

電子取引は猶予措置後からは一定の条件を満たして保存する必要があります。そのために必要な要件を先に押さえておきます。

・訂正削除の防止に関する事務処理規程を定める必要がある

システム導入やタイムスタンプ付与ができない場合は、多くの電子データに柔軟に対応できる事務処理規程の策定、運用、備付けによって保存要件を満たす必要があり、図表116の４つの措置のうち、いずれかによって保存する必要があります。

なお、国税庁のホームページには電子取引の訂　正及び削除の防止に関する事務処理規程（法人の例及び個人次号者の例）のサンプルその他が用意されており、ダウンロード可能となっております。

【図表116　電子取引の４つの保存要件】

措置1	タイムスタンプが付与されたデータを受領 ⇒全ての取引先からタイムスタンプを付与したデータを送付してもらう必要がある。
措置2	データを授受後、速やかにタイムスタンプを付与 ⇒データの信頼性は確保できるが、タイムスタンプ利用コストが発生。
措置3	データの訂正削除を行った場合にその記録が残るシステム又は訂正削除ができないシステムを利用 ⇒システム投資が発生する。取引相手にも同システムを利用してもらう必要がある。
措置4 ◎	訂正削除の防止に関する事務処理規程を策定、運用、備付け ⇒システム投資をすることなく、自社の業務に合わせて規程を作成することで対応可能。

・日付・金額・取引先で検索できるようにする

制度要件上、日付・金額・取引先で検索できるようにする必要がありますが、そのためには証憑収集・保管システムの活用、もしくは国税庁が示す下記の方法で保存する、のどちらかになります。

経理の生産性向上の観点　から証憑収集・保管システムの活用をおすすめします。

また、システムを活用しない場合、次の①②のいずれかの方法で保存することで、対応しましょう。

①次のような方法でデータの保存を行う

・ファイル名に取引年月日・取引金額・取引先の規則性を持たせる

例）２０２４年8月1日にABC社から受領した110,000円の請求書PDFファイル

⇒「２０２４０８０１_ABC社_１１０，０００.pdf」

・Excelファイルで索引簿を作成し、その索引簿を使用して検索できるよう

にする
②「取引先」や「各月」など任意のファイルに保存する

♠取引・書類ごとに電子化に対応する

一度に企業内のすべての書類を対応するのは大変ですので、まずは、請求書・領収書から取り組み、その他の書類についてはやれるところから順次取り組みましょう。詳しくは図表116で対応方法をご確認ください。

【図表117　相手先から受領（仕入・経費関連）した帳簿の保存方法】

受領方法			保存方法
請求書	電子データで受領	メールに請求書データ（PDFファイル）が添付された場合	添付された請求書データ（PDFファイル）を保存
		ホームページ上で請求書データ（PDFファイル）をダウンロードした場合	ダウンロードした請求書データ（PDFファイル）を保存
		ホームページ上に請求書が画面表示される場合	ホームページ上に表示される請求書をスクリーンショットで画像データにして保存
		EDIシステムを利用している場合	システム上でデータ保存するか、またはダウンロードしてPDF等で保存
		FAXで受信した請求書を紙に印刷せずにPDF等にする場合	PDF等にした請求書データを保存
	紙で受領		紙の請求書そのまま保存。スキャンして、データを保存したほうが効率的であればスキャンして保存
領収書		メールに領収書データ（PDFファイル）が添付された場合	添付された領収書データ（PDFファイル）を保存

領収書		ホームページから領収書データ（PDF ファイル）をダウンロードした場合	ダウンロードした領収書データ（PDF ファイル）を保存
		Amazon などホームページ上に領収書が画面表示される場合	ホームページ上に表示される領収書をスクリーンショットで画像データにして保存
	電子データで受領	クレジットカードの利用明細データや交通系 IC カードによる支払データをホームページで確認している場合	〈PDF ファイルなどダウンロードできる場合〉 ファイルをダウンロードして保存 〈ホームページ上に画面表示される場合〉 利用明細をスクリーンショットで画像データにして保存
	紙 紙で受領		紙の領収書そのまま保存。スキャンして、データを保存したほうが効率的であればスキャンして保存
見積書・注文書などの書類	電子データで受領	メールに書類データ（PDF ファイル）が添付された場合	添付された書類データ（PDF ファイル）を保存
	紙 紙で受領		紙の請求書そのまま保存。スキャンして、データを保存したほうが効率的であればスキャンして保存

Q123 月次決算に最適なクラウド会計ソフトは

Answer Point

♤クラウドシステムの大きな特徴は、ソフトウェアを購入することがないことと、データの自動取り込みにあります。

♤クラウド会計と従来の会計ソフトとの比較については、一覧表をご覧ください。

♠クラウド会計ソフトというのは

最近、クラウド会計という言葉をよく耳にするようになりましたが、クラウド会計とは、インターネットを使用できる環境があれば、いつでも、どこでも会計処理を行うことができる、会計システムのことを指しています。

そして、クラウド会計を利用するためのソフトをクラウド会計ソフト、または、クラウド型会計ソフトと呼んでいます。

従来の会計ソフトでは、手持ちのパソコンにアプリケーションをインストールし、会計データを打ち込み、パソコンにデータを保存するという作業が必要でした。ところがクラウド会計では、ソフトウェアを購入する必要もなければ、アプリケーションをインストールする必要もなく、データをパソコンに保存する必要もありません。

クラウドとは、cloud＝雲という意味です。なぜ、クラウドという言葉が使われだしたのかについては諸説があるようですが､一般的には､ネットワークを図式化するときに､雲の図を使うことが多かったからと言われています。

従来のソフトウェアやデータの使い方は、ユーザが自分の携帯電話やパソコンの中に、ソフトウェア、データなどを保有し、使用･管理していました。

しかし、クラウドの場合は、ネットワーク上にあるサーバの中に、ソフトウェアやデータが存在し、利用者は必要に応じてネットワークを通じてアクセスし、サービスを利用することになります。

♠クラウド会計ソフトの特徴

必要なものは、インターネット接続環境と、パソコンだけなので、ソフトウェアを購入する必要がないという点が第一の大きな特徴です。

そして、第２の大きな特徴が、データの自動取り込みです。　クラウド会計ソフトの大手三社は、freee（フリー）、弥生会計オンライン、MF クラウド会計となっておりますが、freee（フリー）や、MF クラウド会計など、今、一般的なクラウド会計では、預金取引や、クレジットカードのデータを自動的に取り込み、人工知能を活用したコンピュータが自動的に最適な仕訳を判断して処理するという仕組みがあります。

これにより、日々の経理業務・記帳業務の負担を大幅に減らすことができます。具体的にな内容につきましては図表 108 をご覧ください。

【図表 118　クラウド会計と従来の会計ソフトの比較】

	従来の会計ソフト	クラウド会計
使用環境	インストールされた PC１台 ※Wondows のみが多い	インターネット環境があればどこでも　※Windows/Mac 両対応
仕　訳	取引を確認して、毎回１つひとつ手入力	人口知能による自動仕訳／学習機能
領収証 / 証憑	紙保存･内容を目視による手入力	スキャン･写真から OCR による自動取り込み
通帳 / クレジット	紙保存･明細を目視による手入力	データの自動取り込み
請求書	手書き･Excel 等による手入力 →　仕訳入力	見積　→　請求　→仕訳と自動転記
セキュリティ	利用者が責任を持って管理	銀行と同じレベルのセキュリティを各社が提供 ✓すべての情報・通信を暗号化 ✓ 厳重なデータ保管 ✓ 国際認証 TRUSte 取得
料金	インストール数により 数千円～数十万円 / 年間 ※毎年アップデート	アカウント数により０円 ～数万円 / 年間 ※随時アップデート
主なメーカー	弥生会計／勘定奉行／ TKC	freee（フリー）/ＭＦクラウド / 弥生オンライン

Q124 クラウド会計のメリット・デメリットは

Answer Point

♤クラウド会計にもメリットとデメリットがあります。
♤実務で現金支払いが多かったり、これまでの会計ソフトに手慣れている場合はクラウド会計を使用する前に一度じっくり考えたほうが無難とです。

♠クラウド会計のメリット

クラウド会計のメリットは、次のとおりです。

① 預金取引やクレジットカードの取引データを自動で取り込むことができ、入力の手間を大幅に削減可能。
② 科目などを自動振り分け機能、学習機能があり、摘要欄の入力も効率的。
③ ソフトウェアのインストール、アップデートが不要であり、税制改正や消費税対応など、常に最新の法規制に対応した機能を利用可能。
④ アップデート、機能の拡充が早い。
⑤ 導入コストが安く、一般的な会計ソフトを年度更新で利用する場合と比べると割安。
⑥ 他のクラウド系アプリや業務改善アプリとの連動性に優れている。
⑦ ユーザ数が一定人数まで、無料（多くの会計ソフトは、複数ライセンスに課金）。
⑧ 複数人が同時に端末を選ばずにアクセスでき、外出先から決算の状況確認や勤怠管理、出勤登録、経費申請等が可能。
⑨ 従来ソフトよりもUIに優れており、画面のインターフェースがよく、簿記や経理の知識がなくとも使いやすい。
⑩ クラウドサーバーにバックアップがあるため、データ消失リスクを低くできる。
⑪ Windowsだけでなく、Mac、スマホ等でも利用可能。

♠クラウド会計のデメリット

クラウド会計のデメリットは、次のとおりです。

① 低価格会計ソフトを使用し年度更新をしない場合と比較すると割高となることがある。

② 税務申告ソフトとの連携が現時点では限定的。

③ 従来の会計ソフトに慣れている場合は当初操作し辛い。

④ インターネット接続環境がない場合に利用ができない。

⑤ 複雑な会計処理には対応していない場合がある。

⑥ 税理士にとっては業務効率・採算性が悪いため、クラウド会計を請け負う税理士が現時点では少ない。

【図表119 クラウド会計のメリット・デメリット】

メリット	デメリット
・事務作業時間の短縮が可能 ・自動バックアップ ・ブラウザさえ合えば、どこでも作業可能 ・取引明細の自動取得、自動登録 ・請求書の作成と会計の同期 ・会計と給与の同期 ・勘定科目の自動的な提案 ・証憑のスキャンから仕訳作成	・初期の設定に時間がかかる ・技術が日進月歩で最新のことがわかる税理が相対的に少ない ・これまでの会計ソフトの延長で使えないことがある ・セキュリティー面での心配

クラウド会計についての技術は日進月歩の状態なので、上記デメリットのうち今後克服されていくものもあると考えますが、現状においては、

・これまでに使い慣れている会計ソフトがある人

・現金での支払いが多い人

は、使用に関しては慎重に考えたほうがよいといえます。

反対に、

・ネットバンキングや、クレジットカードでの決済が多い人

・経理についての知識がなく、手軽に始めたい人

・複数のデバイスで作業をすることが多い人

は、クラウド会計への取り組みを考えてみたほうがよいかもしれません。

Q125 クラウド会計を月次決算に活かすには

Answer Point

♤クラウド会計における月次決算はうまく利用すれば従来の会計ソフトによるそれより大幅に時間短縮が可能です。

♤ただし現状では、月次決算が有効となるのはどちらかというと小規模の会社に限られるようです。

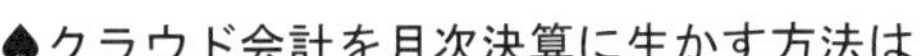

♠クラウド会計を月次決算に生かす方法は

クラウド会計を月次決算に生かす方法は、次のとおりです。

⑴　毎週末に「10分間経理業務を行う」時間をつくる

クラウド会計ソフトを使うと、ある程度の規模の事業であれば、週末に10分程度の経理時間で、取引確認、現金精算レシートの処理などの経理作業を終わらせることができます。

そして、毎週末に経理作業を仕上げておくと、翌週月曜日の週次レポートを正確な数字として活かせることができます。

⑵　毎月末に決まった月次処理を行う

毎週末の「10分経理」が習慣づいたら、次は毎月末に決まった月次処理を行います。

①　売上の計上（請求書の発行）

②　仕入の計上（取引先からの請求書を計上する）

③　預金口座残高とクラウド会計ソフトの残高を合わせる

④　現金の売上、経費などの計上漏れがないかを確認する

⑤　家事按分（事務所の間借り・個人携帯電話の事業使用分など）

などです。

これらを確認するだけで、簡単に月次決算が完了します。

⑶　クラウド会計ソフト特有の計上主義について理解する

最後に、クラウド会計ソフト特有の計上主義について理解することが大切です。

クラウド会計ソフトは、自動化をより簡単に実現するために、銀行口座等に入出金されたデータを取り込んで、仕訳を自動的に作成する機能があります。これは、例えば１月中に売上の入金１万円、経費の出金２万円があったとして、それが、前月分の売上であっても、翌月分の経費であっても、現金の動きがあった１月の売上・経費に会計計上（認識）するという方法です。これを「現金主義」といいます。

一方、１月に入出金があったとしても、売上や経費が実質的に発生したタイミングで計上処理するという方法を「発生主義」といいます。会計の原則としては「発生主義」が正しいのですが、実務的に「現金主義」を採用することも間違いではありません。

（年次決算の際に調整するという前提であれば）クラウド会計ソフトの場合、例えば、銀行口座の同期で取得する情報を元に記帳をするとき、その情報は債権・債務の消し込みに用いることができます。

⑷　月次決算を経営に生かすヒントを事前に把握しておく。

月次決算を経営に生かすヒントは次のとおりです。

①大きな数字を覚えておく

優秀な経営者ほど、自分の事業の大きな数字（売上・経費・収益の年間規模)を常に覚えています。月次決算の数字×12か月が年間規模ですので、その総額を念頭において日々の事業を進めるだけで、ビジネスが成功する確率が格段に高くなります。

② 売上を毎月見直す

クラウド会計によっては収入レポートの中で、取引先別・品目別のグラフや表が簡単に表示されますので、月々の売上のバランスと金額が、ご自分の想定していた予算とどのように違うのかを確認します。そして、翌月からどこに注力していくかを毎月見直していくことが大切です。

③経費を毎月見直す

クラウド会計によっては支出レポートの中で、品目別・勘定科目別のグラフや表が簡単に表示されますので、月々の経費のバランスと金額が、ご自分の想定していた予算とどのように違うのかを確認します。そして、節約できる部分、投資すべき部分を毎月見直すことができます。

④　入金サイトは短く、支払いサイトは長くする

売掛・買掛レポートで、入金サイト・支払いサイトを確認することができます。資金繰り上の理想は「入金サイトは短く、支払サイトは長く」です。

現状がそのようになっていない場合は、取引先１件１件について、毎月見直し、交渉する小さな努力が後々大きな効果として反映されてきます。

⑤　資金繰りの見通しを立てる

クラウド会計ソフトが現金主義であることを最大限に活かして、収支レポートから導き出される資金繰りの動向を常に意識することが大切です。

いつ資金不足となるか、いつ投資するのがベストか等について、現金の動きから見通しを立てることができます。

♠クラウド会計が月次決算に有効なのは小規模会社

以上のように、今の段階ではクラウド会計とはいえ、月次決算が有効となるのはどちらかと言うと小規模の会社に限られるようですが、日進月歩の技術ですので今後中堅以上の企業の月次決算にも有効なクラウド会計が登場する可能性はあると思います。現状、月次決算を経営管理に利用するにあたってクラウド会計では機能的に不足ということを考えて、クラウド会計と会計ソフトを同時並行して使うやり方もあるかと思います。クラウド会計をデータ取り込み専用として使い、従来の会計ソフトをクラウド会計で取り込めるデータ以外の事象について入力専用として利用する方法です。入力とチェックという業務を完全に切り離して、それぞれ別のソフトを使うというのは、ソフトの価格と業務の効率を考えれば現実的な選択肢を思われます。

ある程度以上の規模の会社には有効なやり方と考えられますが、導入にあたっては、クラウド会計についての深い知識と業務の見直しが当然必要と考えられます。また、実際にクラウド会計と会計ソフトの同時並行を行おうとする場合には、事前にどこまでの事象をどこまでの事象をクラウドで対応させるか検討する時間が必要だと思います。

クラウド会計の比較は

Answer Point

♤ MF クラウド、freee、及び弥生が代表的なクラウドソフトです。

♤ freee の人気が高いようですが、事前に機能面を中心に比較することが必要です。

♠クラウド会計ソフトの比較

導入の際に一番に重視すべきは、後々のことを考えると価格以上に機能面であると考えます。

機能面とは、①作業に要する時間、②出力される情報内容、③使いやすさに分けることができます。

ここでは２大ソフト freee(フリー) と MF クラウド会計を簡単に比較してみたいと思います。

freee(フリー) と MF クラウド会計は似ているようですが、機能面では、大きく異なります。ただ、必要な機能、操作性などの好みはユーザーごとに異なるため、どちらが優れたアプリかを判断することはできません。

freee(フリー) と MF クラウド会計いずれも一長一短があります。

いずれを利用するかを決める際には次の４つを軸に検討が必要です。

①機能面での利用範囲

・会計面については、確定申告さえできればいいのか、それとも、部門別、案件別の利益管理、予算実績管理など経営に積極的に用いるかどうか

・会計面以外で給与計算、請求書作成・発行・売掛金回収管理を行うか

②会計ソフトの入力の経験の有無

・会計ソフトの入力の経験や簿記の知識がおありの方は、アプリの設計上「MF クラウド会計」の方が使いやすく、逆に経験のない方は、freee(フリー) のほうが使いやすいと思います。

③業種、事業規模

・IT 業、建設業、不動産業については、案件別、プロジェクト別の売上、原価、利益管理を行うことができるので、freee(フリー)のほうが向いているケースが多いようです。
・取引数が多く、定型的な取引が多いケースでは、MF クラウド会計のほうが向いているケースが多いようです。
・歯科医院の方は、レセコン連動型の歯科医院向けアプリがあるため、MF クラウド会計のほうが向いているようです。

④ユーザーの好み

android か iphone かユーザごとに好みが分かれるように、MF クラウドと freee(フリー)の操作性やデザインが異なるため、ユーザー次第です。

♠各クラウド会計ソフトの機能面でのチェックが不可欠

freee(フリー)と MF クラウド会計ともに頻繁にアップデートが行われており、今後の機能面の改善、進化が早く、連携するアプリ数については予測できませんが、いろいろ話を聞いた限りでは、実際に freee(フリー)を利用していてうまく使いこなせなかった方が MF クラウド会計を導入し、うまく機能したケースもあれば、逆に MF クラウド会計を利用し、うまく使いこなせなかった方が freee(フリー)を導入しうまく使いこなせたケースもあるようです。

したがって、使ってみたいと思い立った時点における各クラウド会計ソフトが備える機能を逐次チェックしていくことが必要です。

なお、会計ソフト freee（フリー）の同シリーズには、給与計算ソフト freee（フリー）というものがあります。こちらも会計ソフト freee（フリー）と同じく、専門知識がなくても給与計算ができるということが売りで、保険や税金の知識がなくても簡単に給与計算を行うことができ、マイナンバーにも対応しているそうです。MF クラウド会計も MF クラウド請求書や MF クラウド給与等豊富な同系列ツールが揃っているということで、場合によっては経理にとどまらず、間接部門の全体的な観点からどのクラウド会計を導入するのが適当か考えてみることも必要でしょう。

Q127 クラウド会計とフィンテックの関係は

Answer Point

♤フィンテックとクラウド会計には密接な関係があります。

♤フィンテックを会計業界に適用したものがクラウド会計と考えることができます。

♠フィンテックとクラウド会計の関係は

フィンテックという言葉を最近よく耳にすることはないでしょうか。フィンテック、Fintech（英：financial technology）とは、「finance（ファイナンス)」と「technology（テクノロジー)」を掛け合わせた造語で、情報通信技術を活用した革新的なサービスなどの総称をフィンテックと呼んでいます。

これまでの金融サービスというと銀行や証券会社ありきでのサービス提供が当たり前となっており、企業に依存した構造になっていましたが、それを変える可能性があるのがフィンテックで、代表例としては仮想通貨を始め、それを利用することで今までの依存した構造が変わるのではないかという可能性から注目が集まっています。

フィンテックの代表的な適用例としては、仮装通貨とロボアドバイザーを挙げることができます。

♠仮想通貨（ブロックチェーン）というのは

フィンテックの中でも最も代表的なものといわれています。間に銀行などの金融機関を介さない個人間での送金が可能で、送金までのスピードの速さや手数料の低さなどの利便性から注目を集めているようです。

♠ロボアドバイザーというのは

AIにより膨大な情報の中から、ご自身の資産形成に最適な銘柄などをピックアップして自動的にポートフォリオ（資産の組み合わせ）をつくってくれるのがロボアドバイザーです。こちらもフィンテックの代表例です。

このフィンテック系のサービスを会計・経理に取り入れたものがクラウド会計になります。フィンテックの新サービスに触れられる分野は、決済、融資、資産運用などがありますが、決済という分野では、スマートフォンやタブレットを決済端末として活用するクレジットカード決済サービス「ＰａｙＰａｌ（ペイパル）」や「Ｓｑｕａｒｅ（スクエア）」などがあります。

スマートフォンに小さな器具を取り付け、お客様のカードを読み取るだけで決済が完了するので、レジで現金が合わないといった不便さから解放されます。そしてクラウド会計ソフトは銀行口座やカードとの連携機能を備え、取引明細を自動取得してくれるため、銀行取引を手入力する必要がありません。また、クラウド会計にはソフトにより多少の違いがあります。

♠クラウド会計の米国普及率は７割近い

クラウド会計の先進国であるアメリカでは顧問先にとってのクラウドを用いたイノベーションとして「帳簿を１つに集約する」することを考えました。

銀行の口座と照らし合わせてチェックするという帳簿が何冊もある場合には、少なからずミスマッチが出てくる煩わしかった作業を、フィンテックとクラウド会計の融合により全部１か所にまとめてわかりやすくなったということです。

多くの会計事務所の場合、月次巡回訪問でもっとも時間を取られていたのは入力データのチェックでありましたが、クラウドなら訪問前にデータチェックができ、訪問先でのサービスを、データチェックからコンサルや相談業務に変えることができるようになったそうです。アメリカではクラウド会計は７割近い普及率となっているということです。

♠クラウド会計が日本の業界に与える影響は

日本の場合、クラウド会計が業界に与える影響はどうなるでしょうか。

ＭＭ総研の 2016 年 12 月末の調査結果によりますと、会計ソフトを利用している個人事業主は 32.7％で、そのうち、インターネット経由で会計ソフトの機能を利用するクラウド会計ソフトの利用率は 9.7％です。

利用しているクラウド会計ソフトの事業者別シェアでは、「弥生」が52.8%、次いで「freee」が22.3%、「マネーフォワード」が17.7%となり、3社で92.8%を占めたそうです。

法人に至っては0.7万～1.8万社で、会計ソフトを利用する法人の1.0～2.5%ということで、個人事業主には普及し始めているものの、法人への普及はまだまだという状況といえます。

会計ソフト開発大手の社長によりますと、「クラウド会計ソフトは普及していく」と語りつつも、そのペースに関しては「5年後に新規で購入される会計ソフトの5割がクラウドに、実際に利用される会計ソフト全体では10年で5割くらいがクラウドになるイメージだと考えている」と語っています。

したがって、クラウドが普及するにしてもアメリカよりは相当遅いペースになると考えられます。クラウド会計ソフトには、銀行口座やクレジットカード明細の自動取込とその自動仕訳など便利で革新的な機能もあるのですが、その一方で、入力スピードがインターネットへの接続速度やPCの性能に影響を受けるなど、その操作性は会計事務所が使うには今1つ実用的ではないという面があることがこのような普及率の数字として表れているのではないかと分析されています。

♠クラウド会計に失敗するケースは

次に、クラウド会計の導入で失敗するケースを挙げてみます。

①　なんとなく導入して失敗するケース

巷の「クラウド会計のソフトいい」という声につい流され、あまり事前に下調べすることなく「なんとなく」で導入してしまうと、場合によっては目的を持たずに導入してしまったことで、投資対効果を得ることができなかったという失敗をすることがあります。

会計ソフトは本来、現状の経理の課題を解決するためにあり、課題と目的があるからこそ導入効果を発揮するものなので、目的なき導入は往々にして失敗してしまいます。

周囲の声で「クラウド会計ソフトいいかも」と思っても、クラウド会計ソフトがなくても経理が十分に機能していれば、既存システムで問題なく業務が回っているというケースが多々あります。

② 多機能で選んで失敗するケース

会計ソフトは製品によって機能が様々であり、それぞれに異なった特徴を持っているため、本来であれば現状の課題と目的を明確にした上で機能要件を定義し、それにマッチした製品を選ぶのがセオリーになります。

しかし中に「とにかく多機能な製品がいい！」と機能要件を定義せずに導入してしまうケースも珍しくありません。会計ソフトに限らず、業務システムにおいてすべての機能をフルに使用することはむしろ稀ですので、単に多機能で製品を選んでしまうと大半が使用しない機能となってしまい、無駄なコストを発生させるばかりかシステムが煩雑化して、使いづらい会計ソフトとなってしまう可能性があります。

③ 低価格で選んでしまって失敗するケース

「コストを抑えるためできる限り低価格な製品を！」と価格を重視し過ぎる場合も、導入失敗の原因となります。 会計ソフト導入においてベストなのは、自社要件にマッチしコンパクトにまとまった製品を導入することです。

低価格だからと言って最適な製品とは限りません。

ただし、価格を全く無視した製品導入を行うのも賢明とは言えませんので、費用対効果を算出したうえで比較することがベストでしょう。

♠入力代行サービスなど効果的な使い方は会計事務所と相談

また、個人事業主や企業、会計事務所向けに、領収書の入力代行サービスを提供しているネット専門事業者もあります（STREAMEDやMFクラウド経費等)。入力代行サービスとは、領収書をスキャンしたり、スマホで撮影すると、帳簿用の入力データを代わりにつくってくれるサービスです。領収書を郵送するだけでよいサービスもあります（現在、STREAMEDで取り込める証憑は、領収書・請求書（受取)、通帳、クレジットカード明細、現金出納帳だそうです)。入力データをCSVデータとして出力し、会計ソフトの種類を選んで、仕訳として取り込むことによって、経理入力についても、相当省略化できると考えられます。どこまでサービスを利用するかは月次決算のあり方を考慮しつつ、会計事務所と相談するとよいでしょう。

Q128 クラウド会計の現状の評判は

Answer Point

♤代表的なクラウドソフトとしては、マネーフォワードクラウド、freee、および弥生会計オンラインの3つがあります。

♤価格、機能、使いやすさ、および別サービスの連携の4つの観点から総合　的に評価・選択するのがポイントです。

♠クラウド会計の代表的なものは３つ

現状（2019年時点）におけるクラウド会計の代表的なものには、マネーフォワードクラウド、freee、および弥生オンラインの３つがあります。

このうち現時点で最も人気が高いと考えられるのは、マネーフォワードクラウドです。同クラウドソフト提供元であるマネーフォワード社は、2012年５月に設立ののち、2017年９月に東証マザーズに株式上場を果たしました。株式上場したから必ずしも他のクラウドソフトよりも使い勝手がいいとは限りませんが、ソフトに対する市場の認知度の高まりが、会社の急成長につながっているのではないかと推測することはできます。

一般的な評価は、次のようになります（2019年７月時点）。

♠マネーフォワードクラウド

旧来の会計ソフトに近い操作性になっているために、経理部門からの指示が高いソフトであり、以前他の会計ソフトを使っていた企業にはおすすめです（マネーフォワードクラウド会計を導入した場合の現場の混乱が少ない）。

また、関連サービス（確定申告、請求書、給与、消込、マイナンバー、経費等）が多いのも特徴です。

♠ freee

会計知識がない人でも使える操作性になっているため、経理担当者がいない企業におすすめの会計ソフトです。

ただし、操作性が旧来の会計ソフトと異なっているため、旧来の会計ソフトを使っていた方からの支持は今のところ高いとはいえません。

♠弥生会計オンライン

従来の中小企業向け会計ソフトにおいてほぼデファクトスタンダード化している弥生株式会社が提供していることの信頼感が非常に高いサービスです。

ただし、機能的には他のクラウド会計ソフトを若干下回ると考えられるため、数人程度の企業におすすめのサービスです。

♠その他

その他勘定奉行など奉行シリーズで有名なオービックが提供するクラウド会計ソフトである勘定奉行クラウドがあります。他のクラウド会計ソフトと比較して旧来の会計ソフトレベルの機能を持っているため、従業員数十人以上の中小企業でも耐えられるレベルのサービスを提供しています。

また、「人事労務」「販売管理」「財務会計」など各種シリーズもあるため、様々な業務にシステムを活用したい中小企業におすすめの製品と考えられます。

実際の実務において、いずれのクラウドソフトを利用するかは、図表 120 の観点から総合的に検討するのがよいでしょう。

【図表 120　クラウド会計ソフトの選択ポイント】

観点	内容
①価格	各社ごとに価格のつけ方や対応するプランが異なりますが、多くのクラウド会計ソフトは、月額数千円と費用を抑えて使えるサービスがほとんどなので、そのため価格より機能や使い勝手で選んだほうがよいでしょう。
②機能	クラウド会計ソフトは、今のところ従業員数人レベルの小規模企業向けのサービスがほとんどなので、自社の要件を満たす機能を保持しているかまず無料お試しを活用して確認する必要があります。 それで会社の規模感とマッチすると考えられたら、自動記帳などのクラウド会計ソフトの主な機能は皆同じように実装されているため、それぞれにおいて差別化された機能に着目してください。
③使いやすさ	多くのクラウド会計ソフトは、会計知識がないビギナー向けに設計されているため、逆に会計知識がある経理担当者は使いにくい場

	合があります。まず、無料お試しを活用して使いやすさを確認する必要があります。
④別サービスとの連携の程度	場合によっては、会計業務と関連した別サービスにも注目する必要があります。 給与管理、勤怠管理、クラウドPOSおよびクレジット決済との連携、見積請求や経費精算の仕組みなど、自社業務の中で関連するものを一括してクラウド化をすることも検討してみるのもよいでしょう。 同一の提供会社のシリーズで統一し、コストを意識しつつ効率化エリアを広げていくと、痒いところに手が届くような感じの効果を得ることができる場合もあります。

クラウド会計が当初想定したほど普及していないという意見もありますが、やはり機能とコストの比較の問題でしょう。市販ソフトの使いやすさも含め、どれを使うかは総合的な観点より考えていくのがよいでしょう。

最後に、これから既存の会計ソフトからクラウド会計の利用に切り替えるかどうかご検討されている方に対する参考意見です。現状のクラウド会計ソフトは、その特長から大まかに２つに分けると、「freee」とそれ以外という感じで考えてもよいかもしれないと思います。

筆者の経験では、それくらいfreeeはちょっと他の会計ソフトとは違ってきます。入力の形式などが初心者を意識して設計されていて、これまで全く会計の知識がない人でも入力できる形になっているので、初心者の方はfreeeという選択肢もよいでしょう。

ただし、会計の知識がない人にも操作しやすい分、売掛金として上げた売上の回収をさらに売上として計上してしまったり（あるいは、買掛仕入の出金を再度仕入出金にしてしまう）という初歩的なミスに気づかずやり過ごしてしまう場合もあります。初心者の方がfreeeで入力するに当たっては、必要最小限のルールを税理士の方等に確認したほうがよいでしょう。

また、通常の会計ソフトに慣れている方には、「マネーフォワードクラウド会計」のほうが操作性がスタンダードで直感的にわかりやすく、使いやすいといえます。

この辺は、個人差があると思いますので、Web上のユーザーの方のご意見や各社インストラクターの方のご意見および無料お試しサービス等を参考・利用しつつ、コストとの兼合いで決定するとよいでしょう。

Q129 中小企業経営で注目すべき収益性指標は

Answer Point

♤経営計画を策定するに当たり、必要最低限の財務指標は理解しておく必要があります。

♤収益性指標では、取引収益性に関する指標が重要です。

♠中小企業庁が中小企業経営力強化を支援

中小企業庁は、中小企業を巡る経営課題が多様化・複雑化している現状を踏まえ、中小企業支援を行う支援事業の担い手の多様化・活性化を図るため、平成24年8月30日に「中小企業経営力強化支援法」が施行され、中小企業に対して専門性の高い支援事業を行う経営革新等支援機関を認定する制度が創設されました。

認定制度は、税務、金融および企業財務に関する専門的知識や支援にかかる実務経験が一定レベル以上の個人、法人、中小企業支援機関等を、経営革新等支援機関として認定することにより、中小企業に対して専門性の高い支援を行うための体制を整備するものです。

借入金の返済負担等、財務上の問題を抱えており、金融支援が必要な中小企業・小規模事業者の多くは自ら経営改善計画等を策定することが難しい状況にありますが、こうした中小企業・小規模事業者を対象として、中小企業経営力強化支援法に基づき認定された経営革新等支援機関（以下「認定支援機関」という）が中小企業・小規模事業者 の依頼を受けて経営改善計画などの策定支援を行うことによって、中小企業・小規模事業者の経営改善を促進することになります。

この経営改善計画ですが、税理士等専門家の支援を得て作成することができるとはいえ、策定を支援してもらう側の企業においてもある程度財務分析の知識を備えて計画策定事業に実質的に参加していないと計画を実のあるものにすることは難しくなります。

正直、実際の中小企業経営において、確かに財務分析の教科書で見られるような細かい財務分析の知識は必要ないとは思いますが、企業の収益性（いわゆる「儲け」）を確認する指標のうち、取引にかかわる収益性指標である売上総利益率、売上原価率、および経費率や人件費率、さらには資金繰りにかかわる指標である売上債権回転期間、在庫回転期間、買入債務回転期間および運転資本は、経営改善計画策定に当たっても非常に重要ですので、中小企業の経営者の方は理解しておく必要があるかと思います。

そこで、まず取引にかかわる収益性指標を説明します。

♠取引収益性

取引収益性は、売上と利益の関係や費用の関係を分析します。収益性に関する指標には、その他投下資本（貸借対照表の「純資産の部」参照）と利益の関係を分析する資本収益性があります。

①　売上高総利益率

売上高総利益率は、「粗利率」ともいわれており、総売上額から売上原価を差しい引いた利益を示します。数値が高いほど良好と判断されます。

売上総利益高（%）＝売上総利益÷売上高× 100

②　売上高営業利益率

売上高営業利益率は、総売上利益から一般経費(いわゆる販売費および一般管理費)を差し引いた残りの利益を示します。企業の経費がどのくらいかが把握でき、数値が高いほど良好と判断されます。

売上高営業利益率（%）＝営業利益÷売上高× 100

③　売上高経常利益率

売上高経常利益率は、売上高の中での経常利益（営業利益から営業外損益を差し引いたもの)の割合を示します。数値は高いほど良好と判断されます。

売上高経常利益（%）= 経常利益÷売上高× 100

④　売上高販売管理費率

売上高販売管理費率は、売上に対する販売費および一般管理費等の割合を示します。数値は低いほど良好と判断されます。

売上高販売管理費率（%）＝販売管理費÷売上高× 100

⑤　売上高人件費率

売上高人件費比率とは、売上高に対する人件費の割合をいいます。売上高から営業利益を算出する際に控除する「販売費及び一般管理費」もしくは製造業では「売上原価」および「販売費及び一般管理費」に人件費が含まれることから、売上高人件費比率は、売上高営業利益率と表裏の関係にあるといえます。

売上高人件費比率が高い場合は、人件費が企業の収益を圧迫しているといえます。

売上高人件費率（％）＝人件費÷売上高×100

ここでは、人件費＝役員給与＋役員賞与＋従業員給与＋従業員賞与＋福利厚生費です。

♠資本収益性

巷で耳にすることの多い、ROA(Return on Assets) や ROE(Return on equity) は、既述したように投下資本と収益の関係を示す指標です。株主（株式会社に資金を出してくれた人）に外部株主（役員や従業員でない会社外部に存在する株主）が多い会社の場合、会社運営のために株主が提供した資金がどのくらい効率的に運用されているかは重要な関心事です。それを示す指標が資本収益性に関する指標です。

①　総資本経常利益率（ROA）

総資本経常利益率（ROA）は、資本を有効に利用してどれだけの利益を上げているかを示しています。数値が高くなるほど良好と判断されます。

総資本経常利益率（％）＝　経常利益÷総資本×100

ここで、総資本とは、貸借対照表の借方合計（＝貸方合計）を指します。

やや古い情報で恐縮ですが、経済産業省発表の平成26年企業活動基本調査速報（平成25年年度実績）による業種別のROAの平均は、図表121のとおりです。

【図表121　業種別のROAの平均】

	平成24年	平成25年
全業種平均	1.7	3.1
製造業	1.8	3.8
卸売業	2.5	2.8
小売業	2.8	2.9

② 自己資本当期利益率（ROE）

自己資本当期利益率（ROE）は、自己資本に対して当期純利益はどれだけ上げているかを示しています。数値が高いほど良好と判断されます。

自己資本当期純利益（%）＝当期純利益÷自己資本（株主総資本）× 100

自己資本とは、貸借対照表における純資産の部を指します。

♠目標利益の設定

経営計画策定に当たっては、特に予想損益計算書の策定においては過去の経営成績から過去数か年度の記述した比率を計算し、比率の平均に将来予測を加味した数値を予想売上高に乗じることにより予想売上原価や予想販売管理費等を求めていきます。

ここで少し脱線して、経営計画について少し詳細に説明しますと、経営計画は売上計画でも人件費計画でも経費計画でもなく、あくまで利益計画であるということです。

例えば土地の購入費用に3億円かかるとして、頭金が10%とすると、そのための費用3,000万円が必要となります。3,000万円の資金をつくるのに今期の利益を5,000万円捻出しなければならないとします(通常利益の他、借入返済等があれば必要資金と目標利益は乖離してくる)。この利益額に諸経費や税金を加えた額が、必要な売上額になります。

会社は、最終的に利益を生み出さなければいけないので、まず利益をいくら出すかを決めて、そのために経費や売上をいくらにするかを考えていくのが「利益計画」（≒経営計画）になります。

目標利益が決まれば、次のような計算で、

→（経常）利益×売上高経常利益率の逆数で目標売上高が、

→目標売上高×売上高総利益率の逆数で予想売上原価が、

→目標売上高×売上高販売管理費率で予想販売管理費が、

→目標売上高 - 予想売上原価 - 予想販売管理費 - 目標利益で予想営業外損益が、求められます。これは、トップダウンアプローチによる一番単純な経営計画の作成例ですが、ここでは目標利益をまず設定することが経営計画の基本であるということを強調しておきます。

Q130 中小企業経営で注目すべき資金繰り関連指標は

Answer Point

♤在庫回転期間、売掛債権回転期間および買入債務回転期間が資金繰りに関する財務指標になります。

♤その他関連する指標に運転資本があります。

♠資金繰りに関する財務指標

実際の経営計画策定に当たっては、予想損益計算書の他に予想資金繰り表も求められる場合があります。資金繰りは、損益計算書と貸借対照表の連結環の役割を果たしていますので、予想資金繰り表の作成はそのまま予想貸借対照表の作成を可能にします。

それはともかく、資金繰り表についても予想損益計算書と完全に切り離して考えるのではなく、予想損益計算書から資金繰りにかかわる財務指標を通じて資金回収高および資金支出高を理論的に導き出すことにより、より説得力のある予想資金繰り表を作成することが可能になります。

資金繰りに関する財務指標は、以下のとおりです。

♠在庫回転期間

買った商品ないしつくった商品がどのくらいの期間で売れているか、ないしは現金化されているかを示した指標です。

抱えている在庫が少ないほど、必要資金は少なくても済んでいることになります。在庫が多いということは、商品として売れない在庫を多く抱えているか、過剰に在庫を貯えているかのどちらかです。

在庫回転期間（月数）＝在庫÷月次平均売上高（年間売上高÷ 12）

銀行の見方では、在庫回転期間が１か月以内なら「安心」、２か月で「ぎりぎり安心」の領域になりますが、同期間が３か月になると「不安」になり、６か月となると「危機的」と感じるようです。同期間の長期化は過大な在庫の存在を連想させますが、過大な在庫は陳腐化、不良化を疑わせるからです。

在庫回転期間の増減も重要になります。増加傾向にある場合、銀行は、資金繰りの悪化を警戒します。

♠売掛債権回転期間

売掛金をどのくらいの期間で回収できるか（＝現金化できるか）を見る指標です。売掛金を早く回収できればできるほど、運転資金が少なくて済むことになりますので、銀行の評価も高くなります。

売掛債権回転期間（月数）＝（売掛金＋受取手形＋割引手形）÷月次平均売上高（年間売上高÷12）

売掛債権回転期間が短ければ、資金繰りは楽になり、長ければ、資金繰りが厳しくなります。売掛債権回転期間は３か月くらいまでなら適正ですが、３か月を超えると、通常危険水域と考えられます。そして売掛債権回転期間が６か月超となれば、それだけで異常視される可能性があります。

本来、売掛金のサイトは変わらないと考えられますので、それが長期化した場合、銀行は異常事態が起きたのではないかと考えます。

支払いを手形でしてもらえれば、手形割引が可能ですので、資金繰りの好転につながります。ただ、手形は管理が面倒として、最近利用が減少しています。この点で、銀行としてもファイナンスがしやすくなる電子手形制度の利用拡大が期待されるところです。

♠買入債務回転期間

仕入債務回転期間（または買入債務回転期間）とは、商品や材料等を仕入れてから決済されるまでの期間を表す指標です。

仕入債務回転期間の計算式は、次のとおりです。

仕入債務回転期間＝仕入債務（支払手形や買掛金）÷月平均仕入高（もしくは月平均売上原価）

ここで月平均仕入高（もしくは月平均売上原価）は、年間仕入高÷12もしくは年間売上原価÷12です。期間が短ければ早期に支払いがなされていることになりますので資金繰りは苦しくなり、逆に長いときは支払いまでに時間的余裕がありますので資金繰りは楽になるといえます。

銀行が財務分析をする際、この仕入債務回転期間が短期化している場合ですが、早期に支払うことによる値引仕入が目的なら問題はありませんが、自社の信用力低下によって早期の決済を求められている場合は問題があるといえます。通常は、銀行もそのように懸念材料として注視することになります。

逆に長期化している場合、支払条件で有利な立場にいて長期化しているのならいいのですが、資金繰り悪化による支払遅延を疑うのが自然といえます。

♠運転資本

運転資本とは、営業活動に投下されている資金をいいます。運転資本に含められる項目は企業や業界によって様々ですが、売上債権、棚卸資産、仕入債務、その他流動資産、その他流動負債が含められることが一般的です。

運転資本＝（売上債権＋棚卸資産＋その他流動資産）－（仕入債務＋その他流動負債）

運転資本がプラスならば、その分だけ借入金が必要になります。運転資本は、短期的な出金と入金のズレを補うための資金です。

今のビジネスは、現金決済されることが少なく、ほとんどが信用取引で成り立っています。かつ、仕入れた商製品はすぐに販売できるわけではなく、在庫として動かない期間もあります。そして、売れても代金が決済されるまでキャッシュは入ってきません。これらにより入金より出金が先行する場合があり、それを補うための資金が必要です。それが運転資本であり、主な調達手段は借入金になります。

運転資本がプラスである場合、式の構造から次のことがいえます。

- 売上債権が相対的に大きい⇒売上が成長する。売掛金の回収が遅れる。
- 棚卸資産が相対的に大きい⇒売上が成長する。在庫が売れずに溜まる。
- 仕入債務が相対的に小さい⇒売上が減少する。買掛金の支払いサイトが短縮される。

月次決算において運転資本が増加傾向である場合は、滞留債権や滞留在庫、回収条件の悪い新規売上が発生していないかをチェックする必要があります。

Q131 財務指標から予想損益計算書、予想資金繰り表、予想貸借対照表を作成するには

Answer Point

♤最初に目標利益を決めた場合、実際の裏づけのある対象会社の過去の実績から求めた売上高経常利益率、売上高営業利益率から目標売上高を求めます。

♤目標売上高に資金繰り関連指標を乗じることにより、予想資金繰り表作　成に必要な数字が求められます。

♠予想損益計算書の作成

まず、目標利益を求めることから始める場合、目標利益は通常企業が通常の経済活動で毎期に経常的・反復的に生じる利益である経常利益と考えられますので、目標利益を過去の実績から求めた平均的な売上高経常利益率で除することにより、目標売上高が求められます。

目標売上高＝目標利益÷売上高経常利益率

売上原価や販売費一般管理費は、求められた目標売上高に過去の実績から求めた平均的な売上原価率、および販売費一般管理費を乗じることにより求めます。売上高からかこれらの経費を差し引き、さらにその数字から目標利益を差し引くことにより営業外損益が求められます。

基本はこのとおりですが、次期においてこれらの数値が変化する特別な事情があれば､対象となる収益もしくは費用の数字にそれを加味し修正します。

また、税金の計算は、目標利益に実効税率（法人の所得金額に対して、法人税、地方法人税、法人住民税、法人事業税が課税されますが、これらの合計額がその法人の所得金額に対する割合、つまり実質的な税負担率をいいます）を乗ずることにより求めます。

♠予想資金繰り表の作成

予想売上高を 12 等分し、さらに過去の趨勢を参考に実際の月次ベースに調整し月次売上高を求めます。それを基に、次の式により売掛金回収高を求めます。

予想売掛金回収高＝期首売掛金＋月次予想売上高－月次予想売上高×売上債権回転期間÷12

月次予想売上高×売上債権回転期間÷12の数字は、そのまま月末売掛金になります。

また、予想買掛金支払高も同様にして、次の式により求めます。

予想買掛金支払高＝期首買掛金＋月次予想仕入高－月次予想仕入高×買入債務回転期間÷12

月次予想仕入高×買入債務回転期間÷12の数字は、そのまま月次買掛金になります。

以上が予想資金繰り表にかかる売上（売掛金回収）および仕入（買掛金支払い）に関係する数値の作成方法になります。

Q42で資金繰り表の作成方法について触れましたが、ここでは分析指標の絡みもあり、とくに資金繰り表の重要な部分について再度説明を加えました。

さらに、Q42において述べなかった重要なことは、経営計画と資金繰り表のリンクです。過年度の業績の延長線上で今期の経営計画が考えられる範囲にある場合はともかくとして、何らかの要因で前期と比較して大きな業績向上が今期見込める場合、損益計算書ベース（利益ベース）ではプラスの影響が見込まれても、資金繰り上は下記のような要因が発生してしまうことにより、かえってマイナスの影響が生じてしまう可能性があります。

① 増加売上分の回収サイトが他より長く、売上債権回転期間が長くなる。

② 仕入が増加し、新規の支払条件によって支払サイトが短くなることがあれば、買掛債務回転期間が短くなる。

③ 売上に設備投資が伴い、財務関連の支出（借入返済等）が増加する。

このような要因は、過去の数値の確認だけでは資金繰り表に取り込むことはできませんので、別途新規変動要因として資金繰り表に取り込み、全体的な資金繰りの中で資金ショートを起こさないよう、運賃資本と借入のバランスを再考していく必要があります。

中小企業経営で注目すべき安全性分析と活動性分析は

Answer Point

♤収益性分析に関する指標（Q129）と資金繰りに関する指標（Q130）を定期的にチェックして改善していけば他の指標も自ずと改善されます。

♤活動性分析に関する指標は、Q132で挙げたもの以外を説明しています。

♠財務分析の５つの観点

財務分析指標には、既に挙げた収益性指標及び資金繰り関連の指標の他にも様々なものがあります。日頃の企業経営においてこれらを意識する必要はあまりないと思いますが、外部金融機関から融資を受けたい場合や外部の第三者から増資（企業が新たに株を発行して事業の元手となる資本を増やすこと）を仰ぎたい場合等において、財務指標を用いて企業の財務状況を確認されることがあるかもしれません。

そこで、そういう場合に備えて主要な財務指標全般について簡単に説明したいと思います。

財務分析は、一般的に「収益性分析」「安全性分析」「活動性分析」「生産性分析」「成長性分析」の５つの観点から見ることができます（収益性分析に関してはQ129を参照）。

♠安全性分析

安全性分析は、銀行からの借入に対する返済能力といった、企業の支払能力を見る指標です。

安全性分析に関しては、以下の指標が存在します。

① 流動比率

流動負債に対する流動資産の割合を示すものです。流動負債は、すぐに返済すべき負債で、流動資産はすぐに現金化できる資産であるため、流動比率が高ければ、会社の短期的な返済能力が高いということになります。流動負債および流動資産は、貸借対照表から確認できます。

$$\text{流動比率（\%）} = \frac{\text{流動資産}}{\text{流動負債}} \times 100$$

② 当座比率

流動比率と同様、会社の短期的な返済能力を示す指標です。

ただし、流動資産の中でも短期間で現金化できる当座資産を用いて求めるため、さらに正確な短期的返済能力を示した指標であるといえます。

$$\text{当座比率（\%）} = \frac{\text{当座資産}}{\text{流動負債}} \times 100$$

③ 固定比率

自己資産に対する固定資産の比率を表す指標です。

建物や設備といった固定資産が自己資本の範囲に収まっているかを確認できるため、適切な設備投資を行っているかどうかを判断する指標になります。自己資本は、貸借対照表の純資産の部に相当します。

$$\text{固定比率（\%）} = \frac{\text{固定資産}}{\text{自己資本}} \times 100$$

④ 自己資本比率

総資本に対する自己資本の比率を表す指標です。

自己資本比率が高ければそれだけ借入金が少なく、健全な経営を行っているといえます。

$$\text{自己資本比率（\%）} = \frac{\text{自己資産}}{\text{総資本}} \times 100$$

♠活動性分析

活動性分析は、会社の経営が活発かどうかを見る指標です。

資本を効率的に使い、多くの売上を上げているほど活発性が高いといえます。資産が多すぎる場合は活動性が低いということになり、資産の無駄についてもチェックできます。

Q130で挙げた資金繰り関連の指標は、活動性分析の指標に該当します。

ここでは、それ以外の指標について挙げていきます。

① 総資本回転率

売上に対して資本がどれくらい回転しているか、つまり、資本を効率的に運営できているかを確認するものです。

この回転率が高ければ、少ない資本で大きい売上を上げているということになります。

$$総資本回転率（\%）=\frac{売上高}{総資本}$$

② 固定資産回転率

売上高と固定資産の比率を確認する指標です。

固定資産が売上を上げるために活用されているかをチェックするものであるため、固定資産がしっかり管理されているか、設備投資が適正であるかなどを判断できます。

$$固定資産回転率（\%）=\frac{売上高}{固定資産}$$

その他売上債権回転期間、棚卸資産回転期間、及び買入債務回転期間がありますが、これらについてはQ130の説明を参照してください。

「生産性分析」「成長性分析」に関する指標については、Q133を参照してください。

ところで、既述したとおり、数ある分析指標のうち、月次決算においてとくに意識する指標は、取引にかかる収益性指標と資金繰り関連指標くらいで、他はそれほど強く意識する必要はないとは思います。

しかし、例えば、新規の固定資産を購入した場合、それが業績に適切に貢献しているかどうかを確かめるためには、固定資産回転率を定期的にチェックすることが有効な場合があります。

このように企業業績に大きなインパクトを与えるであろう大きな支出をした場合には、その支出が業績向上のために有効に活用されているかどうか、支出関連科目と業績関連科目との比率を表現した適切な指標をもって、月次決算において定期的に数値を確認することが必要となってくる場合も出てくるのではないかと思います。

Q133 中小企業経営で注目すべき生産性分析と成長性分析は

Answer Point

♤生産性分析も成長性分析もどちらかというと会社外部者が参考として確認することの多い指標です。

♤月次決算であれば、通常は最終決算の結果として確認すればよいと思います。

♠生産性分析

生産性の分析は、会社が従業員や設備などを効率よく活用しているかどうか、それがどれほどの売上や付加価値の創出につながっているかを見るものです。

生産性分析では、主に次のような指標を確認します。

① 売上高付加価値率

$$売上高付加価値率（\%）=\frac{付加価値}{売上高}\times 100$$

ここで、付加価値とは、企業が新たに生み出した価値、付け加えた価値を表すものです。付加価値は、売上高からその売上を上げるために必要となった外部から調達した商品やサービスの金額を差し引いて求めます。

メーカーなら売上高から原材料費を引いた金額で、小売業、卸売業なら売上高から仕入高を引いた金額となります。

② 労働分配率

付加価値に対する人件費の比率を確認する指標です。

人件費が適正であるかどうかを判断することができます。ここで人件費は役員報酬＋給与手当＋賞与手当＋退職金になります。

$$労働分配率（\%）=\frac{人件費}{粗付加価値額}\times 100$$

③　労働生産性

従業員１人当たりがどれだけ付加価値を生み出しているかを確認する指標です。

全く同じ労働生産性の会社が２つあったとすると、平均従業員数の少ないほうが、１人当たりが生み出す付加価値が高いということになります。

$$労働生産性 = \frac{付加価値}{平均従業員数}$$

♠成長性分析

成長性分析は、これまで会社がどのように成長してきたか、また今後の成長の可能性はどうかを見るものです。

①　売上高伸び率（売上高成長率）

前期と比較し、当期の売上高がどれほど伸びたのかを確認する指標です。

単年度ではなく、過去数年分の伸び率も確認し、その変化を見るのが基本です。

$$売上高伸び率(\%) = \frac{(当期売上高 - 前期売上高)}{前期売上高} \times 100$$

②　経常利益伸び率

前期と比較し、当期の経常利益がどれほど伸びたのかを確認する指標です。

売上高伸び率と同じように増加するのが理想とされています。

$$経常利益伸び率(\%) = \frac{(当期経常利益 - 前期経常利益)}{前期経常利益} \times 100$$

③　当期純利益伸び率

前期と比較し、当期純利益がどれほど伸びたのかを確認する指標です。

ただし、当期純利益は特別損益が含まれるため、経常利益伸び率と比較しながらチェックします。

$$当期純利益伸び率(\%) = \frac{(当期純利益 - 前期純利益)}{前期純利益} \times 100$$

日常の経営において、これらの指標を意識する必要はありませんが、会社の健康度をチェックするため、取引収益性に関する指標及びQ129で挙げた指標は定期的にチェックしておきたいところです。

Q134 月次決算で進める経営意思決定は

Answer Point

♤売上および売上原価を単価×数量でとらえることにより、通常の損益計算書で見えなかったものが見えてきます。

♤変動費も単価×数量から考えます。

♠月次決算書作成のポイントは

月次決算においては、財務諸表の作成に当たり財務会計のルールに完全に縛られることがないので、会社独自のルールを決めて会社の業績の確認およびそれに伴う経営計画の軌道修正という経営本来の目的にかなう（月次）決算書を作成することができます。

（月次）決算書の様式は、会社の業種業態や規模や経営目的により様々ですが、ここでは経営意思決定に資する変動損益計算書等（Q40参照）の月次決算書を作成するに当たり重要なことを挙げていきたいと思います。

♠売上＝販売単価×数量

売上原価＝商（製）品1個当たり原価×数量で構成されるので、業績の動向を厳密に理解するには、上記までデータを掘り下げていかないと満足な回答を得ることはできません。

例えば、ある企業の業績が総売上300万円、変動費150万円、固定費100万円、利益50万円だったとします。これが売価3万円、変動費1.5万円の商品Aを100個売った結果とします。売上が10％ダウンして、270万円になりました。そのとき、利益はいくらになるでしょうか。

損益分岐点分析によれば、270万円×50％－100万円＝35万円になります。しかし、数量まで考慮すると、次のように分析できます。

①　売価が10％ダウンして、結果として売上270万円になった場合

（2.7 万円 -1.5 万円）× 100 個 -100 万円＝ 20 万円

② 数量が 10 個減少して、結果として売上 270 万円になった場合

（3 万円 -1.5 万円）× 90 個 -100 万円＝ 35 万円

このように利益の数字が異なってきます。これが売価と数量２つの要因が絡めば利益はどうなるかいよいよわからなくなってきます。損益計算書から変動費および固定費を区分して変動損益計算書を作成してもここまではわかりません。

月次決算で正しく業績を分析するには、売上・売上原価においては単価×数量まで分解して分析しなければいけないといわれる所以です。

♠変動費をどう捉えるか

上記と並び重要なのが、変動費の取扱いです。損益計算書から変動費を考えていくと、「売上高に比例して増減する費用」としか考えられませんが、売上および売上原価データを単価×数量でとらえることにより、数量に比例して変動する変動費が見えてきます。

ある商品の売上につき、一部が定価の商品原価、一部が仕入割戻（一定期間に仕入先から多額または大量に商品を仕入れた場合などに、リベートとして代金を一部返還してもらうこと）を受けた商品の原価とすると、変動損益計算書では全体ベースで変動費率の低下としか考えられませんが、原価を単価×数量で捉えれば、仕入割戻に相当する金額を例えば固定費のマイナスとしてとらえることにより、実態に即した分析をすることが可能になります。

製造業の場合でも、特定の製品だけを生産するのに発生する人件費も固定費として扱います。その製品の売上－変動費から算出される限界利益で当該人件費を回収するにはどのくらいの売価でどのくらいの数量を売ればいいかという観点から考えましょう。

変動費を売上高に比例して増減する費用と考えた場合の損益分岐点分析は、おおまかな目標売上高や損益分岐点売上高を把握するのに役立ちます。ただし、経営計画や月次決算で細かく利益変動要因を考えていくには、どうしても単価×数量ベースの考え方が必要になります。Q127 では、利益感度分析を説明し、その必要性を明確にしていきます。

Q135 月次決算で考える利益感度分析は

Answer Point

♤利益感度分析とは、価格・数量・変動費・固定費から利益に与える影響度を数値化したものです。

♤売上・原価データを単価×数量に分解することにより見えてくる情報です。

♠利益感度分析とは

利益感度分析とは、価格・数量・変動費・固定費から利益に与える影響度を数値化したものです。利益感度分析により今後の利益を出していくための会社の方向性を決める1つの参考資料となります。

【図表 122　利益感度分析】

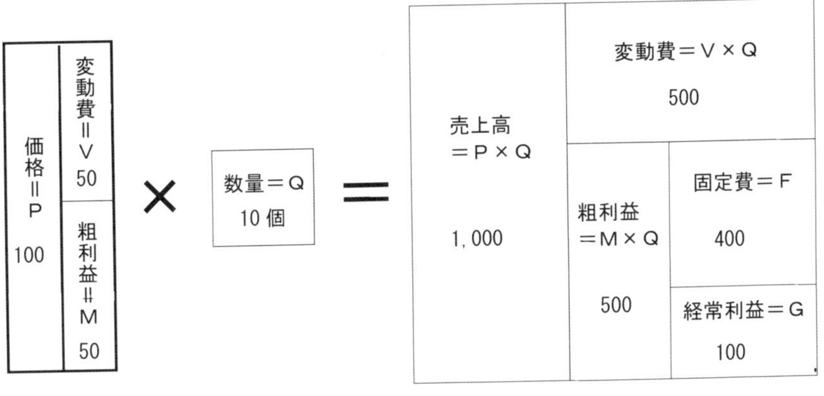

図表122のように売価P100、変動費V50の商品を10個売ったとします。固定費は400です。

ここからそれぞれの要素別の損益分岐点（利益がゼロとなる点）を求めていきますと、

① 価格Pは、(400＋500)/10＝90で、価格90が損益分岐点となります。

② 数量Qは、400/（100-50）=8で、数量8が損益分岐点となります。

③ 変動費Vは、（1,000-400）/10＝60で、変動費60が損益分岐点となります。

④ 固定費Fは、500が損益分岐点となります。

損益分岐点価格90に対し実際の価格は100であるから、10%値引きしたら利益ゼロとなります。数量は20%減少、変動費は20%増加、固定費は25%増加したら利益がゼロになります。

上記割合が低いほうが利益に直接影響する（例：価格は10%下落で利益がなくなるのに対し、数量は20%減少したら利益がなくなる、つまり価格1%下落と数量1%減少では、価格1%下落するほうが利益は減少することがわかる）ので、利益感度の順番は価格＜数量＝変動費＜固定費となります。

価格を上げることが利益を効率よく上げられ、固定費は逆に利益効率はよくないことがわかります。

♠利益感度の算出

上記の場合、利益感度は経常利益を売上高、粗利益（数量の場合）、変動費、固定費で除しても算出できます。

・価格の利益感度：100÷1,000＝0.1→10%
・数量の利益感度：100÷500＝0.2　→20%
・変動費の利益感度：100÷500＝0.2　→20%
・固定費の利益感度：100÷400＝0.25→25%

売価を上げることが一番利益を上げるには手っ取り早いとはいえ、実際の経営では価格を上げれば数量が下がることも予想されますので、複数の要素を前提とした戦略を考えていくことが必要です。

上記の例では、価格は利益感度10%に対し数量は20%となっており、価格を10%上げたことにより数量が20%下がると、経常利益は変わらないということになります。

つまり、価格を上げつつ、数量への影響が最も小さく（利益効率が最大）なるよう、価格を設定していくのが重要になります。これも売上および売上原価を単価×数量で考えていかないと得ることができない情報です。

利益感度分析における損益分岐点分析とは、収益および費用を売上高、変動費（基本的に売上数量に比例する）、固定費に分解して捉え、売上高および費用は、単価×数量に分解することにより、それぞれがどのような数値になれば利益がゼロになるかを計算したものです。

売上高および費用をP、V、Q、Fの4つに分けることにより、それぞれに対応して損益分岐点も4つ存在することになり、それぞれは、

① 価格Pを90にすると（他の要素は不変）、利益ゼロとなる損益分岐点売上高は90 × 10 = 900になる

② 数量Qを8とすると（他の要素は不変）、利益ゼロとなる損益分岐点売上高は100 × 8 = 800になる

③ 変動費Vを60とすると（他の要素は不変）、利益ゼロとなる損益分岐点売上高は100 × 10 = 1,000になる

④ 固定費を500とすると、利益ゼロとなる損益分岐点売上高は100 × 10 = 1,000になる

ということになります。

③、④は、売上高を所与として費用がどのくらい増加したら利益がゼロになるかを考えるので、売上高は1000のままなのは当たり前ですが、①、②は、通常の損益分岐点分析で考えれば限界利益率が期中で変更された場合と対応しています。月次決算において売上高および費用を単価×数量に分解した情報を提供することにより、PやVの下限や上限はどのくらいに考えておいたほうがよいかが明確になります。

ところで、利益感度分析も数値的に不変なものではなく、刻々と変化する市場環境や企業環境に応じて変化していきます。当初求めた数値が必ずしも本日も当てはまるとは限りません。したがって、月次決算において利益感度分析の導出に必要な情報を収集できる環境にある場合には定期的に分析を実施し感度を確認することが必要と考えます。

また、利益感度の順位も常に設例において示したようにビジネスモデルにより変わってきます。それでも、売上単価が価格に与える影響は多くの場合で高くなってきます。それだけに価格設定が極めて重要な戦略であるということは、どの事業でもいえます。

Q136 月次決算における戦略会計で重要なことは

Answer Point

♤可能な限り収益及び費用を細分化したデータを月次決算で適用することが重要になります。

♤収益改善には重要な商製品の販売までにかかわる内部作業を含む一連の業務サイクルの見直しも含まれます。

♠戦略会計とは

月次決算においては、制度会計の枠組みにとらわれない、企業の業績向上のための意思決定に必要な管理会計、ひいては戦略会計が決算において利用できるということは何度か説明してきたとおりです。

では、戦略会計とは何かと一言で申しますと、「人件費や経費の合計で構成される固定費より、企業が商製品やサービスの提供等で生み出す売上高から変動費（売上原価 / 商業では仕入、製造業では材料費・外注費等売上数量に比例して発生する費用）を差し引いた限界利益の総額が大きい状態を目指すための会計」ということができます。

そして、採算が取れるということは、限界利益が固定費を上回って余剰が出る状態のことをいいます。そこでは、棚卸資産を多めに計上し、利益を計上するといった会計上のテクニカルな話は存在しません。あくまで会社が真に儲かっているかどうか､その現実の姿を浮き彫りにすることが目的であり、そこには一切の妥協は存在しなくなります。その代わり、変動損益計算書や通常の財務諸表では確認できない単価×数量のデータを駆使することによって、Q96 におけるスループット会計のような計算や、Q135 の利益感度分析のような計算が可能になります。

したがって、利益を出すための戦略会計を最初に月次決算に導入するに当たっては、

⑴　単価×数量の観点から売上・売上原価データを分解できないか

⑵　費用は売上数量に比例する変動費とそうでない固定費に分解できないかという観点はもとより、例えば、Q96におけるスループット会計のような考え方を導入するとすれば、ある商製品につき、

①　その商品（製品の製造に必要な材料）を仕入れたのはいつか

②　商品として店頭に並ぶまでの（製品化されるまでの）時間はどのくらいか

③　その商品（もしくは製品）が販売されるまでの時間はどのくらいか

というところまで調べ上げ、仕入から販売までに要する時間で除することにより時間単位当たり限界利益の最も大きい商製品から重点的に売っていくという方法を採用することができれば、それが理論上では利益を最大化できるということになります。

♠効率的なやり方は戦略会計を用いていないと実現できない

もちろん、システム上の制約や情報提供までにかける人件費上の制約等が実際には発生してなかなか思うようにはいかないとは思いますが、少なくともQ135で示したような利益感度分析を可能にできるくらいまではデータを細分化して、そこから出た結論に基づく販売戦略を立案・実行し、それで思うような利益が出ない場合は主要商製品だけでも単位時間当たり限界利益を調べ、場合によっては単位時間当たり限界利益を改善するためのボトルネックとなっている工程を改善するという作業も必要になるのではないかと思います。

ただし、すべての課題を一挙に解決することは無理でしょうから、質的重要度や金額的重要度、解決しやすさ等を加味して課題に当たるのが適切と考えます。要するに利益を生み出す要因は変動損益計算書や利益感度分析にとどまらず、従来の作業フローの見直しからも得られる可能性があるということです。

でき得るならば日々最新の（労働時間を最も短縮しうる）技術を用いて業務をやりたいものですが、なかなかそういうわけにはいきません。そこで、業績の観点から見直しの重点項目とする商製品を決め、それの仕入・製造および販売に関しては、その一連のサイクルにつきコストとの兼合いを含め、最新の（労働時間を最も短縮しうる）技術や方法を適用していくのです。これら一連の効率的なやり方は戦略会計を用いていないとなかなか実現することはできません。

Q137 RPAと中小企業の月次決算の関係は

Answer Point

♤ RPAとは、ソフトウェアロボットが定型業務を自動化するソリューションのこと。

♤ RPAが将来的に使い勝手が向上し低コストになり、中小企業にも導入が容易になれば月次決算の早期化や実効性にも大きな影響を与えそうです。

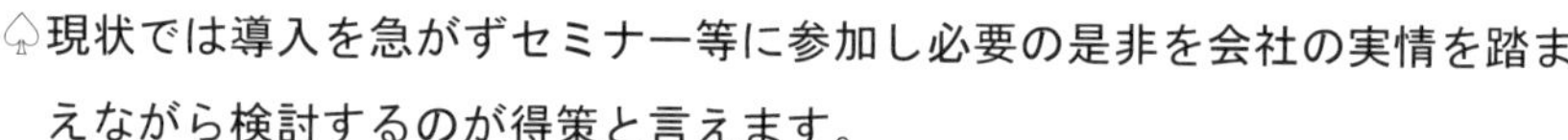

♤現状では導入を急がずセミナー等に参加し必要の是非を会社の実情を踏まえながら検討するのが得策と言えます。

♠ RPAとは

RPAとは、ロボティック・プロセス・オートメーションの略で、ソフトウェアロボットが定型業務を自動化するソリューションのことです。

処理手順を登録するだけで、単純な事務作業を自動化し、業務の効率化、スピードアップ、コスト削減を実現することができます。

ロボットと言っても人型ロボットではなく、通常のソフトウェアのイメージで、主に従業員のデスクトップ内にインストールし、従業員の操作により動作するもの（ロボット）です。従業員とともに動くロボットになります。

RPAの仕組みは、図表123のとおりです。

【図表123 RPAの仕組み】

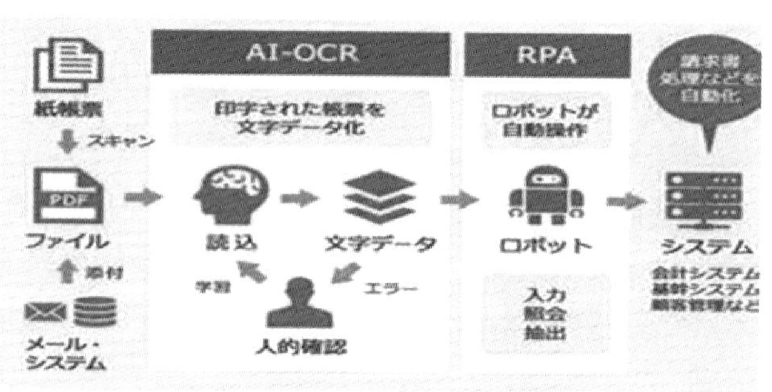

♠適用できる業務は

会計業務を含むバックオフィスは、定型的な作業が比較的多いため、特にRPAを用いた自動化に適した作業が数多く存在しています。

経理部・人事部・総務部などにおいては、社内の業務に関わる情報をシステムで扱えるデータとして収集した後に、業務システムでの集計や手作業による加工などをして、社内外に向けたレポート作成や経理管理に利用することが数多くあると思います。

具体的にRPAが使われやすい典型的業務は、次の4つです。

①仕訳入力業務で特定の業務では会計システムへの仕訳ファイル取り込みや、仕訳の手入力をする作業

②社内向けのレポーティング業務で、求められる報告様式に合わせて、配付前には出力したデータやExcelを加工する作業

③債権管理業務で請求書をPDFで得意先へメール送付したり、滞留債権があればその情報を担当の営業社員へ共有したり、請求後に入金を得た場合は、入金情報と債権データを照合し、消込みをする作業

これらの業務は定形的であるものの、人の手作業によって処理をされていることが多いため、手作業の部分につきRPAを利用した自動化を進めている企業も存在しています。

ちなみに①の仕訳入力業務において、中堅以上の企業によっては販売管理や固定資産管理などの業務システムを会計システムと連携し、業務データを仕訳として連携できる仕組みを構築しているケースがあります。このほか個別にExcelで作成した情報や紙の資料や証票から、会計システムに仕訳を手入力することもあります。

Excelから仕訳を転記する場合のRPAの動きは、次のようになります。

・会計システムを起動し、対象のレポートを出力できる画面を開く。
・レポートの種類や対象月を選択する。
・レポートを部門別に出力しているのであれば、データを部門で絞り込む。
・レポートを出力する（部門別であれば、ファイル名称を部門名にする）。
・メーラーを起動し、レポート共有用のテンプレートを基にメールを作成する。
・添付するレポートファイルの名称から宛先を特定し、メールに設定する。

・メールに該当するレポートファイルを添付し、送信する。

これらの作業をRPAを導入することにより自動化することができます。画面上でカーソルが自動で動いて作業をこなしていくイメージになります。Excelのマクロに似たイメージですが、マクロよりはるかに使える範囲が広く、かつ、利用する前の設定（マクロでいえばプログラミング）もマクロに比較してかなり簡単です。ただし導入にあたってはRPAに関するある程度のプログラミング知識は必要となります。

♠RPA導入事例

RPAを導入することで業務効率化の実現に成功した企業の事例を挙げます。

①スーパーマーケットを運営するマルエツがNECの提供するRPAを導入して交通費精算と会計システム入力について自動化を図ることにより工数を約9割削減

RPAを提供したNECが2019年2月に発表。マルエツは当時、店舗・本部業務の再設計を進めており、その中で、従業員をより付加価値の高い業務にシフトする「働き方改革」に取り組んでいました。業務のRPA化を推進していたとき自動化の対象となった業務は、本部において社員が申請した交通費を確認する業務や、会計システムへ登録する際に行う金融機関との照合等の一連の作業でした。

2018年4月から6月まで実施した実証実験では、交通費精算業務と会計システム入力業務について、月間200時間かかっていた作業時間を20時間に削減。工数において約9割の削減率になります。

さらに、会計システム入力業務においては、複雑な作業のために発生していた、社員教育の負担を軽減することができました。

②コンピュータソフトの開発・販売を手がけるPCA株式会社は、支払通知明細の突合作業にRPAを導入

従来、突合作業は作業全体に習熟した担当者がExcelを使って行い、効率化してきましたが、手作業による業務の効率化には限界があったということで、1回につき2時間強の時間を要していた作業にNTTの関係会社のRPA

を導入しました。自動化を行い、2時間強かかっていた作業時間がわずか2分ほどに圧縮され、実に60分の1以下になるという劇的な改善を実施。

また導入効果は、業務の生産性改善にとどまらず、担当社員の働きやすさ向上によるストレス軽減やモチベーションのアップなど多くの成果を上げました。

③立命館大学が経理業務にRPAを活用し定型業務の効率化に成功

立命館大学では、ERPへと刷新した会計システムの定型業務にRPAを導入しました。同大学は、2017年度に会計システムをERPに入れ替えましたが、そこで定期的に大量発生する、手作業による定型業務への対応が課題となっていました。RPA導入の背景には、この定型業務の削減要請があったからです。

RPAが導入された作業としては、支払手続のための確定操作で年間・約25万回に及んでいたクリック作業や、1回あたり4時間ほどかかっていたERP上のデータ調整作業、不正なデータ探し出して通知するデータの点検処理などで、これらの作業につきRPAを導入。

RPAの導入効果としては、支払手続のための確定操作やデータ調整作業、データの点検処理を自動化することで、業務効率が大きく改善。また、大量の定型業務から開放されたことによる心理的負担の軽減効果、職員の経営を支えるデータの抽出や分析などより付加価値の高い創造的な業務への集中などの効果もあります。

♠導入にあたっての注意点

上記はすべて大手企業の事例であり、導入にあたっては高額の投資が必要なことが予想されます。それでは会計事務所を含む中小企業の方たちがRPAを導入する、あるいはRPAの導入を検討するにあたってはどのようにすればよろしいのでしょうか。

「デスクトップ型で、大規模運用も可能性がある」という場合のおすすめがRPAがUiPath、WinActor、Automation Anywhere、BizRobo、およびBluePrismだそうです。うちUiPathは、小規模（年間売上5億以下）だと無料で使えるプランもあり、使い勝手もそれなりにいいということです。

UiPath にはクラウド型バージョンも存在するそうです。

また、クラウド型では BizteX cobit 、Robotic Crowd、keywalker および先に挙げた UiPath が主なものになるようです。経理・会計の定型業務の自動化に特化した RPA としては ICS パートナーズが開発した Accountech® RPA があります。

ただし RPA は日進月歩の技術なので、早急に導入に走ることはあまりおすすめしません。RPA を 10 回動かしたら 3 回ミスが発生するなどの運用になる体験談も聞いたことがあります。導入にあたっては慎重に検討し事前に十分な試行をされることが必要です。ただし導入に成功すれば、月次決算の早期化に大きく貢献することは間違いないと言えます。

ちなみに米国や英国において、経理を含む一連の業務で RPA がどのように利用されているのか簡単に俯瞰しますと、米国や英国で進んでいる RPA は、業務整理 / 標準化と自動化を一体のノウハウとして、ある程度のガバナンスをもってトップダウンで導入する手法がとられることが多いです。

一方、日本では業務が標準化されていない企業が多く、「IT 部門ではなく、ユーザー部門で業務を自らが安価に自動化できるという期待」から、ゲリラ的に今ある業務を局所的に効率化しようとボトムアップで進められるケースが現状では主流になっています。

また、RDA (Robotic Desktop Automation) という言葉も日本では使われています。これはボトムアップで個人単位で 1 台のパソコンに RPA を導入する手法です。ボトムアップによる意思決定のため、日本では RPA が劇的に広まったとも言われています。

外資系ベンダーのグローバルにおける日本市場の売上比率は 5% 程度が一般的な値ですが、RPA に限って言うと日本市場はグローバルの 25 ～ 30% 程度あるという相当規模の大きさを誇っています。

ただ、それは日本が何か先進的な導入を行っているからというわけではなく、「ひとまず流行っているから」と飛びついて間違って入れてしまうケースが多いとも言われています。

RPA 導入にあたっては、既に導入している企業の事例の検討を皮切りに組織的に対応するのが賢明と考えられます。

Q138 DXと中小企業の月次決算の関係は

Answer Point

♤DX（デジタルトランスフォーメーション）とは、「ITの浸透が、人々の生活をあらゆる面でよりよい方向に変化させる」という概念になります。

♤近い将来、日本の多くの企業では、既存のITシステムが老朽化することで、事業のさらなる拡大、企業の成長が妨げられる「2025年の崖」と呼ばれる問題が生じると警告されており、これを回避する取組みがDXです。

♠DX（デジタルトランスフォーメーション）とは

もともとDXとは、スウェーデンのウメオ大学という大学の大学教授であるエリック・ストルターマン氏が主張した「ITの浸透が、人々の生活をあらゆる面でよりよい方向に変化させる」という概念のことを指します。

それが近年では、一般的に「最新のデジタル技術を駆使した、デジタル化時代に対応するための企業の変革」という意味合いのビジネス用語として使われています。

DXの仕組みは、図表124のとおりです。

【図表124 DXの仕組み】

なお、平成30年5月に経済産業省で行われた「デジタルトランスフォーメーションに向けた研究会」「DX推進ガイドライン」において、DXは「企業がビジネス環境の激しい変化に対応し、データとデジタル技術を活用して、顧客や社会のニーズを基に、製品やサービス、ビジネスモデルを変革するとともに、業務そのものや、組織、プロセス、企業文化・風土を変革し、競争上の優位性を確立すること」とより詳細に定義されました。

♠適用される業務

ところで、会計業務におけるDXですが、例えば会計事務所業界では、まだまだIT効率化されていない業務が数多く存在していると言われています。現状ではDXに力を入れている会計事務所と言えば、BIG4と呼ばれるようなEYやデロイトのような海外ビッグファームばかりで、中堅規模以下の会計事務所では浸透していない状態とだ考えられています。

ただDXそのものが非常に大きな概念になってしまいますので、単純に会計事務所DXと大きい括りで取り上げてしまいますと、ぼんやりとした雲をつかむような話になってしまいます。そこで、ここではDXを大きく2つのレイヤー（層）に分解して説明をさせていただきます。

1つ目は、インフラレイヤーにおけるDXになります。

具体的には、会計システムをクラウド化したり、会計データや顧客情報をオンライン化したりすることなどがインフラのレイヤーにおけるDXに該当することになります。

2つ目は、業務オペレーションのDXになります。

具体的には、これまで紙伝票を使っていた業務からスプレッドシートを使った業務に変えたり、会計事務所の職員が仕訳を起票していた業務がAIによって自動化されたりすることなどが業務オペレーションのレイヤーにおけるDXに該当します。

最近ですとQ 129で挙げたような会計事務所業界ではRPAの活用が進みつつありますが、これらはまさに業務オペレーションのDXに該当することになります。

RPAの導入やAIの活用と聞くと、非常にハードルが高いように感じる会計事務所の方もいらっしゃるかもしれません。しかし、顧客先とのコミュニケーションであれば、業務オペレーションのDXは誰にでも簡単に始めることができます。

従来の電話かFAXに代わりSlackやChatworkといったチャットツールを使うことにより、電話をもらっても不在の場合の折り返しの手間を省きいつでもどこでもすぐにレスポンスすることができる点で顧問先へ提供するサービス付加価値が向上します。顧問先の満足度も向上すると言われています。

また、顧問先とのやりとりを文字で可視化することができ、過去の対応を記録として残すことができる点でもメリットがあると言えます。

電話は顧問先と担当者との間の1対1のコミュニケーションとなるためブラックボックス化しがちです。チャットを事務所内でオープンにすることで社内のメンバーと共有することが可能になります。仮に担当者変えになった場合でも、過去のチャットを遡ることで、引き継ぎが容易になると考えられます。

♠Slackとchatwork

ちなみにSlackとは、2013年8月に米国でリリースされたビジネス向けのオンラインチャットツールです。グループチャット、ファイル共有、1対1のメッセージング、音声・ビデオ通話などの機能を提供しています。Slackは Webブラウザまたはアプリから利用できます。

デスクトップアプリは、Windows、macOS、Linuxに対応し、モバイルアプリはiOS、Android、Windows Phoneの環境に対応しているため、PCとスマートフォンの両方で利用が可能です。

これに対しChatwork株式会社が提供する、ビジネスコミュニケーションに特化したチャットツールです。これまでオンラインでのコミュニケーションは、主にメールで行われてきました。しかし、メールには迷惑メール・誤送信などの問題や、メール作成から送受信までに時間がかかる問題などが生じます。

そこで、煩わしい問題を解消し、スムーズなコミュニケーションを実現するために、チャットツールであるChatworkが開発されました。

♠LINEとの違い

チャットと言えば、LINEが同じようなツールとして浮かぶでしょう。

LINEとの大きな違いは、下記のとおりです。

・「既読」の機能がない
・メッセージの編集・削除ができる
・最大5GBの大きなファイルのやり取りが簡単にできる

既読機能を設けていないので、既読を気にせず相手のメッセージを確認でき、自分の好きなタイミングで返信ができます。

また、チャットワークではメールと違い、メッセージ送信後の編集や削除も可能です（LINEでも最近は取り消し機能がつきましたが）。間違った内容を送ってしまった場合のままでは、ビジネスシーンでは大きなトラブルに発生してしまう可能性があります。

しかし、チャットワークはメッセージを送った後でも編集・削除が可能なので、致命的なトラブルを避けることができます。安心してクライアントや社員間のやり取りができるということです。

♠月次決算への活用

月次決算においても、試算表送信後仕訳の追加や削除、科目の見直し、修正等緊急の要請を受ける場合があるかと思います。そのような場合、有効に活用できる可能性がありそうです。

BIG4と呼ばれるEYやデロイトのような海外ビッグファームの場合、上記のような問題が生じると、内容によっては悪影響が全世界に及ぶ可能性がありますので、対応のスピードも一般の会計事務所からは想像もできないくらいのものが要求されることが想定されます。

しかし、一般の会計事務所の場合、まだまだそこまでの緊急度が要求されることは通常は生じないのではないかと考えられます。

したがって、ここでもSlackやChatworkといった新たなコミュニケーションツールを導入しようとする場合においても、職員等業務でメインに利用することになるであろう方たちの意見を取り入れつつ、慎重に進めることが賢明と言えます。

♠導入は慎重に

結局 DX（デジタルトランスフォーメーション）につきましても、「大手が実施しているから中小企業や一般の会計事務所も早急に導入しなければならない」ということではなく、「必要性と費用対効果の観点から慎重に導入を検討すること」が得策と言えます。

ここでＤＸを積極的に推進している会計事務所の例を挙げます。

その会計事務所ではすべての顧問先にクラウド会計を導入しました。会計数字をタイムリーに共有できるようにしたのです。

また、資料等の受け渡しはすべてデータをクラウドにアップロードしてもらい、記帳代行はそれらのデータを一括でアップロードできる仕組みを構築しました。そうすることで業務オペレーションを圧倒的に効率している結果、従来の会計事務所に比べ業務工数が 50％近く低減されました。

その会計事務所では、自社で構築した最適な業務オペレーションと、自社で育成した人材をフランチャイズという仕組みを構築することにより、関係する多数の会計事務所にそのノウハウを導入しているということです。

余談になりますが、会計監査の世界でも、日本公認会計士協会（JICPA）が、印鑑廃止の傾向に代表されるような企業側の業務プロセス・内部統制の変革への対応を進めるとともに、電子的監査証拠の利用促進、残高確認電子化といった監査業務の変革を進めています。

2020 年 12 月には委員会報告としてリモートワーク対応第１号「電子的媒体又は経路による確認に関する監査上の留意事項 ～監査人のウェブサイトによる方式について～」ならびにリモートワーク対応第２号「リモート棚卸立会の留意事項」が公表されています。

一方、大手監査法人もデータとテクノロジーを駆使したデジタル監査に取り組んでいます。最終的には監査先企業の会計システムと監査プラットフォームの常時接続によるリアルタイムなリスク識別（継続的監査手法）により、低リスク領域については、監査手続の完了までの一切を自動化し、会社の決算作業の負担軽減への貢献を目指しているようです。

Q139 AIの進展と中小企業の月次決算や財務分析の関係は

Answer Point

♤ AIの進展は現在目を見張るものがあり、今後中小企業の月次決算や財務分析に無視できない影響を与える可能性があります。

♤早急に関連ツールの導入を急ぐ必要はないと言えますが、今後導入したときに削減効果や業務早期化の効果が画期的だと考えられるAIツールが登場した場合は検討する必要が出てくるかもしれません。

♠財務分析にAIを活用

Q137やQ138で述べてきたように、現在のホワイトカラー業務におけるAIの進展に基づく改革の進展は目を見張るものがあります。新型コロナウイルスの影響下で思うような売上を上げられず、かつ間接費のコスト削減に頭を悩ましている企業の経営者の方は積極的にAIを利用した自動化ツールの導入を行っているのではないでしょうか。

業務自動化や早期化とは若干関係ないかもしれませんが、税務調査においても、国税庁が、人工知能（AI）を使って税務調査の対象企業を選定する新システムを本年度（2021年度）にも導入するということです。

公表されている財務資料や、業績を説明する経営者の音声データを分析し、脱税などの疑いがある企業を絞り込むようにするそうです。AIの活用で調査を効率化し、不正事案の早期摘発や監視強化につなげる狙いがあるということです。

♠ AIの進展と月次決算の影響

翻ってこのようなAIの進展は中堅・中小企業の月次決算に今後どのような影響を与えることになるのでしょうか。

現状ではAIの導入により、従来人手で行われていた月次決算作業がAI等で代用されてしまいなくなってしまうというようなネガティブな話が大勢を占めている感があります。

しかし、月次決算にはそれに絡む振替処理など、日常的な業務から派生する、機械がどちらかというと苦手な例外処理というものが数多く存在します。これからも例外処理に関しては人間が対応、サポートすることになるでしょうし、そのほうがコスト面でもペイすることが多いでしょう。

また、状況によっては特殊な形で決算を組まなければならないことや会計処理に高度な判断や知識を必要とする状況も多々存在するため、経理業務が完全にAIに取って代わられるという状況は考えにくいのではないかという気がします。

むしろAIの導入により、月次決算における財務数値の異常値の発見やより精緻な損益分岐点や収支分岐点の算出、資金繰りシミュレーション、Q135で挙げた利益感度分析等の算出が可能になることを期待したいです。

そこまで実現すれば、企業のおける経理部の位置づけも大きく変わってくるでしょう。「AIの進展によるコスト削減」という消極的効果ではなく、「経理業務がツールを利用することで企業における戦略参謀になる」というような積極的効果に期待したいと思います。

日本企業においてもAIの活動領域は、マーケティングや品質管理・予知保全など従来から分析が行われていた領域の高度化から、人事戦略、投融資判断といったこれまで分析が行われていなかった領域へと広がりを見せてきています。

経理業務においても、管理会計や統計学の知識を応用した従来にない高度な財務分析ツールが導入しやすい価格で登場する可能性はあると思います。

ところで、経済産業省は中小企業のAI活用の指針として「AI活用ハンドブック」と「中小企業とAI人材の協働による課題解決事例」を2021年3月31日にリリースしました。今回リリースされた「AI活用ハンドブック」は卸売業・小売業のための需要予測をテーマにしたものと製造業のための外観検査（不良品あり・良品のみ）の3部があるようです。

今後経済産業省を中心に上記のようなリリースが定期的に実施されることが予想されますので、留意されることをおすすめします。

AIと税務実務の関係は

Answer Point

♤平成29年6月に国税庁より「スマート税務行政」がWeb上で発表されました。年度ごとに更新され10年後のあるべき税務行政に向けての進捗状況が確認できます。

♤税務業務の簡便化が期待される反面、セキュリティーの関係で今以上の問題が発生する可能性を孕んでいます。

♠国税庁のスマート税務行政とは

平成29年6月に国税庁より「スマート税務行政」という概念がWeb上で発表されました。スマート税務行政とは、おおむね10年後の税務行政の将来像を想定し、ICT（Information and Communication Technologyで「情報通信技術」の略）の活用による「納税者の利便性の向上」と「課税・徴収の効率化・高度化」を柱として、税務行政を変革していこうとするものです。

最近のスマート税務行政の実現に向けた試みとして、令和2年10月1日から、年末調整の電子化に対応した税務上の便利な機能がいくつかスタートしました。国税庁は同年9月29日、ホームページ上で「令和2年分からの年末調整の簡便化について」を公表しました。年末調整電子化に対応した年調ソフトの公開や、マイナポータルとの連携、及びＡＩチャットボットによる税務相談の開始について解説しています。

同年10月1日に公開された年調ソフト（年末調整控除申告書作成用ソフトウェア）は、年末調整手続の際に従業員が作成する保険料控除申告書等を作成するためのソフトウエアです。いくつかの質問に答えることで作成すべき控除申告書がわかる「控除ナビ」機能があるほか、保険料控除申告書について控除証明書に記載された情報を入力すると控除額を自動計算したり、扶養控除等申告書について扶養親族の生年月日を入力すると、特定扶養親族の該当有無などを自動判定したりする機能が備わっています。

♠年末調整の簡便化

同年 10 月 1 日にマイナポータル連携による年末調整の簡便化が始まりました（確定申告の簡便化は令和３年１月に開始)。政府が運営するオンラインサービス、マイナポータルと連携することで、控除証明書等の必要書類のデータを一括取得して各種申告書を自動入力できるようになります。

例えば、保険会社の保険料控除証明書、銀行の年末残高証明書、証券会社の年間取引証明書などをマイナポータルからまとめてデータで取得し、年末調整の控除申告書や確定申告書に自動入力します。面倒だった個別の作業や書類チェック、検算等の手間が削減。マイナポータル連携で自動入力される情報は今後順次拡大する方向で、令和３年分からは医療費関係、ふるさと納税、地震保険控除証明等、令和４年以降は社会保険や源泉徴収等が対応予定です。

このほか、同年 10 月 28 日からチャットボットによる税務相談がスタートしております。チャットボットとは「チャット（会話)」と「ロボット」を組み合わせた言葉で、人工知能を活用した自動会話プログラムのことです。

質問したい内容をメニューから選択するか文字で入力すると、AI チャットボットである「税務職員ふたば」が 24 時間いつでも自動回答します。対応するのは年末調整の相談。令和３年１月中旬からは所得税の確定申告の相談も開始する予定です。チャットボットは国税庁ホームページで利用できます。サービスの導入当初は基本的な質問にしか答えられないとは思いますが、AI には学習機能があります。年が経つにつれ、回答の精度も少しずつ上がってきて、より複雑な質問に対応できるようになることが期待されます。

さて 10 年後の税務行政ですが、開示資料から下記のことが予想されます。

①マイポータルによる個人情報の一括管理

マイポータルとはマイナンバーで管理できる情報をまとめた、個人専用サイトのようなものです。マイポータルを通じて、申告や納税の個人情報を確認できます。マイナンバーを活用することで、投資不動産や有価証券の売買、相続の発生などがすわかるため、確定申告や納税の必要性を教えてくれます。

②税務申告と手続の完全デジタル化

現在でも電子申告や電子納税は可能ですが、10 年後はマイナンバーを記載することで、添付資料の省略などでさらにデジタル化すると考えられます。

Q141 AIの進歩と今後の税務担当者のあり方は

Answer Point

♤令和３年１月において日本税理士会連合会国際税務情報研究会より「主要国の税務行政のICT/AI化の展望と未来の税務専門家制度についての考察」という答申が発表されており、今後の税理士像にも言及されており参考になります。

♤月次決算で今後求められる経理人材も答申の内容がヒントになりそうです。

♠未来の税理士像

令和３年１月において日本税理士会連合会国際税務情報研究会より「主要国の税務行政のICT/AI化の展望と未来の税務専門家制度についての考察」という答申が発表されました。

世界の主要国における税務業務のデジタル化に関する現状やそれらと日本の税務業務との比較および今後の日本の税務業務のデジタル化のあり方について論じたものですが、その答申における第五章において「V 未来の税務専門家制度についての考察（結論）」としてまとめられたものがあり、そこで未来の税理士像について説明されています。

未来の税理士の類型化モデルとして、図表125が挙げられています。

【図表125 未来の税理士の類型化モデル】

タイプ	仮称	特徴
税理士1.0	記帳代行タイプ	事務所内において税務会計ソフトの入力業務（一部手書きを含む）から税務書類作成業務まで行うフルラインサービスタイプ

税理士 2.0	自計化支援タイプ	企業の自計化支援業務＋事務所内における税務ソフトを利用した税務書類の作成業務をメインとするタイプ
税理士 3.0	顧問タイプ	特定の業務（法人税務顧問・法人税務調査の立会）をメインとするタイプ
税理士 4.0	特定分野 ネットワークタイプ	特定の分野（組織再編・国際税務・相続対策・事業承継・スタートアップ等）の相談・プランニングに特化するタイプ（人的ネットワークを活用するクリエイティィブ な業務を中心とするタイプ）
税理士 5.0	特定分野 AI 等活用タイプ	税理士 4.0 の特定分野についてICT/AI・5Gを活用し、地域差を越えて業務を行うタイプ

（出典；「主要国の税務行政の ICT/AI 化の展望と未来の税務専門家制度についての考察」日本税理士会連合会国際税務情報研究会）

答申において「上記モデルからは、日本における「税務専門家」としての税理士のタイプ自体は、その多様化が進みながらも、基本的な税務業務に対する需要規模については、税務行政における ICT/AI 化の影響を受け、縮小することが予測できます。

しかし、一方では、税制自体の複雑化の潮流が一層顕著になると想定されることから、急速かつ大幅な縮小には至らないと予測される」としており、「一部で喧伝されるような「税務専門家の将来性」について、コンピュータリゼーションに代替され、ひいては職種自体が消滅するという事態は生じないと考える」としています。

この点につきましては、筆者は概ね同調します。

著者略歴

福田　尚之（ふくだ　なおゆき）

福田尚之公認会計士事務所　所長。公認会計士・税理士。
日本証券アナリスト協会検定会員。
1962年千葉県船橋市生まれ。千葉大学法経学部経済学科卒。大学卒業後、会計事務所を経て平成元年公認会計士第二次試験合格後太田昭和監査法人（現新日本監査法人）に入所。大手上場企業や公開準備会社の監査及びコンサルティング業務経験を積む。退所後、ベンチャー企業のIPO（株式公開）経験等を積み企業実務に関するより深い知識の習得をする。
平成15年4月に独立し、現在福田尚之公認会計士事務所所長として監査・税務・コンサルティング業務に従事する。

2024年6月改訂

いまさら人に聞けない「月次決算」の実務　Q＆A

2011年7月26日　初版発行　　2015年11月20日　第6刷発行
2017年7月20日　改訂版発行
2019年9月11日　改訂2版発行
2021年4月27日　改訂3版発行　　2023年11月22日　改訂3版第4刷発行
2024年7月30日　改訂4版発行

著　者　福田　尚之　©Naoyuki　Fukuda
発行人　森　　忠順
発行所　株式会社 セルバ出版
〒113-0034
東京都文京区湯島1丁目12番6号　高関ビル5B
☎03（5812）1178　FAX 03（5812）1188
http://www.seluba.co.jp/
発　売　株式会社 三省堂書店／創英社
〒101-0051
東京都千代田区神田神保町1丁目1番地
☎03（3291）2295　FAX 03（3292）7687

印刷・製本　株式会社丸井工文社

Printed in JAPAN
ISBN978-4-86367-911-5